Doris Laudert

Mythos Baum

Was Bäume uns Menschen bedeuten

Geschichte · Brauchtum · 30 Baumporträts

BLV

Für meine Familie,
Peter, Teresa und Philipp,
in Dankbarkeit

Die Deutsche Bibliothek – Cip-Einheitsaufnahme

Mythos Baum : was Bäume uns Menschen bedeuten ;
Geschichte – Brauchtum – 30 Baumporträts /
Doris Laudert. – 2., durchgesehene Auflage - München ;
Wien ; Zürich : BLV, 1999
ISBN 3-405-15350-6

BLV Verlagsgesellschaft mbH
München Wien Zürich
80797 München

2., durchgesehene Auflage

Umschlaggestaltung: Studio Schübel, München
Gestaltung und Satz: Atelier Langenfass, Ismaning
Lektorat: Dr. Friedrich Kögel, Dr. Eva Dempewolf
Herstellung: Hermann Maxant
Reproduktion: Repro Ludwig, Zell a. See
Druck: Appl, Wemding
Bindung: Ludwig Auer, Donauwörth

Gedruckt auf chlorfrei gebleichtem Papier

Printed in Germany · ISBN 3-405-15350-6

Inhalt

Kulturgeschichte des Waldes

Der Baum im Mythos

Die Baumporträts

Kulturgeschichte des Waldes

»Mit gutem Fug und Recht können die Wälder vor eine Krone der Berge, vor eine Zierde der Felder, vor einen Schatz des Landes, und vor eine mit Nutz vermengte Sinnenlust, angegeben und gerechnet werden.«

H. C. v. Carlowitz (1713)

Nach der grossen Kälte

»Es gab einmal eine Zeit, da war der deutsche Wald, wie der deutsche Mensch heute, von einem unwiderstehlichen Drang nach dem sonnigen Süden, in die Mittelmeerländer, ergriffen. Und beide, Mensch wie Wald, aus demselben Grund: schlechtes Wetter ...«. Mit diesen Worten umreißt der Umweltpublizist Horst Stern jene Zeit vor etwa 1,8 Millionen Jahren am Ende des Tertiär. Nach über 60 Millionen Jahren mit ausgewogenem baumfreundlichen Klima wurde es in Mitteleuropa nämlich plötzlich empfindlich kalt. Die Eiszeiten, viele kleinere und mindestens vier größere, rückten heran. Diese waren zwar von Wärmeperioden, den Zwischeneiszeiten, unterbrochen, aber am Ende der letzten Eiszeit, vor etwa 12 000 Jahren, war in Mitteleuropa von der einst tropisch anmutenden Vegetation nichts mehr zu sehen. Die Bäume waren entweder im Dauerfrostboden erfroren oder gar unter dem Eis begraben. Zurück blieb eine baumlose, kalte Steppe, mit der sibirischen Tundra vergleichbar. Viele früher bei uns heimische Arten wie Magnolie oder Tulpenbaum sind seither in Europa ausgestorben. Manche Baumarten konnten in wärmeren Gebieten wie Südfrankreich, Italien, dem Balkan und Südrußland überdauern und kehrten mit dem nacheiszeitlichen, wärmer werdenden Klima nach Mitteleuropa zurück.

Erste Heimkehrer, die in der unwirtlichen Steppe Fuß zu fassen vermochten (um 8 000 v.Chr.), waren jene, welche noch heute als sogenannte Pioniere oder Erstbesiedler eine große Rolle spielen: Kiefern und Birken, später (während der Mittelsteinzeit bis etwa 6000 v. der Zeitenwende) gesellte sich die Hasel dazu. Mit der Jungsteinzeit (6 000–3 000 v.Chr.) war schließlich ein Klimaoptimum erreicht, das einen Eichenmischwald mit Linden, Ulmen,

In Felle wilder Tiere gekleidet und von urtümlicher Kraft strotzend, galten die Germanen als Prototyp des Unzivilisierten und Tierhaften. Stich von 1616.

Ahorn und Eschen ermöglichte. Sogar die Waldgrenze lag damals 200–400 m höher als heute.
Als es wieder kühler wurde, verschwanden die wärmeliebenden Gehölze aus dem Wald. Sie wurden vor allem während der Bronzezeit (2000 bis 0 v.Chr.) sukzessiv durch die kühlfeuchte Klimalagen bevorzugende Buche ersetzt. Waldgeschichtlich gesehen sprechen wir seit etwa 800 v.Chr. von der sogenannten »Buchenzeit« in Mitteleuropa, die, klimatisch gesehen, bis heute andauert – auch wenn die vom Förster gepflanzte Fichte diesem Laubbaum im Wald längst den Rang abgelaufen hat.

Orte des Grauens

Erste deutliche Veränderungen des natürlichen Waldbildes im deutschen Sprachraum werden für das 4. vorchristliche Jahrtausend, zu Beginn der Jungsteinzeit, angenommen. In dieser Zeit vollzog sich der Übergang von jagenden und sammelnden Nomaden zu bodenbearbeitenden Bauern. Noch nicht ganz seßhaft, betrieben die Menschen Wanderfeldbau. Die brandgerodeten Äcker wurden, sobald die Fruchtbarkeit nach wenigen Jahren nachließ, wieder der Natur überlassen. Erst die Erfindung der Bronze ab dem 2. vorchristlichen Jahrtausend vergrößerte den Holzbedarf zum Schmelzen des neuen Metalls enorm, wobei – Ironie des Schicksals – die Bronzeaxt das Fällen und Bearbeiten der Stämme beträchtlich erleichterte. Um die Zeitenwende allerdings muß trotzdem ein Großteil Deutschlands Waldland gewesen sein. Plinius, der als Kommandant bei der Rheinarmee jahrelang Gelegenheit hatte, die endlosen, unbezwingbaren Urwälder Germaniens kennenzulernen, schreibt über sie: »... sie bedecken das ganze übrige Germanien und fügen zur Kälte noch das Dunkel der Schatten ...«. Auch Tacitus empfindet in seiner »Germania« das Land als »so ungestalt in seinen Landschaften« und »schaurig durch seine Urwälder oder häßlich durch seine Moore«. Welchen Respekt vor der Weite jener Wälder selbst der siegesgewohnte Cäsar aufbrachte, wird in seinem Werk »De bello Gallico« deutlich. »Es gibt niemand in diesem Germanien, der sagen könnte, er sei bis ans Ende jenes Waldes (des Herkynischen – Anmerkung des Übersetzers) gekommen, auch wenn er eine Strecke von 60 Tagen zurückgelegt hätte, oder der vernommen hätte, wo er anfängt ...«.

Die schwere Mühsal der Rodung forderte ihre Opfer: Dem ersten der Tod, dem zweiten die Not, dem dritten das Brot. Aus Holbeins Totentanz (16. Jahrhundert).

Auf die Römer nicht weniger furchteinflößend scheinen die germanischen Ureinwohner gewirkt zu haben. In Felle wilder Tiere gekleidet oder, nach Pomponius Mela, gar in ein Gewand aus Baumrinde, galten sie als Prototyp des Unzivilisierten und Tierhaften. Die römischen Schilderungen geben allerdings ein verfälschtes Bild vom mitteleuropäischen Wald ab, denn die Eroberer hatten Germanien nur bis zur Hälfte, mit dem Limes als Grenzlinie, kennengelernt. Die leicht bearbeitbaren norddeutschen Sandböden waren bereits vor den Römern zu einem Teil gerodet worden. So gilt die Tiefebene Nordwestdeutschlands, das frühgermanische Siedlungsgebiet, seit alters als »Wiege der deutschen Kultur«.

Mit der allgemeinen Klimaabkühlung ab dem 8. vorchristlichen Jahrhundert erhöhten sich die Niederschläge. Daraufhin wurden die Sandböden, deren Kultivierung sich nicht mehr lohnte, ausgewaschen und degradierten zu Heidegebieten. Zu wirklich tiefgreifenden Veränderungen des Landschaftsbildes Mitteleuropas kam es allerdings erst durch die Römer, die das reichlich verfügbare Holz als einzigen Baustoff und Energieträger entsprechend ausbeuteten. Außerdem mußte der Wald dem fruchtbaren Weizen der Eroberer, der Weinrebe und der Edelkastanie weichen. Immerhin wollten die 80 000 am Rhein stationierten römischen Soldaten und die wachsenden Städte (Trier hatte damals 70 000 Einwohner) versorgt werden. Nachdem sich die Eroberer im ersten nachchristlichen Jahrhundert gezwungenermaßen allmählich aus Germanien zurückzogen, war Deutschland vergleichsweise dünn besiedelt. 2,3 Personen kamen auf den Quadratkilometer, heute sind es hundertmal mehr.

NIEMANDSLAND

Nach römischem Vorbild erstreckte sich der öffentliche Bereich, in welchem die Rechtssprechung wirksam war, auch nach dem Abzug der Römer nur auf die Siedlungen und deren gerodetes Umland. Der Wald, welcher sprachgeschichtlich mit dem Begriff »wild« im Sinne des Wilden und Ursprünglichen verwandt ist, galt damals als »locus neminis« (abgeleitet vom lateinischen »nemo« = niemand), also Niemandsland. Dieser Zustand der Waldfreiheit und schrankenlosen Nutzung währte allerdings nicht lange. Mit zunehmender Bevölkerungsdichte im Frühmittelalter wurde die Waldnutzung durch Fremde immer stärker eingeschränkt. Der freie Wald war zum »Gemeinen« Wald geworden. Große, bis dato noch unberührte Waldgebiete wurden zudem seit der Merowingerzeit von den Herrschern in Beschlag genommen. Fortan gehörte alles Niemandsland dem König. Manche dieser alten Bannwälder sind bis heute in Resten erhalten geblieben: Reinhardswald, Teutoburger Wald, Nürnberger und Frankfurter Reichswald, Steigerwald, Spessart und Harz.

Das Wort Forst für Wald entstand aus dem lateinischen »foris«, was »abgezäunt« oder »draußen« bedeutet. Die älteste Urkunde, welche den Begriff Forst erstmals erwähnt, stammt vom merowingischen König Childeberth aus dem Jahre 556 und bezeichnete ein Fischwasser, das durch die Einforstung der allgemeinen Nutzung entzogen worden war.

Forst ist ein juristischer Begriff geblieben, der sich auf Verwaltungsangelegenheiten bezieht. Der Begriff Wald dagegen meint einerseits die natürliche Lebensgemeinschaft, andererseits die tiefe, mythische Verbundenheit mit der menschlichen Seele: Man spricht beispielsweise von Waldgöttern oder, besonders im Märchen, vom »dunklen Wald«, nie aber von »Forstgöttern« oder dem »dunklen Forst«. Im frühen Mittelalter existierte neben dem Königsforst nur der Gemeine Wald. Privatwald gab es keinen. Gelang es einem Bauern nicht, die natürliche Wiederbewaldung seiner Felder und Weiden zu unterdrücken, verfiel sein Anteil am Markteigentum. Als Grundsatz galt: »Reicht der Busch dem Reiter an die Sporen, dann hat der Bauer das Recht verloren«.

Wurde ein Grenzstein neu eingelassen, warf man eine Münze in die Grube, die ein Knabe mit dem Mund aufheben sollte. Damit er sich diese Stelle sein Lebtag einprägte, »stieß man ihn im Aufheben der Münze das Maul leidentlich in die Erde«. Aus dem »Adeligen Landleben« des Freiherrn von Hohberg (1687).

GRENZBÄUME

Mit dem verstärkten Aufkommen von Grundbesitz, ob in der Hand des Königs oder der Dorfschaften, wurde es immer notwendiger, die Grenzen zu markieren. Dabei bediente man sich im Mittelalter gut sichtbarer, unverrückbarer Zeichen in der Landschaft wie Berge oder Wälder. Mit dem Fortschreiten der Rodungen und der Zerstückelung der Landschaften ging man zur Kennzeichnung der unvermessenen Grenzen auf Findlinge und Baumveteranen über und brachte den als lebende Grenzsteine dienenden alten Bäumen entsprechende Achtung entgegen. Sie standen unter dem Königsbann, durften also nicht beschnitten oder gar gefällt werden. Weil Bäume aber leichte Beute für Stürme, Feuer und Axt sind und auch »sonst nach überstandener langer Zeit endlich verfaulen und ihrer Mutter wieder anheimfallen«, ersetzte man sie etwa seit der Merowingerzeit bevorzugt durch Grenzsteine. Wurde ein Grenzstein neu eingelassen, warf man eine Münze in die Grube, die ein Knabe mit dem Mund aufheben sollte, wobei man ihm »im Aufheben das Maul leidentlich auf die Erde stößt«, wie es von Pfalzgraf Franz Philipps im Jahre 1702 niedergeschrieben wurde. Jene Stelle sollte sich der Knabe sein Lebtag einprägen:

»Was ich anjetzt als klein gesehen
Dabey will ich im Alter stehen,
Und alle Wahrheit zeigen an
Wenn dieser Stein nicht reden kann«,

lautet einer der Sprüche, die dabei aufgesagt wurden.

Bemerkenswerterweise wurden Grenzbäume in der Schweiz noch 1964 als »von den Gemeinden ohne Grundbuchvermessung, und von den Gerichten zu Recht anerkannt«.

Alljährlich im Frühjahr war es Brauch, die Gemarkungsgrenzen zu begehen. Bei diesem »Snaatgang« (von »sniden« = die Bäume anhauen) wurden die Grenzmarken (Kreuze oder andere Zeichen) an den Bäumen frisch angerissen. War ein junger Dorfschöffe neu ins Amt gewählt worden, versetzte ihm sein Vorgän-

Üppige Bodenvegetation lichter Wälder diente dem Vieh jahrhundertelang die ganze Vegetationsperiode über als Weideland.

ger nach alter Sitte unter jedem Grenzbaum eine Ohrfeige, damit ihm die jeweiligen Landmarken für alle Zukunft »hinter die Ohren geschrieben« seien. Früher dienten die Grenzbäume zudem als Galgenplätze, vor allem bei Lynchjustiz. Zwielichtige Herumstreuner oder Zigeuner wurden von den Dorfbewohnern manchmal nach geringfügigen Delikten kurzerhand an den Baum geknüpft, worauf man sich zweierlei Auswirkungen erwartete: Erstens sollten weitere Eindringlinge entmutigt werden, zweitens wurde die eventuell zu erwartende Fehde gleich auf zwei Dorfschaften aufgeteilt.

Die grosse Zeit der Rodungen

Obwohl bereits während der Merowinger- und Karolingerherrschaft große Flächen abgeholzt wurden, fällt die eigentliche Rodungsperiode in eine spätere Zeit, nämlich ins 11. bis 13. Jahrhundert. Heute noch erinnern Ortsnamen, die auf -rode oder -reut enden, an jene Zeit. Hauptursache für die Urbarmachung ganzer Landstriche war der drastische Bevölkerungsanstieg aufgrund wirtschaftlicher Stabilisierung. Man schätzt, daß sich die deutsche Bevölkerung zwischen 900 und 1100 verdoppelte und bis 1200 gar vervierfachte. Während in den dichter besiedelten Gebieten des westlichen Deutschlands um 1300 ein Rodungsstillstand eintrat, dauerte die Urbarmachung der großen Waldgebiete östlich der Elbe bis ins 17. Jahrhundert fort. Das alte Recht der Dorfbewohner auf Bifang oder Neubruch (früher durfte jeder freie Mann ein Stück Wildnis gleichsam einfangen oder binden) wurde den Bauern mit dem Ende der Rodungsperiode genommen. Lediglich Urbarmachungen auf »Hammerwurfweite« blieben genehmigungsfrei.

Ende des 13. Jahrhunderts erreichte Mitteleuropa seine höchste Anzahl an Siedlungsorten, einen Siedlungsgipfel sozusagen, welcher in unseren Breiten bis heute stetig abnimmt. Schwarzer Tod (Beulenpest) und Hungertyphus wüteten im 14. Jahrhundert alle paar Jahre im Land und rafften etwa ein Drittel der Bevölkerung dahin. Die »Kleine Eiszeit«, eine allgemeine Klimaverschlechterung um das Jahr 1550, in der die Jahresdurchschnittstemperaturen um 1,5 °C sanken, bewirkte, daß landwirtschaftliche Nutzungen zum Teil aufgegeben und weite Gebiete wieder bewaldet wurden. Auch der Dreißigjährige Krieg (1618–1648) mit seiner Bevölkerungsdezimierung verschaffte dem Wald eine kurze Ruhepause.

Holz und Schaden wächst alle Tage

Das im Landvolk tief verwurzelte Bewußtsein, der Wald gehöre allen, drückt ein Spruch in »Freidank's Bescheidenheit« (Sammlung von Reimsprüchen aus dem 13. Jahrhundert) auf vortreffliche Weise aus: »Dem rîchen [reichen] Walde kleine schadet, ob sich ein Mann mit Holze ladet«. Daß Bäume und Holz gering geschätzt und keinesfalls als Mangelware betrachtet wurden, machen Sprichwörter aus jener Zeit wie »Holz und Schaden wächst alle Tage« oder »Holz und Unglück wächst über Nacht« deutlich. Angesichts der riesigen Waldgebiete war man der Meinung, die Holzvorräte seien unerschöpflich. Erst relativ spät erkannte auch der kleine Mann, daß dem nicht so war.

Ursprünglich besaß jeder Bauer im Gemeinen Wald das Recht auf Holzeinschlag zu Brenn- und Bauzwekken, als Viehweide, sowie für Eichelmast, Laubfutternutzung und Waldfeldbau. Die im späten Mittel-

Die blutigen Bauernkriege des 16. Jahrhunderts hatten sehr viel mit der Waldnutzung zu tun. Genauer: mit den unterdrückten Rechten an selbiger. Nach der Niederlage wurden die Bauern härter denn je unter das Joch gezwungen.

alter aus den königlichen Forsten entstandenen landesherrlichen Forste dehnten sich auf Kosten des Gemeinen Waldes immer stärker aus. Der bereits zitierte mittelhochdeutsche fahrende Spruchdichter Freidank faßte die Klage des Landvolkes darüber, daß der Adel den Großteil des Bauernwaldes an sich gerissen hatte, in Worte: »Die Fürsten zwingen mich mit Gewalt, Feld, Stein, Wasser und Wald«. Für die alten Waldnutzungsrechte, damals notwendiger Bestandteil der Landwirtschaft, wurden den Bauern mit der Zeit immer höhere Gegenleistungen an Zins, Hand- und Spannleistungen und Robot (Pflichtdienste der Bauern am Grundherren) abverlangt. Die Unzufriedenheit der unterdrückten Bevölkerung gipfelte schließlich in den Bauernkriegen des 16. Jahrhunderts. »Gehölze, mögen geistliche oder weltliche sie inne haben, die sie nicht gekauft haben, die sollen der ganzen Gemeinde wieder anheimfallen«, lautete eine der Bauernforderungen.

Blumbesuch und Wonne

Ödland und brache Flächen der Dreifelderwirtschaft reichten als Weideland für das Vieh nicht aus, weshalb seit alters der aufgelockerte, lichtdurchflutete Eichenwald als sogenannter Weidewald offengehalten wurde. Die aufgrund des relativ hohen Lichteinfalls üppige Bodenvegetation diente Rindern, Schweinen und Ziegen die ganze Vegetationszeit über als Weideland, wobei vor allem Esche, Buche und Ahorn als begehrte »Plumhölzer« galten. Der Wald war zum Stall geworden. Diese Weidenutzung hieß »Blumbesuch und Wonne« (abgeleitet vom alten Wort »Pluomo« = Weidegang). Im Vergleich zu einer früher ebenfalls sehr bedeutenden Waldnutzung, dem Schweineeintrieb zur Eichelmast (wird ausführlich im Kapitel Eiche besprochen), schadeten Blumbesuch und Wonne dem Ökosystem Wald sehr. Das Rindvieh mußte den ganzen Winter über mit Laub, Spreu und gelegentlich Stroh auskommen, da gepflegte Futterwiesen, wie sie heute zur Heugewinnung üblich sind, erst im 18. Jahrhundert allgemein angelegt wurden und die ausgehungerten Kühe, die kaum mehr als 200 kg auf die Waage brachten, erst mit dem Waldeintrieb in Frühjahr und Sommer die Gelegenheit hatten, sich ein wenig zu erholen.

Weit gravierender als die bodenverdichtenden Folgen der Hufe des Großviehs (Pferde und Rinder) fielen Schafe und Ziegen ins Gewicht. Da Ziegen sogar bei reichlichem Grasvorkommen holzige Nahrung bevorzugen, fielen ihnen nicht nur Knospen und Triebe zum Opfer, sondern häufig ganze junge Bäumchen, weshalb bereits die frühen Weistümer (Gesetzessammlungen) Verbote für Ziegenweide im Wald enthalten. Tragische Ausmaße nahmen diese Vorschriften während des 17. und 18. Jahrhunderts an, als mit der Verarmung der Bevölkerung die Ziege als »Kuh des armen Mannes« immer größere Bedeutung erlangte. Die Braunschweiger Forstordnung aus dem Jahre 1692 beispielsweise befahl bei Übertretung des Weideverbotes sogar »todtschießen«.

Nur selten wurden diese harten Bestimmungen kurzfristig aufgehoben, wie beispielsweise in Frankreich während der Revolutionsjahre. Für wenige Jahre verwandelten große Herden von Kühen, Schafen und Ziegen die streng gehüteten Staatswälder in einen »großen, grünen Futtertrog«, wie Simon Schama es spitz formuliert.

Hufe verdichten den Boden, hungrige Mäuler beknabbern Knospen und Triebe. Insbesondere die Ziegen machten den Jungbäumen das Überleben schwer. Stich von 1702.

die Bäume nicht übermäßig zu belasten, kletterte die Jugend in jedem dazwischenliegenden Jahr in die Bäume und zupfte nur die Blätter ab. Aufgabe der Alten war es, das auf den Boden geworfene Laub in großen Tüchern zu sammeln, um es in den Heuboden zum Trocknen zu bringen. Im Gebirge, wo ohnehin wenig Getreide angebaut wird, war die Matratze häufig nicht mit Stroh, sondern mit Laub gefüllt. »Mit Laub onder, mit Laub ober« umschrieb man in Appenzell verarmte Haushalte, in denen sogar die Bettdecken laubbefüllt waren.

Neben der Esche, dem seit der Bronzezeit beliebtesten Laubfutterbaum, schneitelte man gerne Linde, Ulme und Ahorn. Grundsätzlich durften nur soviele Äste abgehauen werden, wie man »von der Erden mit seiner Axten gereichen mag«.

Mancherorts war das »Verlauben« an den Bäumen ganz verboten, wie beispielsweise in der Waldordnung für den Lußhartswald von 1439 nachzulesen ist: »... und sollen auch die Büchin nit abstymmeln noch die eeste davon hauwen«.

Während des 1. Weltkrieges blühte die Laubverfütterung für wenige Jahre nochmals auf: Ganze Schulklassen wurden in den Wald geschickt, um Laub abzustreifen, welches im Schulhof oder in der Turnhalle getrocknet und schließlich mit Güterwaggons abtransportiert wurde.

Weil (zusammen mit überzähligem Rotwild) das umherstreunende Weidevieh in kürzester Zeit imstande war, die Feldarbeiten von Monaten zunichte zu machen, gingen Bauern und Pächter dazu über, alles bestellte Land einzuzäunen. Im Jahre 1790 wurde daraufhin eine Stimme laut gegen die »endlosen, in sich selbst vervielfältigten Einzäunungen der Felder, Wiesen, Weiden und Gärten.« Verständlicherweise mußte auch der Jungwald für einige Jahre vor Verbiß geschützt werden. Nach »der Gehäue Recht« waren die Schläge deshalb in »Hege« oder »Bann« gelegt, »Heg und Schleg« gehörten somit unmittelbar zusammen.

Die Schlaghege dauerte mindestens solange, »bis die Heister [Jungbäume] dem Maule des nach Laub und Knospen lüsternen Weideviehs entrückt seien«, wie es Ernst August Roßmäßler im vorigen Jahrhundert poetisch formulierte.

Die Waldweide ging erst mit der verstärkten Stallviehhaltung im Laufe des 19. Jarhunderts allmählich zu Ende. Allerdings wurden, sozusagen als Reliktnutzung, noch 1955 in den Siegerländer Haubergen über 1500 Stück Rinder geweidet und in den Alpen gibt es stellenweise noch heute Waldweide.

Laub ober, Laub onder

Der Bauer früherer Jahrhunderte besaß nur wenige Futterwiesen zur Erzeugung von Heu als Winterfutter. Er sah sich daher gezwungen, das Laub der Bäume zu nutzen. Zur Laubfuttergewinnung, der sogenannten »Wunn«, schneitelte (schnitt) der Bauer alle zwei Jahre die jungen Zweige samt Blättern vom Stamm, band sie zu Laubgarben zusammen und hängte diese in die Bäume zum Trocknen. In der »Laube«, dem wettergeschützten Anbau des Hauses, wurden diese dann bis zur Verfütterung im Winter gelagert. Um

Als skandinavische Variante hat sich bis in die dreißiger Jahre des 20. Jahrhunderts eine eigenartige Nutzungsform erhalten. Im Herbst und Winter ging man zum »Reisbrechen« vor allem von Weiden und Birken in den Wald. Daheim wurden die jungen Zweige zerkleinert, gekocht und hauptsächlich an Schweine verfüttert.

DER HOLZMIST [LAUBSTREU] IST MEIN GRÖSSTE STREU ...

Als im 18. Jahrhundert im Zuge der landwirtschaftlichen Revolution aufgrund verstärkter Sommerstallfütterung mehr Klee und Kartoffeln angebaut wurden, begann Stroh Mangelware zu werden. Hinzu kam, daß der erhöhte Bedarf an Einstreu die Bauern zwang, das Herbstlaub der Wälder zu sammeln. Vom Brienzersee in der Schweiz wird berichtet, daß noch Anfang des 19. Jahrhunderts Frauen und Kinder zu diesem Zweck das Laub ganzer Buchenwälder zusammenfegten. Etliche hundert Schiffsladungen sollen gar verkauft worden sein. In gebirgigen Gegenden, wo ohnehin kaum Getreide angebaut wird, spielte die Laubnutzung seit alters eine gewichtige Rolle. Dort wurden zu diesem Zweck sogar die Äste von Nadelbäumen abgeschnitten. In einer Bauernklage heißt es:

»Im Stall ist weder Stra noch Heu,
Der Holzmist [Laubstreu]
ist mein größte Streu.
Es raucht im Haus und regnt mir ein,
Es kündt ä Ja nit schlimmer sein.«

Auch durch die ständige Entnahme potentieller Humusbildner wurde dem Wald geschadet. Hier wird Herbstlaub für die Einstreu gesammelt. »Herbstlaub« von John Everett Millais (1856).

Daß die Laubnutzung dem Wald schadete, wußte man. So enthielt bereits die erste bayerische Forstordnung, von Herzog Albrecht V. von Bayern im Jahre 1568 erlassen, das Verbot des Laubrechens.

Vor allem in Nordwestdeutschland, wo die übliche »Einfelderwirtschaft des ewigen Roggenanbaus« vorherrschend war, griff man häufig auf die vorgeschichtliche Methode der Plaggendüngung zurück. In lichten Wäldern oder auf Heideflächen trug man dazu die obere, verkrautete Schicht des Bodens ab und nutzte diese im Stall als Streu. Bis die abgeplaggten Flächen regeneriert waren, dauerte es allerdings etwa zwanzig Jahre.

Da Reisanbau Unmengen an Dünger frißt, dieser aber selten zur Genüge bereitgestellt werden kann, hat in

Das »Branden« der Berg-Brachfelder im Schwarzwald im 18. Jahrhundert. Nach dem Holzeinschlag wurde der Waldboden abgebrannt, um Getreidebau zu ermöglichen.

China und Korea eine eigenartige Düngemethode bis heute überlebt. Sobald das Frühjahr ins Land zieht, bringen dort Lasttiere riesige Mengen belaubter Zweige von den Bergen ins Tal. Die jungen Zweige stampft man in den Schlamm und wartet so lange, bis Blätter und Rinde abgefault sind. Zuletzt wird das Holz aus dem Schlamm herausgezogen, getrocknet und daheim im Ofen verfeuert.

Auf Reutrecht eingefangen

Seit dem Mittelalter existierte die Methode des Waldfeldbaues, bei der ein Wald (meist Niederwald) mit landwirtschaftlicher Zwischenkultur (ähnlich wie in manchen tropischen Regenwäldern heute noch) verbunden war. In den Birkenbergen des Bayerischen Waldes überlebte diese Bewirtschaftungsweise bis in die dreißiger Jahre. Dort hatte sich das bäuerliche Recht, ein Stück Land »auf Reutrecht einzufangen«, erhalten. Nach dem Holzeinschlag brannte man den Waldboden ab und säte im folgenden Frühjahr anspruchsloses Getreide wie Roggen oder Buchweizen aus. Nach diesem ein- bis zweijährigen Fruchtanbau war das neue Holz aus den Stockausschlägen meist so hoch, daß der Getreideanbau von selbst entfiel und der Jungwald dem Blumbesuch wieder geöffnet wurde.

Des Heiligen Römischen Reiches Pingarten

Die Zeidelweide, also das Nutzungsrecht an den Wildbienen, war in früheren Zeiten ein einträgliches Geschäft, das in Bayern und Österreich bereits im 8. Jahrhundert urkundlich belegt ist. Wer in einem Baum einen wilden Bienenschwarm fand, schlug aus dem Stamm einen Span heraus und legte diesen dem Grundherrn vor. Zur Zeit der Honigentnahme suchten Finder und Knecht des Grundherren jenen Baum auf. Ließ sich der Span problemlos in die Kerbe einfügen, war der Finder als solcher anerkannt, und die Honig- und Wachsausbeute wurde zwischen Finder und Grundherrschaft geteilt. Um den Bienen das Überleben im Winter zu sichern, mußte etwa ein Drittel der Ernte im Stock zurückbleiben.

Aus diesen anfänglich zufälligen Funden wilder Bienenschwärme entwickelte sich im Laufe der Zeit ein eigenes Gewerbe, die Wildbienenzucht. Alten Bäumen wurden in verschiedenen Höhen 90 cm hohe, 60 cm tiefe und 10 cm breite Löcher, sogenannte »Beuten«, in den Stamm gemeißelt, diese mit frischem Wachs und Bienenkraut (z.B. Melisse) ausgestrichen, und zuletzt mit einem Brett samt Flugloch zugenagelt. Allerdings wurde nur etwa jede dritte künstliche Höhle von den Wildbienen angenommen. Neben der Linde waren auch Eiche und Kiefer begehrte »Beutebäume«.

Weil durch die so gesetzten großen Verletzungen die Gefahr der Vermorschung bestand und die Beutebäume allzuleichte Sturmopfer abgaben, astete man Bienenbäume nicht nur auf, sondern kappte oft die ganze Krone und deckte die Wunde mit Birkenrinde ab. In entlegeneren Wäldern erhielten die Bäume gar einen eisernen Stachelkranz um den Stamm, um die Bären abzuhalten. In Altpreußen soll ein Bär nach einem Bericht aus dem Jahre 1537 45 Beuten ausgefressen haben. Um Honigdiebe – vor allem menschliche – zu vertreiben, wurde mancherorts gar ein Knecht als »Bienert« (Bienenwart) abberufen. An Trachtbäumen wie Salweide, Faulbaum, Esche, Hasel und natürlich Linde mangelte es in den Wäldern meist nicht.

An den lindenreichen Hängen der Karpaten wurde viel Honig geerntet, ebenso auch in Ostpreußen im Gebiet des Deutschen Ritterordens, wo im 16. und 17. Jahrhundert etwa 100 000 beflogene »Beuten« existierten. Der Nürnberger Reichswald ging gar unter dem Namen »des Heiligen

Der Zeidler (Waldbienenzüchter) nimmt den Honig der beflogenen »Beuten« aus. In der Mitte des Bildes befindet sich ein Nürnberger Zeidler in seiner Zunfttracht aus dem Jahre 1356. Aus »Zedler's Universal-Lexicon« (1740).

Römischen Reiches Pingarten [Bienengarten]« in die Geschichte ein. 27 Zeideldörfer und ca. 100 Einzelhöfe lebten dort von den Bienen. Es bildete sich eine eigene, besonders privilegierte Zunft, die Zeidlerei heraus. In einigen Reichsstädten genossen diese Zollfreiheit, in verschiedenen Dörfern (wie beispielsweise in Weißenstadt, Kronach und Drosselfeld) räumte man ihnen sogar ein eigenes Zeidelgericht ein; das Feuchter Zeidelgericht (heute Nürnberg-Feucht) war bis 1779 in Kraft. Für die gewährten Privilegien kassierte der Kaiser allerdings seinen »Honigzins«. Ein solcher Zins samt dazugehöriger Rechte wurde 1350 von Kaiser Karl IV. an den Edlen von Senckendorf für 200 Stücke lötigen

»Wie man anjagen und den Hirsch hetzen soll«. Wald und Landvolk hatten nur Ärger mit der fürstlichen Jagd. Aus dem Höfischen Jagdbuch des Gaston Phebus (1405-1410).

Silbers verpfändet und schließlich nicht mehr eingelöst. Daß der Zins letztlich von der Stadt Nürnberg gekauft wurde, ist mit ein Grund, warum die Lebkuchenindustrie in der Reichsstadt seit dem 14. Jahrhundert einen beträchtlichen Aufschwung nahm.

Bis Ende des 17. Jahrhunderts war Honig der einzig erschwingliche Süßstoff (der aus Zypern importierte Zucker aus Zuckerrohr wurde beinahe mit Gold aufgewogen). Auch das Wachs war jahrhundertelang durch kein anderes Produkt zu ersetzen und wurde erst 1824, nach der Erfindung des Stearins (aus Fetten hergestellt) entbehrlich. Bis dahin jedoch war Bienenwachs unabdingbarer Grundstoff für Kerzen, Siegel und Schreibtafeln. In Österreich beispielsweise mußten bis zum Jahre 1914 Altarkerzen aus reinem Bienenwachs gezogen sein.

Die Entwicklung der Imkerei aus der Zeidlerei vollzog sich langsam. Nach einem alten Gewohnheitsrecht wurde jener Stammteil eines vom Sturm gefällten Bienenbaumes, der die Beute enthielt, dem Zeidler überlassen. Diese »Klotzbeuten« genannten Stammteile zog man ursprünglich an Bäumen hoch, später stellte man sie im Wald auf. Weil auf diese Weise das Bienenvolk plötzlich vom lebenden Baum unabhängig geworden war, konnten die Bienenzüchter ihre Klotzbeuten in der Nähe des Hofes plazieren. Dies war in mehrfacher Hinsicht von Vorteil, denn seit die neue Forstwirtschaft des späten 18. Jahrhunderts die Holzproduktion ganz oben-an stellte, wurden immer mehr Stimmen laut, die Bienenzucht im Wald verschwende zuviel kostbares Holz. Weil die Ausübung der Zeidlerei an die Mitgliedschaft bei der Zeidlerzunft gebunden und außerdem hoch besteuert war, wurde die abgabenfreie Hausbienenzucht bald lukrativer und breitete sich schnell aus. Verantwortlich für den endgültigen Niedergang der Zeidlerei waren aber noch zwei Dinge: Mit der Reformation sank der Wachsverbrauch der Kirche erheblich, und Rohrzucker ließ sich mit der Zeit immer billiger produzieren.

Vogelfang im Hochgarn. Weil die Bauern von der »Hohen-« (Rot- und Schwarzwild) und »Niederen Jagd« (Hasen, Federwild) im allgemeinen ausgeschlossen waren, mußten sie sich mit dem Singvogelfang begnügen.

... HAUFFEN UND HERDTWEISS GEHEGTES WILDPRET

In den ersten Jahrhunderten nach den Völkerwanderungswirren wurde die Jagd, eine der ursprünglichsten Waldnutzungsformen, von allen Bauern einer Markgenossenschaft im Gemeinschaftswald ausgeübt. Während des späten Mittelalters gelang es den immer mächtiger werdenden Landesherren, die markgenossenschaftlichen Wälder an sich zu reißen. Die Jagd war zum Privileg des Adels geworden. Auf welch radikale Weise sich selbst Landesherrscher Privatbesitz durch Einforstungen aneigneten, ist im berühmten »Domesday Book« (Gerichtstagebuch), dem englischen Staatskataster von 1086 überliefert. William der Eroberer etwa verwüstete im kürzlich unterworfenen England ganze Dörfer, um in jener Gegend einen Wald zur Ausübung der Jagd anzulegen. In einem altenglischen Gedicht aus der Chronik von Peterborough (1067) sind die brutalen Methoden des Königs überliefert:

»... Er errichtete viele Wildgehege
und erließ auch Gesetze,
Wer einen Hirsch
oder eine Hirschkuh tötete,
Der sollte geblendet werden ...
Er liebte die Hirsche so sehr,
Als ob er ihr Vater wär ...«.

In deutschen Landen verhielt es sich nicht viel anders. Sobald bäuerlicher Gemeinschaftswald in den Königsforst miteinbezogen wurde, verlor das Landvolk jegliches Nutzungsrecht daran. Dem gemeinen Mann ebenso untersagt war die Jagd im landesherrlichen Wald. Sogar »das kleine Weydwerk von Hasen, Feld-Hühnern und anderen Federn-Wildpret« blieb Städten und Klöstern vorbehalten. Lediglich zum Singvogelfang, welcher mit der Zeit zu einem wahren Volksvergnügen ausartete (siehe das Kapitel »Eberesche«), war jedermann zugelassen.

Gegen die schreiende Ungerechtigkeit all dieser Verbote klagten die aufsässigen Bauern im 16. Jahrhundert: »... Zum vierten ist bisher Brauch gewesen, das kain armer man nit Gewalt gehabt hat, das Wiltpret, Gefligel oder Fisch in fließendem Wasser nit zu fachen [fangen] zu gelassen werden ... wann als Gott der Herr den Menschen erschuf, hat er im gewalt geben über alle Tier, über den Fogel im Luft und über den Fisch im Wasser ...«.

Wurde jemand beim Wildern erwischt, war er laut einer kurpfälzischen Verordnung aus dem Jahre 1709 zu »... Fußschellen/ mit einem am Leib festgemachten eisernen Ring mit einem Hirsch-Gewicht/ auf ein halbes Jahr lang zu öffentlicher Arbeit condemniret«.

Damit dem Herrscher während der Jagdsaison entsprechend viele Hirsche vor die Nase getrieben werden konnten, wurde das Wild »hauffen und herdtweiß« gehegt. Die Getreidefelder der Bauern waren somit ständigen Wildschäden ausgesetzt, mithin mußten Untertanen einen sisyphusartigen Kampf gegen das »Wildpret« führen, ohne selbiges töten zu dürfen. Bauern, deren Ackerland sich im Königsforst befand, war es beispielsweise nicht einmal erlaubt, Fallen für das Kleinwild aufzustellen, um die Feldfrucht zu schützen. Setzten sich die Leute mit unzureichenden Mitteln zur Wehr, liefen sie Gefahr, als Wilderer bestraft zu werden. Im Mai 1792 berichtete eine Gemeinde, Rot- und Schwarzwild hätten die Hafersaat so gut wie zerstört, obwohl täglich 4 Männer die Feldflur bewachten. Die Leute wollten endlich »von der nicht mehr auszuhaltenden Last des Wildprets

Bei der »eingestellten« Jagd mußte ein gewaltiges Aufgebot an bäuerlichen Jagdgehilfen das Wild in ein abgestecktes Waldstück treiben, das mit Stoffbahnen und Netzen verhängt war, damit kein »Wildpret« durch die Lappen gehen konnte.

Hütens bey tag und nacht befreiet« sein. Schaffte der Kurfürst nicht bald Abhilfe, würde er die »Gebete der Unterthanen verlieren«. Der Wald selbst erlitt ebenfalls beträchtlichen Schaden. Wegen der vom überzähligen Wild unterdrückten Naturverjüngung überlichteten und veralteten die Wälder zunehmend. Erst im ausgehenden 18. Jahrhundert scheinen die jagdtrunkenen Herrschaften eingesehen zu haben, daß ein Leben ohne »Wildpret« sehr wohl möglich ist, eines ohne Holz aber eben nicht. Auch ein H.W. Döbel gelangte in seinen »Jäger-Practica« schließlich zu der Erkenntnis, »daß ein Hirschgerechter Jäger auch Holzgerecht sein muß«.

Auf, auf zum fröhlichen Jagen

Zur Zeit des Absolutismus kam die sogenannte »Parforcejagd« (»par-force« = mit Gewalt) von Frankreich ausgehend auch an den deutschen Fürstenhöfen groß in Mode. Beinahe 100 Pferde und über 300 Hunde benötigte man, um einem Hirsch während einer etwa dreistündigen Hetzjagd den Garaus zu machen. Um einen ungestörten Jagdablauf zu gewährleisten, wurde der erwählte Hirsch viele Tage vor dem eigentlichen Jagdtag von fürstlichen Hofjägern eingekreist. Während der Jagdsaison schob sich ein ganzer Troß von Pferdefuhrwerken samt Hofmaler, Jagdbäcker, Hofzwerg und Roßarzt durch den Wald.

War der Jagdtag dann gekommen, wurden die Hundemeuten entlang des vorbereiteten Fluchtweges des Hirsches stationiert. Zuletzt trieb man den völlig entkräfteten Hirsch vor die Flinte des Jagdherren. Um allen Eventualitäten vorzubeugen, machte sich der sogenannte »Piqueur« von hinten an den Hirsch heran und schlug ihm die Sehnen der Hinterläufe durch. Damenbeifall und Hornbläser rundeten das Töten des Tieres durch den Jagdherren ab.

»Dies ist nun ein Plaisir vor den
großen Herren und Damen,
die mit Lust stundenlang ansehen,

Holzfäller bei der Waldarbeit. Aus einem Gemälde von Pater Chrysostomus Sandweger.

wie die Thiere auf einander gehetzt oder wie sie von Cavalieren spielend zu Tode geprellt werden ...«,

lautet der trockene Kommentar H.W. Döbels dazu.

Als Trophäe behielt der fürstliche Jäger allerdings nicht, wie heute üblich, das Geweih, sondern den rechten Vorderlauf. Aufgrund der immer leerer werdenden Staatskassen wurde die luxuriöse Parforcejagd allmählich von einer günstigeren Variante, der »deutschen« oder »eingestellten« Jagd abgelöst. Dazu bedurfte es allerdings der Einwohner ganzer Dorfschaften, welche oft wochenlang von ihrer Feldarbeit abgehalten wurden. Die Bauern hatten als Treiber, Jagdknechte, Fuhrmänner, Netzflicker und Pfleger der Jagdhunde ihren Jagdfron abzudienen, obwohl sie selbst nicht jagdberechtigt waren. Wer sich während der Vorbereitungszeit weigerte, der Herrschaft als Jagdgehilfe zur Verfügung zu stehen, lief Gefahr, des Forstfrevels angeklagt zu werden, was mit einer empfindlichen Strafe einherging. Natürlich war auch der Schauplatz der Jagd »einzurichten«. Attrappen von verwilderten Burgruinen, Waldschlössern und ähnlichem mußten ebenso errichtet werden wie Bühnen und Zelte für die geladenen Gäste. Bereits Wochen vor der Jagd durchstreiften die Hörigen die Wälder, um das Wild in einem festgelegten Waldstück »einzukesseln«. Dieses Gelände verhäng-

Zimmerleute während der Arbeit. In der Bildmitte Kaiser Maximilian I. als Zimmermann. Holzschnitt aus dem »Weißkunig« (1514-1516).

te man mit Netzwerk, Stoffen und Jagdlappen, damit die Tiere nicht ausbrechen, also »durch die Lappen« gehen konnten. Im Jahre 1739 beispielsweise verlangte Friedrich der Große für ein Landjagen nicht nur 4000 Treiber und 600 Jagdgehilfen, sondern ließ auch über hundert Kilometer Netze herbeischaffen. War der Jagdtag gekommen, trieb man die Wildtiere in ein vorbereitetes Rondell, in dessen Mitte eine geschützte Bühne für die Herren der Jagd aufgebaut war. Damit den hochrangigen Jägern peinliche Fehlschüsse erspart blieben, wurde diese Arena mit Stolperpfosten bestückt.

Wurden während einer solchen Hofjagd durchschnittlich etwa 500 Stück Wild grausam abgeschlachtet, war zwar der Wildverbiß kurzfristig entschärft, aber das Leid des Landvolkes nicht verringert. Der Hausvater Colerus klagt im »Opus oeconomicum« aus dem Jahre 1604 darüber, »daß oft die armen bloße ungekleideten Leute im harten winter mit hinaus auf die Jagd müssen, und draußen für dem Netze so gefrieren, daß man ihnen hernach die Schenkel ablösen muß, oder daß man sie tot oder erfroren hinter den Bäumen findet«.

Die herrschaftlichen Bannwälder blieben nun zwar von der raubbauartigen Holzentnahme durch die Bevölkerung früherer Zeiten verschont, erlitten aber wegen Wildüberschuß und deshalb vervielfachten Wildverbisses großen Schaden. Heute profitieren wir von der zweifelhaften Jagdleidenschaft früherer Monarchen insofern, als manch großer zusammenhängende Wald ohne Bannlegung zumindest teilweise gerodet worden wäre. Als Grünpuffer der Städte und als Naherholungsgebiet sind beispielsweise der ehemalige Frankfurter und Nürnberger Reichswald heute unbezahlbar.

DAS HÖLZERNE ZEITALTER

»Holz ist ein einsilbiges Wort, aber dahinter steckt eine Welt von Wundern und Märchen.«
THEODOR HEUSS

In China gilt Holz als »Urstoff«, welcher der Luft, der Erde, dem Feuer und dem Wasser als 5. Element gleichgestellt ist. Einer ähnlichen Entsprechung begegnen wir im griechischen »hyle«, das sowohl Holz als

Das Holz ganzer Waldgebiete verfrachtete man auf riesigen Flößen vor allem nach Holland. Flößer am Rhein vor der Stadt Dordrecht. Stich aus dem 18. Jahrhundert.

auch allgemein »Materie« bedeutet. Bei den Römern heißt »materia« ebenfalls Holz, meint jedoch das nutzbare Holz eines Baumes im Gegensatz zu seiner Rinde, seinen Blättern und seiner Wurzel. Überdies läßt sich »materia« auf dieselbe Wurzel wie »mater« (Mutter) und »matrix« (Gebärmutter, Mutterleib) zurückführen. Das Holz gebar sozusagen als »Urmutter« die zahllosen den Menschen umgebenden Gegenstände des täglichen Gebrauches. Solange zumindest, bis sich in Europa mit Steinkohle (auch ein Wald, allerdings ein bereits in Urzeiten untergeganger) und Eisen das industrielle Zeitalter anbahnte. In diesem Sinne wird die europäische Kulturgeschichte bis ins 19. Jahrhundert hinein gelegentlich als »hölzernes Zeitalter« bezeichnet. Man nimmt an, daß der Holzverbrauch des hochmittelalterlichen Menschen etwa 6–8mal höher war als heute.

Sombart drückt die tiefgreifende Beziehung Holz – Mensch in seiner berühmten »Geschichte des modernen Kapitalismus« folgendermaßen aus: »Das Holz griff in alle Gebiete des Kulturdaseins hinein, war für alle Zweige des Wirtschaftslebens die Vorbedingung ihrer Blüte und bildete so sehr den Stoff aller Sachdinge, daß die Kultur vor dem 19. Jahrhundert ein ausgesprochen hölzernes Gepräge trägt«.

Holzwerck, roh und sonder Schmuck und Zier

Holz gebrauchte man in erster Linie für Brenn- und Bauzwecke. Von alters her wurde es beinahe ausnahmslos während der Saftruhe, nämlich von Martini bis etwa Mitte Februar, geschlagen, da das »Winterholz« weniger Nährstoffe enthält und somit gegen Schädlinge besser gefeit ist. Über günstige Holzfälltermine wußte man auch früher schon Bescheid: »Wenn aber ein Zimmer- oder Schneidholz im Februario oder Hornung zunehmenden Monden nächsten Erichtag danach geschlagen wird, so werde es nimmermehr würmig, es gewinn auch kein Sonnenkluft.«

Um die Zeitenwende errichteten Mittel- und Nordeuropäer Häuser aus Holz (im Gegensatz zu den Bewohnern der Mittelmeerländer). Bereits Tacitus beschreibt die Bauwerke der Germanen als »Holzwerck«, doch »roh und sonder Schmuck und Zier«. Während späterer Jahrhunderte hat sich daran nicht sehr viel verändert. So soll beispielsweise

In angelegten, flachen Becken am Rande der Flüsse wurden die Baumstämme zu Flößen zusammengebunden - daher die Bezeichnung »Einbindstuben«. Die Flöße waren aus mehreren Abschnitten, den Gestören zusammengesetzt. Untereinander waren die Gestöre flexibel verbuden. Foto um die Jahrhundertwende.

Hamburg bis zum großen Brand Mitte des 19. Jahrhunderts so gut wie ausschließlich aus Holzhäusern bestanden haben.

Während in Nadelholzgebieten wie dem Schwarzwald oder den Alpen Blockbauweise vorherrschte, setzte sich in Laubwaldgegenden der Fachwerkbau durch. Gelegentlich findet man, wie etwa in Schlesien, Mischformen. Während das Verhältnis zwischen Brennholz und Bauholz um das Jahr 1800 noch etwa 9:1 betrug, verhält es sich heute genau umgekehrt.

Als die Wälder auf Reisen gingen

Bauholz diente nicht nur zum Haus-, sondern auch zum Schiffsbau. Den Briten war ihre Eiche sogar »father of ships«. Auf die Frage, wo die riesigen Eichenbestände Südenglands und Frankreichs geblieben sind, gibt es eine einfache Antwort: In deren Handels- und Kriegsflotten. Die Schicksale der mächtigsten europäischen Imperien entschieden sich auf dem Ozean (z. B. Untergang der spanischen Armada). Wenngleich der Schiffbau in Deutschland selbst vergleichsweise unbedeutend blieb, wurden im 17. und 18. Jahrhundert doch ganze Waldhänge entlang der schiffbaren Flüsse wie Rhein, Elbe, Donau und Weser eingeschlagen, um in den gefräßigen Werften des Auslandes zu landen. Vor allem das waldarme Holland galt als dankbarer Abnehmer für Schiffsholz, mußte es doch im 17. und beginnenden 18. Jahrhundert seine führende See- und Handelsmachtstellung mehrmals gegen Frankreich sowie England verteidigen. Kapitalträchtige holländische Handelsgesellschaften organisierten mehrmals jährlich die Verfrachtung riesiger Flöße, welche eine durchschnittliche Größe von 300 m mal 50 m besaßen. Als Basisfloß dienten sogenannte »Holländerstämme« aus Nadelhölzern, auf die man die begehrte Zu- und Oblast, bestehend aus wertvollen Schiffbaueichen, hievte. Um ein solches Mammutfloß mit einem durchschnittlichen Gewicht von 17000 Tonnen den Rhein flußabwärts zu manövrieren, waren 450 Ruder- und 80 Ankerknechte vonnöten.

Bemerkenswert ist in diesem Zusammenhang die Tatsache, daß selbst die Seile zum Zusammenbinden der Flöße aus Einzelstämmen aus Holz

Die »Hochöfen« der Hammerschmieden zum Schmelzen des begehrten Metalls wurden bis ins 19. Jahrhundert mit Holzkohle beschickt. Aus dem »Bericht vom Bergwerk« von Georg Löhneiss.

gefertigt waren. Weil uns heute Stricke aller Längen und Stärken aus Hanf, Sisal oder Kunststoff preiswert zur Verfügung stehen, ist die alte Verwendung jener »Holzseile« längst vergessen.

Daß sich die Biege- und Windefestigkeit von feuchtem Holz durch Erhitzen erhöhen läßt, ist der Menschheit schon länger bekannt (und wurde vom rheinländischen Tischler Michael Thonet erstmals industriell genutzt – siehe das Kapitel »Buche«). Noch zu Beginn unseres Jahrhunderts zählte das sogenannte »Wiedendrehen« zu den typischen Arbeiten der Flößer. Dazu wurden junge Baumstämme geschlagen, noch grün im Wiedofen (ähnlich einem Backofen) stark »gebäht« (erhitzt), bis der Saft schäumte, und im heißen Zustand um die Wiedenstange gedreht. Nach dem Erkalten war der Holzstrick fertig. Vor dem Gebrauch mußte man dieses mehrmalig verwendbare Seil lediglich einen Tag in Wasser legen. Weil die Wiederei so viele junge Baumstämme verbrauchte, wurde den Flößern bereits 1725 im »General-Rescript« nahegelegt: »Die Beamte sollen daran seyn, daß zu menagirung [schonlicher Behandlung] der Waldungen die Erndgarben an statt der Widen und Reisichs wo möglich mit Strohseilern zu binden eingeführt werden möge«.

Das Ruhrgebiet des Mittelalters

Wald, Holz und Eisen waren in früheren Zeiten viel enger miteinander verbunden als heute. Anstatt der derzeit verwendeten Steinkohle wurden die Hochöfen bis ins 19. Jahrhundert mit Holzkohle beschickt. Das Holz mußte zu diesem Zweck wie Bauholz auch zum rechten Zeitpunkt (nämlich während der »Holzmonate« Januar und Februar) geschlagen werden, »damit es nicht zu des Landes- wie auch Berg-, Schmeltz- und Hammer-Herrns grösten Schaden grün verkohlet werden

Meiler zur Erzeugung von Holzkohle in verschiedenen Stadien. Im Hintergrund steht der Wagen zum Abtransport des Endproduktes.

dürfte«. Für die örtliche Lage der Hammerschmieden war nicht so sehr die Nähe der Erzgruben, sondern eine waldreiche Umgebung ausschlaggebend. In einer Chronik über den waldreichen Harz heißt es: »Die Höltzunge sein der Bergwerke Hertze und des Fürsten Schatz: wan keine Höltzung vorhanden, sein die Bergwerke gleich wie eine Klocke ohne den Kneppel und eine Laute ohne Saiten«.

Der Verbrauch an Kohlholz war unermeßlich. Für die Erzeugung 1 Tonne Schmiedeeisen gingen 6 Tonnen Holzkohle in Flammen auf. Da die Herstellung 1 Tonne Holzkohle wiederum 5 Tonnen Holz verlangte, verschlang 1 Tonne Schmiedeeisen letztlich ganze 30 Tonnen Brennholz. Ein alter Bittspruch der Berg- und Hammerleute macht deren berufsbedingte Abhängigkeit vom Wald deutlich:

»Es grüne die Tanne,
es wachse das Erz.
Gott gebe uns allen
ein fröhliches Herz.«

Bevor das Schwarzpulver (und mit ihm das Sprengen) im 13. Jahrhundert in Europa bekannt wurde, war Holz zum Abbau des Gesteins vonnöten.

An Ort und Stelle machten es die Erzknappen durch »Feuersetzen« spröde, das heißt, sie erhitzten den Felsen durch eine große Feuerstelle und schreckten ihn anschließend mit kaltem Wasser ab.

Zur Eisenverhüttung schichtete man erzhaltiges Gestein zusammen mit Holzkohle und Kalk in das Feuer der sogenannten »Rennöfen« und brachte diese durch Windzufuhr auf hohe Temperaturen, bis sich ein schlackereicher Eisenklumpen, die »Luppe«, gebildet hatte.

Diese mußte man mehrmals wieder aufschmelzen und zwischenzeitlich hämmern, um dadurch den Schlackegehalt auf ein Minimum zu reduzieren. Das Roheisen war fertig zum Transport in die eisenverarbeitenden Hammerwerke wie Blech- und Waffenhämmer oder Drahtmühlen.

Die bedeutendste Eisenindustrie hatte sich in der waldreichen Oberpfalz ausgebildet, von Horst Stern treffend als »Ruhrgebiet des Mittelalters« bezeichnet.

Während ihrer Blütezeit im 15. Jahrhundert neben Flandern eines der wohlhabendsten Lande des Heiligen Römischen Reiches, produzierten ihre 200 Hammerwerke jährlich rund 10 000 Tonnen Roheisen.

GOTT HAT DIE WÄLDT [WÄLDER] FÜR DEN SALZQUELL ERSCHAFFEN

Die Methode der Salzgewinnung durch Verdampfen von salzhaltigem Wasser (der Sole) über großen Feuerstellen ist uralt und wurde bereits von den Kelten und später den Römern praktiziert. Daß Unmengen von Holz unter den Sudpfannen der Salinen in Flammen aufgingen, ist in verschiedenen alten Holzverträgen zwischen Waldbesitzern und Salinenbetreibern dokumentiert. Denn »Gott hat die Wäldt für den Salzquell erschaffen auf daß sie ewig wie er continuieren mögen ...«. Bereits 1350 wurden in den Lüneburger Sudhäusern über 300 000 Kubikmeter Holz verfeuert, um 30 000 Tonnen Salz zu gewinnen. Der Saline Reichenhall stand die doppelte Fläche des Bodensees, nämlich 110 000 Hektar Wald zur Verfügung. Als der Salzburger Erzbischof Wolfdietrich dem bayerischen Kurfürsten plötzlich die »auf ewig« gesicherten Holzschlagrechte auch jenseits der bayerischen Grenze streitig machte, entbrannte 1611 sogar ein Krieg. Dieser sollte als »Holzkrieg« in die Geschichte eingehen. Auch mit Salz in Verbindung steht die älteste Pipeline der Welt, eine 32 km lange Soleleitung, welche 1617 von Bad Reichenhall nach Traunstein verlegt wurde und bis zur Auflösung der Saline Rosenheim im Jahre 1956 in Betrieb war. Dazu wurde der Münchener »Hofbrunnmeister« berufen, »das Wasser über das Gebirge zu führen«, und zwar mit Holzrohren. 8 400 Fichtenstämme mit 4 m Länge waren vonnöten, dazu ebensoviele Blechbuchsen, um die einzelnen Rohre miteinander zu verbinden.

Glashütten verschlangen nicht nur immense Mengen an Brennholz zum Unterhalten der Schmelze. Die Pottasche ließ sich als unverzichtbarer Bestandteil von Glas bis zur Mitte des 19. Jahrhunderts nur aus Holzasche gewinnen.

GLASHÜTTEN

Die Glasmacherei, ein altes Waldgewerbe, forderte vom mitteleuropäischen Wald ebenfalls ihren Tribut. Bis das Glas fertig war, hatten die verschiedensten Berufe ihren Beitrag geleistet: Quarzschürfer, Kiesbrenner, Pochermänner, Aschenbrenner, Flußsieder, Scheiterhacker, Scheiterdörrer, Schürer, Schmelzer – sie alle waren für die Glashütte unverzichtbar. Zur Erzeugung von einfachem Waldglas wurden nach einer Faustregel 100 Teile Sand mit 30 Teilen Pottasche und 15 Teilen Kalk zusammengeschmolzen, wobei der Pottasche als Schmelzbeschleuniger oder »Flußmittel« eine

Holzschnitte und Landschaftsgemälde früherer Jahrhunderte verdeutlichen die damalige Überbeanspruchung des Bauernwaldes. »Öden und Blößen« breiten sich aus. Zurück bleiben überaltete, geschundene und verkrüppelte Bäume.

Schlüsselrolle zukommt. Sie setzt die zum Schmelzen des Quarzes (in Form von Sand) nötige Mindesttemperatur von 1800 °C, welche damals nicht zu erreichen war, auf 1200 °C herab. Seit alters außerdem zur Seifenherstellung, zum Färben und Bleichen ein sehr gefragtes Produkt, war Pottasche schwer zu gewinnen. Bis zum Jahr 1851, als in Deutschland erstmalig Kalilagerstätten entdeckt wurden, stellte man sie fast ausschließlich aus Holzasche her, wie aus folgendem Glaserspruch hervorgeht:

»Gott hat erschaffen
manchen Mann,
der Glas aus Asche machen kann.«

Das Metier der rauhen Gesellen, welche als »Aschenbrenner« im Walde hausten, ist schriftlich erstmals 1667 belegt: »Die Aschenbrenner sind ihrer sonderbaren Wissenschaft, des Aschebrennens halber, gar schwerlich zu bekommen, von denen mancher eine ganze Woche, von Wasser und Brot lebend, vom Walde nicht heimkommt«. Man brannte soviel an Altholz nieder, wie nur möglich war. Am ergiebigsten waren die überalteten, schon kernfaulen und gipfeldürren, aber noch stehenden Bäume. Mit der Axt bis zum Kern angehauen, wurden die Stämme angezündet und von innen her binnen 5 bis 7 Tagen ausgeglüht, bis sie von selbst erloschen. Der Kaligehalt im Holz der verschiedenen Baumarten war, so wußte man, unterschiedlich verteilt. Buchenholz beispielsweise hatte den 3fachen, und das Holz der begehrten Bergulme gar den 8fachen Kaligehalt der Fichte. Im Nebenerwerb war das Aschebrennen ein einträgliches Geschäft der Bauern. Im Jahre 1856 beispielsweise konnte man für den Preis von 8 Eimern Holzasche einen Knecht eine ganze Woche bezahlen. Familiennamen wie Aschenmann, Ascherl, Aschermaier oder Aschenbrenner erinnern an den vergessenen Glashüttenberuf.

In verpichten Fässern gelangte die erzeugte Asche zu den Glashütten, wo man sie mit Wasser versetzte und diese Lauge in den sogenannten »Flußsiedereien« etwa 24 Stunden über einem Holzfeuer verkochte. Zuletzt haftete am Kesselboden der »Fluß« oder »Stein«, den man als Bauernpottasche mit einem Stemmeisen vom Kesselboden herausschlagen mußte. Zur Erzeugung der weißen, feinen »Edelpottasche« für hochwertiges Glas mußte diese Bauernpottasche nochmals gewässert und im »Calzinierofen« ausgeglüht werden.

Die bedeutendste Aufgabe oblag dem Schmelzer. Von seiner Arbeit während der 48 Stunden dauernden Glasschmelzzeit hing letztlich die Qualität des Endproduktes ab. Sehr lebensnahe und eindrucksvolle

Beschreibungen vom Leben um die Glashütten findet man in den Romanen »Und wieder blühte der Wald« (1975) und »Wilder Wald« (1981) von Paul Friedl.

Kündigung wegen Zählunfähigkeit ...

Im frühen Mittelalter war neben dem Sammeln von Windfallholz im Wald auch erlaubt, schwache Stämme der »unfruchtbaren Bäume« (Birken, Weiden, Erlen ...), das sogenannte Taub- oder Urholz zu schlagen und mitzunehmen. Nur bereits »gehowen holtz genommen, das ist dieberey«, belegen frühe Weistümer. Lange Zeit kam man ohnehin straffrei davon, wenn man mit der Axt fremdes Holz schlug, denn »die Axt ist ein Rufer, kein Dieb«. Erst das Verwenden der (leisen) Säge veranlaßte härtere Strafen bei Holzentwendungen. Im 16. Jahrhundert sah man sich sogar gezwungen, den sog. »Waldhammer« (Malbarte oder Zeichenaxt) zur Kennzeichnung der zu schlagenden Bäume allgemein einzuführen. Außer dem herrschaftlichen Wappen war das Waldeisen mit der jeweiligen Jahreszahl versehen. »Kein Baum darf, ohne daß er vorhero mit dem holzhammer eingeschlagen worden, gefället werden«, heißt es 1777 in einer preußischen Verordnung. Um die Kontrolle über die geschlagenen Bäume zu vereinfachen, mußte das Zeichen des Waldhammers auch nach dem Fällen am Baumstumpf sichtbar sein. Diese Regelung blieb in Frankreich sogar bis etwa 1930 bestehen. Daß aufgrund chronischen Holzmangels Entwendungen von Holz aus dem Wald immer häufiger vorkamen, ist verständlich. Oftmals steckten die kärglich besoldeten Holzfäller mit den Holzmeistern unter einer Decke. Wurde der Diebstahl aufgedeckt, erfolgte, wie es im Jahre 1620 zwei Holzknechte am eigenen Leib erfuhren, die Kündigung: nämlich wegen Untreue, Fahrlässigkeit »... und gänzlichen Ohnvermögens im Zählen«.

Wälder in merklichem Abgang

Nachdem der Wald über Jahrhunderte hinweg nur Ausbeutung, aber keine Pflege erfahren hatte, nimmt es nicht Wunder, daß sich im 17. und 18. Jahrhundert das »Gespenst der Holznot« immer deutlicher abzeichnete. Gelegentlich waren zwar punktuelle Aufforstungen getätigt worden, beispielsweise jene des Nürnberger Bergwerksbesitzers Peter Stromeir, welcher sich 1368 als »Tannsäer« in der Forstgeschichte einen Ehrenplatz sicherte. Mancherorts wurde gesät, um verödete Waldflächen in Bestockung zu bringen, die »keinen Samen mehr annehmen«. Im allgemeinen aber blieben jene kleinräumigen Versuche ein Tropfen auf dem sprichwörtlichen heißen Stein. Auch die Prophezeihungen Martin Luthers, es werde in Kürze an 3 Dingen Mangel eintreten, nämlich an wahren Freunden, gerechter Münze und an grünem Holze, blieben lange ungehört.

Doch er sollte Recht behalten. Weil sich die Wälder in »merklichem Abgang« befanden, mußte ihrem »besorgenden ruin« besser vorgebeugt werden, denn die Bereitstellung von Bau- und vor allem Brennholz bereitete immer größere Schwierigkeiten. Wald- und Forstordnungen begannen, wie Pilze aus dem Boden zu schießen – und mit ihnen jede Menge Beamte. John Manwood, der Verfasser einer Abhandlung über Forstgesetze, schrieb 1592: »... und daher besteht ein Forst vornehmlich aus diesen vier Dingen: aus Dickicht und Wildbret; aus bestimmten Gesetzen und aus entsprechenden Beamten«. Die neuen Gesetze sahen vor allem Brennholzeinsparungen als wirksame Maßnahmen vor. Ein schwieriges Unterfangen, wenn man bedenkt, daß es in strengen Wintern sogar an den Fürstenhöfen aufgrund schlechter Beheizbarkeit peinlich kalt gewesen sein muß. 1695 schrieb Lieselotte von der Pfalz, Schwägerin Ludwigs XIV., von Paris an das elterliche Schloß in Heidelberg, daß an der königlichen Tafel das Wasser und sogar der Wein in den Gläsern zu Eis erstarrt seien.

Angesichts des verlichteten Waldes warf man den Bauern Vergeudung und Holzmißbrauch vor. Die Definition von Verschwendung ist allerdings stark sozial geprägt und sehr dehnbar. Mußte ein ländlicher Haushalt mit 3 Wagen voll Brennholz über den Winter kommen, teilte man Familien in der Stadt gut und gerne 8 Fuhren Holz zu. Nicht gespart wurde auch beim Bau von Herrenhäusern und Schlössern, die Tausende Stämme bestes Bauholz verschlangen. Bauern jedoch waren bei der Zuteilung von Holz zur Reparatur ihrer

»Der Wald als Holzfabrik«, kommentierte Horst Stern. Die Fichte - Erfolgsbaum der Deutschen - wird nach wie vor in Monokulturen aufgeforstet. Als ob uns Schädlingskalamitäten und ausgedehnte Windwurfflächen nicht längst eines Besseren belehrt hätten.

Gebäude stark beschnitten. Eine skurrile Ausgeburt an Sparsamkeit hatten sich gewiefte Minister des österreichischen Kaisers Joseph II. im Jahre 1784 einfallen lassen: den wiederverwendbaren »Sparsarg«. Im Grab klappte der Sargboden auf und entließ die Leiche. Danach wurde er herausgezogen, um beim nächsten Begräbnis wieder eingesetzt zu werden.

Jener Ofen, so am wenigsten Holz verzehret

Zur Gedächtnisstütze der Untertanen ging man dazu über, die manchmal um die 100 Seiten langen Forstordnungen einmal jährlich nach dem Gottesdienst in der Kirche zu verlesen. Nachdem dies 1527 erstmalig mit der Bayreuther Forstordnung geschah, sollen einem kurfürstlichen Hofmarschall folgende Worte aus dem Mund gerutscht sein:

»Ach lieber Gott,
Wieviel neuer Geboth,
Laß es in Güte walten,
Wer kann sie alle halten!«

Das Gespenst der Holznot trieb diese Leute an, ihr Brennholz stundenlang nach Hause zu tragen. Heutzutage ist in Mitteleuropa das Auslichten zu dicht stehender Waldbestände (mit gleichzeitigem Brennholzgewinn) schon zu teuer. Holzschnitt aus dem »Buch der Weisheit der alten Meister« (1483).

Die Forstordnungen regelten und bestimmten unendlich viel. Nicht nur Neubauten von Kalkbrandöfen und Ziegelhütten wurden aufgrund von Holzmangel untersagt. Holzhäuser ohne Stein-Unterbau, private Backöfen und Badestuben, das »Spunden« der Fußböden mit Brettern, das Zurechthauen des Bauholzes im Wald (um keine Späne zu verlieren) – alles war verboten. Sogar die Ofenlochgröße mußte den Richtlinien entsprechen. Im Jahre 1764 setzte König Friedrich II. schließlich einen Preis für jenen Ofen aus, »so am wenigsten Holz verzehret«. Geschlossene Holzsparöfen anstatt der offenen Kamine kamen in Mode. Bedeutsamerweise waren es deutsche Siedler in den USA, die im 18. Jahrhundert Aufmerksamkeit erregten, da sie geschlossenen Herden den Vorzug vor offenen Kaminen gaben.

Um in diesem Zusammenhang einen zeitgemäßen Vergleich anzustellen: In Algerien ist man derzeit dabei, die vielen privaten Feuerstellen zu verbieten und stattdessen zentrale ölgeheizte Backöfen zu installieren. Ginge die Rechnung auf, könnten pro Dorf mindestens 15 Hektar Wald vor dem Kahlschlag verschont werden.

»Die Wälder gehen den Völkern voran,...

... die Wüsten folgen ihnen«, schrieb François René Chateaubriand im 19. Jahrhundert. Mitteleuropa blieb bisher von diesen Auswirkungen so gut wie verschont, was mit dem gemäßigten Klima und den tiefgründigen, fruchtbaren Böden zusammenhängt.

Daß Waldverlust und die damit einhergehende Bodendegradierung kein neues, sondern ein uraltes Thema ist, verdeutlicht der historische Zustand des berühmten Zedernwaldes im Libanon. Bereits um 2500 v.Chr. fiel den Ägyptern das Schwinden des libanesischen Holzreichtums auf. 2000 Jahre später schreibt Platon in der »Critias«: »So sind denn... im Vergleich zu dem damaligen Lande in dem gegenwärtigen gleichsam wie von einem durch Krankheit dahingeschwundenen Körper nur noch die Knochen übriggeblieben, indem die Erde, soweit sie fett und weich war, ringsum abgeflossen und nur das magere Gerippe des Landes zurückgelassen ist«. Aber auch anderswo herrschte eine ähnlich rücksichtslose Einstellung gegenüber dem Wald. In China waren zur Zeit

Holz ist nach wie vor ein wertvoller Rohstoff aus unseren Wäldern.

der Chou-Herrscher (4. Jahrhundert v. Chr.) sogenannte »Feuerjagden« in Mode, bei denen ganze Waldhänge abgebrannt wurden, um den Jägern das Erlegen des Wildes zu erleichtern.

Schicksalsbestimmend wurde die bedenkenlose Rodung für die marokkanische und algerische Küste Nordafrikas, die noch in antiken Zeiten als »Kornkammer Roms« zu den reichsten Provinzen des Imperiums gezählt hatten. Als Hauptgrund für die dortige Verwüstung gilt heute neben einer Niederschlagsverringerung vor allem das Abholzen der Bäume (und eine damit verbundene deutliche Grundwasserabsenkung) sowie die Überbeanspruchung des Bodens.

Auch die antike Hafenstadt Ephesos ging letztlich an der Entwaldung zugrunde. War das Umland der Stadt noch vor 4000 Jahren von Eichenwäldern bestanden (wie man aufgrund von Pollenanalysen weiß), herrschte um die Zeitenwende Ackerland vor. Die durch Ackerbau verstärkt um sich greifende Bodenerosion ließ den Hafen trotz mehrmaliger Verlegung immer wieder verlanden, bis sich die berühmte Artemis-Stadt zuletzt völlig »im Sande verlaufen« hatte. Heute befinden sich die Ausgrabungsstätten sogar 5 km vom Meer entfernt.

Siegeszug der Fichte

»Der Wald, der Wald! Daß Gott ihn grün erhalt!« schrieb Joseph von Eichendorff (1788–1857). Die Erkenntnis, daß der Wald Hilfe brauchte, wenn er weiterhin der Grundfaktor der Landeswohlfahrt sein sollte, ebnete gegen Ende des 18. Jahrhunderts den Weg für eine sinnvolle, nachhaltige Forstwirtschaft. Um den ausgehagerten Böden mehr Produktivität abverlangen zu können, setzte man während der »Lehrjahre« vielerorts auf exzentrische Düngemittel und exotische Baumarten. Anstrengungen, vor allem amerikanische Bäume wie Thujen, Douglasien und Stroben großflächig »an unseren Himmelsstrich zu gewöhnen«, schlugen jedoch fehl. Die neuangelegten Monokulturen wurden in Kürze von Pilzschädlingen oder Käferkalamitäten dahingerafft. Zuletzt gewann die anspruchslose, produktive Fichte das Rennen. Das Kind der Berge hatte sich zum Erfolgsbaum gemausert. Von nun an pflanzte man sie in ganz Europa auf ausgelaugten Öden, Blößen, Krüppelwäldern und Kahlschlägen (siehe auch das Kapitel »Fichte«). »Der Wald als Holzfabrik«, kommentiert Horst Stern diese Entwicklung.

Chronischer Pflegemangel

Das in den sechziger Jahren angebrochene Erdöl- und Kunststoffzeitalter läßt unseren Wald inzwischen in einem völlig veränderten Licht erscheinen. »Mit dem Wald ist kein Geschäft mehr zu machen«, klagen die Förster. War es früher manchmal aus Holznot untersagt, Windfallholz zu Brennzwecken zu sammeln, scheint heute das Gegenteil der Fall zu sein. Viele Waldbesitzer können sich die arbeits- und damit kostenintensiven Durchforstungen nicht mehr leisten. Die sogenannten »Stangenorte« (wenige Jahrzehnte alte Bestände, die noch so dicht wie zur Zeit der Anpflanzung stehen), müßten längst ausgelichtet werden, um später einmal hochwertiges Bauholz liefern zu können. Noch in den fünziger Jahren ließen sich für den Preis von einem Kubikmeter Rohholz mehr als 40 Waldarbeiterstunden bezahlen, 20 Jahre später waren es nur mehr gute 3 Stunden. Das vorletzte Wort zu diesem Thema sei Wilhelm Heinrich Riehl gewährt, der schon im 19. Jahrhundert vorausschauend erkannte: »Auch wenn wir keines Holzes mehr bedürfen, würden wir doch den Wald brauchen«. Als Beweggründe dafür können wissenschaftliche Fakten wie Sauerstoffproduktion, Wasserkreislauf-Regulation, Filterfunktion usw. genannt werden. Warum sich dem Wald aber nicht von der emotionalen, oft mythisch erlebbaren Seite nähern wie Bertolt Brecht: »Weißt du was ein Wald ist? Ist ein Wald etwa nur 10 000 Klafter Holz? Oder ist er eine grüne Menschenfreude?«

Der Baum im Mythos

Mitnichten ist der Baum zuerst Same, dann Sproß,
dann biegsamer Stamm, dann dürres Holz.
Man darf ihn nicht zerlegen, wenn man ihn kennenlernen will.
Der Baum ist jene Macht, die sich langsam
mit dem Himmel vermählt.

Antoine de Saint- Exupéry

Ursprung des Menschen

»Aus dem Wald war alle europäische Kultur hervorgegangen, die geistige nicht minder als die materielle«,

schreibt Werner Sombart. Verschiedene Völker führen in ihren Mythen selbst die Existenz des Menschen auf Wald und Baum zurück. In der nordischen Mythologie sind es Ask und Embla, Esche und Ulme, aus denen die Götter Mann und Frau erschufen. Vergil, der größte römische Dichter der Zeitenwende, berichtet in der Äneis über die dem Jupiter geweihten Eichenwälder, welche seinerzeit die sieben Hügel Roms bedeckten. In ihnen hausten wilde Männer, die aus Baumstümpfen und knorrigen Eichen hervorgegangen waren:

»Eingeborene Nymphen und Faune
bewohnen die Wälder
und ein Geschlecht,
das war entstanden
aus Stämmen und Kernholz.
Sitten und Bräuche
kannten sie nicht.
Vom Schirren der Stiere
wußten sie nichts
und nichts vom Erwerb
und Hegen der Habe.
Sondern sie nährten sich
mühsam von Jagd
und Früchten der Bäume...«.

Als ihnen verwandt müssen jene nackten, behaarten halbgöttlichen, halbmenschlichen Wesen, die Pane und Satyrn der griechischen Mythologie, bei den Römern die Faune und Silvane (von lat. »silva« = der Wald) gesehen werden.

Im Gilgamesch-Epos der Sumerer (2. vorchristliches Jahrtausend) tritt jene ungeschlachte Wald-Gestalt erstmalig als Enkidu auf. Aufgewachsen ist Enkidu in der Gesellschaft wilder Tiere, und es bedurfte einer Dirne, um im verwahrlosten Wäldler die Sehnsucht nach menschlichem Umgang keimen zu lassen.

Als »homme sauvage«, also wilder Mann, hat dieses vor urtümlicher Kraft strotzende Geschöpf in Bildern, Sagen und Dichtungen bis heute überlebt. Vor allem die Ritterromane des Mittelalters bedienten sich seiner immer wieder. In den bedeutendsten Versionen der Tristan-Sage beispielsweise lebt Tristan als Wilder in den Wäldern, nachdem er im Wald von Morois eine Art Entmenschlichung erfahren hatte. In der Artus-Sage verliert Lancelot auf der Suche nach dem Heiligen Gral sogar mehrmals den Verstand, was ihn zeitweise zum »Wilden Mann« werden läßt, letztlich jedoch zur Selbstfindung führt.

Neben diesem »Wilden Mann« bevölkerten noch unzählige gute wie böse Naturgeister den mittelalterlichen deutschen Wald: Kobolde, Zwerge, Trolle, Wildweiblein, Holz-, Moos- und Säligen Fräulein, Lohjungfern (von »löch« = »lucus« = Wald), Elfen, Nymphen und natürlich die Feen (Fee stammt von »fata«, der Mehrzahl des lateinischen »fatum« = Schicksal). Als halbe Fabelwesen wecken diese Waldgeister noch heute in uns Erinnerungen an eine Zeit, in der nie das Geräusch einer Motorsäge ertönte. Unausrottbar geisterten sie in den Köpfen der zum Christentum bekehrten »Wilden« herum, so daß die Kirche zum wiederholten Male eine Metamorphose vornehmen mußte – in diesem Fall von den Waldwesen zu den »armen Seelen«. »Aures sund nemoris« (»Die Wälder haben Ohren«), drohten die Kirchenväter wissend. Bezeichnenderweise bedienten sie sich dabei des Begriffes »nemus«, des heiligen Walds, im Gegensatz zum profanen Nutzwald. Ist also der nicht gerade zimperliche Missionierungsdrang der christlichen Kirchen Schuld daran, daß jene waldbeseelten Gestalten aus der heutigen Welt (offiziell) verschwunden sind? Wohl kaum, denn mit der Bekämpfung der dunklen Wesen wurde deren Existenz ja eigentlich zugegeben. Die Ursache ist eher unser überbetonter Rationalismus, der nur akzeptiert, was sich beweisen läßt.

»Wälder haben Ohren, Felder haben Augen...«. Kupferstich von Hieronymus Bosch, 15. Jahrhundert.

Der Humus begründet das Humane

Die ewige Stadt Rom, antiker Prototyp von Kultur und Fortschritt, ist ein Kind der Wälder. Silvius, der Begründer von Alba Longa, der Mutterstadt Roms, wurde in den Wäldern geboren. Seine Nachfahren führten in direkter Linie zu Romulus und Remus, und sie alle trugen bis zu Rhea Silvia (der Mutter von Romulus und Remus) den Nachnamen Silvius. Romulus selbst war ein wahrer

Satyrn, Faune, Silvane und wilde Männer, halb menschliche, halb tierhafte mythologische Waldwesen überdauerten in Dichtungen und Sagen bis in die heutige Zeit.

Der Pflanzenmensch. Kupferstich von 1696. Die Punkte des Aderlasses werden durch Zweige und Wurzeln angedeutet. Durch die über ihn hinausreichenden Blätter und Wurzeln wird der Mensch zum Element des Kosmos und verwurzelt sich zugleich in der Erde.

Sohn des Waldes, genährt von einer Wölfin und aufgewachsen in der Geborgenheit der Bäume. Als Rom die Zeit seiner Hochblüte erlebte, verharrte Germanien noch völlig im Dämmer seiner Ursprünglichkeit (siehe »Orte des Grauens«, Seite 8).

Zivilisation und modernes Menschentum wurden erst durch Rodung möglich. Im Gilgamesch-Epos (2. Jahrtausend v. Chr.) geht das Abholzen des Waldes als kulturelle, keinesfalls barbarische Tat in die Literatur ein. Gilgamesch möchte eine unvergeßliche Tat vollbringen und Ruhm erlangen: Auf dem bewaldeten Berg der Zedern will er seinen Namen aufrichten und Huawa, den heiligen Walddämon erschlagen, was soviel bedeutet wie den Zedernwald fällen.

Rodung allein genügte allerdings nicht, um Zivilisation zu begründen. Erst mit der Bestattung seiner Verstorbenen im Erdreich verwurzelte der Mensch richtig mit dem Boden, in dem die begrabenen Ahnen fortleben. Das Wissen, »Söhne der Erde« zu sein, wurde von Generation zu Generation weitergeben. So nannten die Lateiner ihre Familienoberhäupter »stipites« (= Stämme) und deren Kinder »propages« (= Setzlinge).

Mit Bäumen kann man wie mit Brüdern reden

»Dieses Gewächs ... gleicht dem Menschen. Es hat seine Haut, das ist die Rinde; sein Haupt und Haar sind die Wurzeln; es hat seine Figur und seine Zeichen, seine Sinne und seine Empfindlichkeit im Stamme ... Sein Tod und sein Sterben sind die Zeit des Jahres.« (Paracelsus)

Im Baum findet der Mensch sein schönstes Gleichnis. Der Baum steht nicht nur aufrecht wie der Mensch, er gedeiht, reift und stirbt auch wie dieser. Ähnliche Gedanken bewogen wohl Erich Kästner zu dem Satz: »Mit Bäumen kann man wie mit Brüdern reden«.

Wie unsere Laubbäume kennt das menschliche Dasein Frühling, Sommer, Herbst und Winter. Das Fallen und Vergehen der Blätter im Herbst wird in Gedichten manchmal mit dem menschlichen Lebensabend und Tod verglichen, so in den Zeilen des japanischen Dichters Hattori Ransetsu (1654–1707):

»Es fällt ein Herbstblatt
vom Baume. Und wo ruht es?
Dort auf dem Grabstein.«

Zahlreichen Baumgleichnissen begegnet man in der Bibel. »Wie eine Zeder auf dem Libanon wuchs ich empor, wie ein wilder Ölbaum auf dem Hermongebirge...« heißt es im Jesus Sirach (24,13).

Auch in Sprichwörtern taucht wiederholt die Ahnung der Wesensgleichheit Mensch – Baum auf. Können nicht auch Menschen baumstark und stämmig, verwurzelt, entwurzelt und »aus gutem Holz geschnitzt« sein? »Was als Bäumchen falsch gebogen, wird als Baum nicht grad gezogen«, lautet ein Kindervers. Selbst wenn man das ganze Menschsein, also nicht nur das einzelne Individuum betrachtet, drängen sich Verwandtschaftsbeziehungen zwischen Bäumen und Menschen auf.

So besteht das Runensymbol für den germanischen Lebensbaum ᛯ aus zwei Zeichen, demjenigen für die Frau ᛦ (Yr-Rune) und dem für den Mann ᛘ (Man-Rune).

In der griechischen Mythologie bittet die wegen einer Freveltat flüchtige Myrrha die Götter um Verwandlung und wird zum Baum: Ihren Sohn Adonis gebärt Myrrha durch die aufbrechende Rinde.

SCHICKSALSBÄUME

DER BAUM

Ich fühle mich
dem Baum verwandt,
seine Wurzeln ruhen
dunkel im Land;
oben aber im lichten Geäst
feiern Winde und Vögel
ein fremdes Fest.
Dunkel ist meines Lebens Sinn,
weiß nicht, woher ich kommen bin;
durch meine Wipfel hoch und weit
ziehen Gedanken und Lieder –
rauscht die Zeit.

OTTO LINCK

Im Bewußtsein der tiefgründigen Wesensgleichheit von Mensch und Baum verknüpften bereits die antiken Völker bestimmte Bäume mit dem Dasein eines einzelnen Menschen, einer Familie oder einer ganzen Stadt. Die Römer pflegten den Brauch, zur Geburt eines Sohnes einen Baum zu pflanzen, wobei aus dem Gedeihen des Baumes auf die Zukunft des Kindes geschlossen wurde. Sueton berichtet in seiner Biographie über Vespasian von einer heiligen Eiche, die als Schicksalsbaum des berühmten Geschlechtes der Flavier (Vespasian, Titus und Domitian) galt. Jedesmal, wenn Vespasia, die Mutter des Vespasian, niederkam, entwickelte jene Eiche einen neuen Zweig, aus dessen Kraft man das Schicksal des Neugeborenen ablas. Über den Lorbeerhain des Augustus, schreibt derselbe Autor in seinem »Cäsarenleben«, daß jedesmal, wenn der Tod eines Kaisers nahte, auch dessen Baum einging. Als Nero (der letzte vom Geschlecht der Cäsaren) starb, »verdorrte jener Lorbeerhain bis auf die Wurzeln«.

Ein Olivenbaum auf der Akropolis in Athen wurde ebenso sorgsam gepflegt, wie der Feigenbaum, unter welchem Romulus und Remus gesäugt worden waren. Der Zustand beider Bäume galt als Indikator für das Geschick der jeweiligen Stadt. Als der römische Feigenbaum vertrocknete, war es auch mit dem Glanze Roms zu Ende, wie ein Emblem aus dem 16. Jahrhundert (»Vom Vergehen der Reiche«,) verdeutlicht.

Basierend auf der gleichen Idee der Schicksalszusammengehörigkeit von Baum und Mensch, soll im »Planting

Um den heidnischen Barbaren die Annahme des Christentums zu erleichtern, entfernten die Missionare alte Götterbilder von »heiligen« Bäumen, und ersetzten sie durch Marienstatuen. »Einführung des Christentums in den deutschen Urwäldern« von Joseph von Führich (1864).

Center for Tourists« an der Straße von Tel Aviv nach Jerusalem für die 6 Millionen ermordeten Juden ein »Märtyrerwald« entstehen; bisher wurden bereits 2,5 Millionen Bäumchen gepflanzt.

Zum Schicksalsbaum im wahrsten Sinne des Wortes wurde jener Baum, in dessen Geäst sich Davids abtrünniger Sohn Absalom auf seiner Flucht mit den Haaren derart verfing, daß er von den Feinden eingeholt und getötet wurde.

Metamorphosen

»Bäume sind Gedichte,
die die Erde
in den Himmel schreibt.«
Kahil Gibran

Ovid, der berühmteste römische Dichter zur Zeit des Augustus, widmete mit seinen »Metamorphosen« dem Phänomen der Verwandlung von Menschen in Bäume ein ganzes Buch. Meist waren die Menschen in höchster Not, wenn sie von den Göttern die Baumgestalt verliehen bekamen. So bat Myrrha, die wegen einer begangenen Schandtat gehetzt umherstreifte, die Götter um Verwandlung, und wurde zum Baum. Den Knaben Adonis brachte sie durch die aufbrechende Rinde zur Welt.

Nicht viel anders erging es der schönen Nymphe Daphne: Nachdem sie den liebestrunkenen Nachstellungen des Apoll nicht mehr entgehen konnte, bat Daphne ihren Vater, den Flußgott Peneios, ihr die begehrenswerte Gestalt zu nehmen. So wurde Daphne zum Lorbeerbaum, mit dessen Zweigen sich zuletzt Apoll siegesgewiß umkränzte. »Auch die Füße, soeben so rasch noch, sie hängen in trägen Wurzeln, das Haupt wird Wipfel: was bleibt ist die glänzende Schönheit ...«, heißt es bei Ovid.

Die Baumnymphen, auch Hamadryaden genannt, waren so untrennbar mit ihrem Baum verbunden, daß sie mit ihm sogar den Tod teilten. Als der thessalische Königssohn Erysichthon verbotenerweise eine Eiche im heiligen Hain zerstörte, erzitterte die darin innewohnende Nymphe, blutete aus dem Stamm und starb. Die Strafe für jene Freveltat war grausam. Erysichthon wurde von der Göttin Ceres zu unstillbarem Hunger verdammt, welchem der junge Mann zuletzt durch Selbstzerfleischung erlag.

Ovid erzählt weiter die Geschichte von Orpheus' Gesang, der aufgrund seines unwiderstehlichen Zaubers Macht über die Geschöpfe der Natur erlangte. Als sich Orpheus niedersetzte, um zu singen, »da kam der Schatten dem Ort«, nahte sich ein Baum nach dem anderen, um dem Sänger Schatten zu spenden und zu lauschen.

Heilige Haine

»Dieser Baum. Ich warf einen Stein nach ihm. Er kam nicht zurück. Ich bestieg ihn langsam und verirrte mich in einem fernen Land.«
Karl Krolow

Die antiken Völker besaßen noch einen »instinktiven« Bezug zu der Göttlichkeit, der man nur in der Natur zu begegnen pflegt. So schrieb der römische Philosoph Seneca seinem Freund Lucilius: »Wenn du einem Hain nahst, der mit alten, ungewöhnlich hohen Bäumen bestanden ist ..., ruft das Geheimnis des

Gotische Dome mit ihrem Astwerk am Fenster galten in gewissen Kreisen als erstarrte Wälder und somit als Relikte eines ursprünglichen Baumkultes.

Ortes, die Bewunderung des in dem weiten Hain so dichten und ununterbrochenen Schattens in dir den Glauben an eine Gottheit wach«. Und Plinius meinte im ersten nachchristlichen Jahrhundert: »... als das höchste dem Menschen gegebene Geschenk galten Bäume und Wälder«.

Über den Baumkult der Germanen berichtet Tacitus: »Übrigens finden sie es unvereinbar mit der Erhabenheit der Himmlischen, die Götter in Wände einzuschließen, und sie den Zügen des Menschenantlitzes irgendwie nachzubilden... ihre Wälder halten sie heilig, und mit Götternamen rufen die jenes ferne, unschaubare Wesen, das nur ihrer frommer Schauder sieht«.

Daß die alten Kanaaniter Bäume als Heiligtümer und Hüter sakramentaler Geheimnisse verehrten, geht aus verschiedenen Stellen im Alten Testament hervor. Bei der heiligen Eiche zu Mamre baute Abraham dem Herrn einen Altar (Genesis 13,18). »Und dort war ihm die Erscheinung des Herrn und dessen Verheißung« (Genesis 18). Diese urtümlichen, in der Schöpfungsgeschichte noch aufgezeichneten Baum- und Quellverehrungen erregten im späteren, vergeistigten Jehovakult nur mehr Anstoß. »Du sollst keinen Hain von Bäumen pflanzen bei dem Altar des Herrn, deines Gottes«, befiehlt Moses im Deuteronomium (Kapitel 16,21). Später fordert der alttestamentliche Führer, die heiligen Haine dem Erdboden gleichzumachen. Die despotische Zerstörung geweihter (heidnischer) Stätten wurde vom Christentum hartnäckiger denn je vorangetrieben. Die Missionare fochten einen beständigen Kampf gegen die Bäume, gegen den »inneren und äußeren Urwald«. Bereits das Konzil von Arles im Jahre 452 forderte die Menschen auf, vom gotteslästerlichen Baumkult abzulassen. Auch in späterer Zeit geht aus den Konzilen immer wieder hervor, daß das Heidentum an der Wurzel gepackt und mitsamt seinen verherrlichten, abgöttischen Hainen im wahrsten Sinne des Wortes »ausgerissen« werden müsse, was vielfach auch geschah. Im 11. Jahrhundert schien das Übel noch nicht ausgelöscht, denn der angelsächsische Mönch Älfric (gest. um 1022) wetterte in einer Predigt: »... es ist keinem Christenmenschen erlaubt, daß er sein Heil suche bei einem Steine, oder bei einem Baume, außer es sei das heilige Kreuzzeichen.«

Über das ruchlose Ausmerzen heiliger Bäume und Haine wird ausführlich im Kapitel der Eiche eingegangen. Die letzte Fällung von 2 heiligen Bäumen (Eiche und Buche) im deutschen Sprachraum fand erst im letzten Jahrhundert statt. Im Jahre 1806 ließ sich die »Polizeykammer« im schweizerischen Dagmersellen auf dringendes Anraten verschiedener Pfarrer vom Rat bevollmächtigen, »die erforderlichen Anschaffungen zu treffen, jene Eiche und Buche in aller Stille wegschaffen zu lassen ...«.

Daß die mittelalterlichen deutschen Baumeister mit ihren in den Himmel wachsenden gotischen Domen ein versteinertes Abbild des religiös längst überwunden geglaubten Waldes geschaffen hatten, wollten die Kirchenherren lange Zeit nicht wahrhaben. Eben diese Dome der Gotik als erstarrte Wälder mit ihrem Astwerk am Fenster entlockten dem Italiener Raffael überheblichen Spott. Anfang des 16. Jahrhunderts schrieb er an Papst Leo, das gebogene Gezweig des deutschen Spitzbogens (im Gegensatz zum italienischen Rundbogen) sei doch nur von Bäumen inspiriert.

Gerechterweise gaben jene Christen, die als Einsiedler die Göttlichkeit der menschenverlassenen Wälder verspürten, ein völlig anderes Bild der barbarischen Wildnis wider. »Du wirst mehr in den Wäldern finden als in den Büchern. Die Bäume und die Steine werden dich Dinge lehren, die dir kein Mensch sagen wird«, notierte der heilige Bernhard von Clairvaux. Interessant in diesem Zusammenhang ist, daß das englische Wort für Naturschutzgebiet »sanctuary« ursprünglich nichts anderes als die Heiligkeit des Ortes (lat. »sanctus« = heilig) bezeichnete.

Als eigenartiges heidnisch-christliches Zwittersymbol lebte die Baumverehrung, die nun mit der Gottesmutter in Verbindung gebracht wurde, im 17. und 18. Jahrhundert wieder auf. Bereits Jesaja (11,1) vergleicht Maria mit einem Baum, aus dem Jesus als Frucht oder Schößling hervorkommt. So nimmt es nicht Wunder, daß – unter dem Deckmantel der Marienverehrung – Baumwallfahrten in Mode kamen. Zur

Auch die christliche Religion kommt nicht ohne Bäume aus. Bereits zu Beginn, bei der Vertreibung aus dem Paradies steht der Baum der Erkenntnis im Mittelpunkt (des Geschehens und des Gartens).

Zeit des dreißigjährigen Krieges wurden Wallfahrtskirchen sogar um Bäume herum gebaut. Ein anschauliches Beispiel findet man auf dem Schöneberg bei Ellwangen.

Dort befindet sich hinter dem Hochaltar noch heute die Tanne (inzwischen zu einem Kreuz umgeschnitzt), in deren Stammhöhle die wundertätige Marienstatue gestellt wurde. Auch das Gnadenbild vom Wallfahrtsort Maria Birnbaum in Oberbayern zeigt eine aus einem Birnbaumstamm herausgeschnitzte Madonna.

Paradies- und Kreuzesbaum

»Gott der Herr ließ aus dem Ackerboden allerlei Bäume wachsen, verlockend anzusehen und mit köstlichen Früchten, in der Mitte des Gartens aber den Baum des Lebens und den Baum der Erkenntnis von Gut und Böse«, heißt es in der Genesis. Ob es sich dabei um einen oder zwei verschiedene Bäume handelt, geht aus der Bibel nicht klar hervor. Der Baum der Erkenntnis jedenfalls bereitete uns Menschen schon von Anfang an Kopfzerbrechen.

»Nahm etwa der Erkenntnis Baum
nicht dem des Lebens Luft und Raum?
Die Wahl schon einmal schwer sich wies,
sie kostete das Paradies.«

FRANZ GRILLPARZER

Wie tief die Vorstellung der paradiesischen Bäume als greifbare botanische Erscheinungen verankert war, belegt Jacobo de Vitriaco, Bischof von Akko. In einem Bericht über die Flora des Heiligen Landes aus dem 13. Jahrhundert nennt er einen »Arbor scientiae boni et mali«, also jenen Baum der Erkenntnis des Guten und des Bösen.

Apokryphen Legenden zufolge sandte der sterbende Adam seinen Sohn Seth zum Erzengel, dem Bewacher des Paradieses, um das Öl der Gnade zu erflehen. Dort erblickte Seth den vertrockneten Baum der Erkenntnis. In einer Vision ergrünte dieser von neuem und bettete ein neugeborenes Kind in seinen Wipfel. Adams Sohn erfuhr, daß das Kind der zukünftige Erlöser sei, und erhielt drei Samen des Baumes, die er seinem Vater nach dessen Tod auf die Zunge legte. Sie keimten und wuchsen zu Bäumen heran. Aus einem dieser Bäume wurde später das Kreuz des Erlösers gezimmert und auf Golgatha an der selben Stelle aufgerichtet, wo Adam begraben worden war.

Ab dem 16. Jahrhundert taucht in alchimistichen Schriften immer wieder der »arbor philosophica«, der philosophische Baum auf. Weil Erkenntnis und Weisheit in direktem Zusammenhang stehen, wurde der Paradiesbaum zum Vorbild genommen. Als Früchte trägt seine Krone die Planeten mit Sonne und Mond. Außerdem sind nicht Adam und Eva unter dem Baum dargestellt, sondern Hermes Trismegistos, der göttliche Führer der Suchenden, als Greis und sein Adept als Jüngling.

Stamm- und Ständebäume

Nach der Rodung des Urwaldes und der damit einhergehenden kulturellen Entwicklung »pflanzten« die Menschen eine neue Art von Baum, den Stammbaum, der in der Überlieferung zuallererst als »Wurzel Jesse« auftaucht. Der Prophet Jesaja hatte die Ankunft des Herrn mit folgenden Worten angekündigt: »Und es wird eine Rute aufgehen von dem Stamm Isais [Jesse] und ein Zweig aus seiner Wurzel Frucht bringen«. Als Vater von König David war Jesse auch Ahnherr von Jesus. Noch heute besungen wird dieser Stammbaum in einem beliebten Weihnachtslied aus dem 16. Jahrhundert:

»Es ist ein Ros entsprungen
aus einer Wurzel zart,
wie es die Alten sungen:
Von Jesse kam die Art«.

Ständebaum des Petrarcameisters (1519). Vom Bauern ganz unten angefangen, bis zum Kaiser und Papst hoch oben im Geäst wird das festgefügte, mittelalterliche Rangsystem dargestellt. Die zwei Bauern an der allerhöchsten Stelle symbolisieren die Hoffnung auf Umkehrung der Hierarchie.

Die Anfertigung von Ahnentafeln kannten schon die Römer. In Mitteleuropa entstand der Brauch, die Abstammung eines Menschen in Form eines Stammbaumes festzuhalten, erst im 12. Jahrhundert in adeligen Kreisen. Später kamen der Ständebaum, die Darstellung der festgefügten hierarchischen Ordnung, sowie der darwinsche Abstammungsbaum der Lebewesen als modifizierter Stammbaum hinzu.

Besonders interessant ist der Ständebaum des Petrarcameisters aus dem Jahre 1519. Auf den ersten Blick birgt er nichts Revolutionäres, sondern stellt, von den Bauern ganz unten angefangen bis zu Kaiser und Papst im oberen Geäst ein unerschütterliches gesellschaftliches Rangsystem dar. Die Quintessenz der Aussage findet man im obersten Wipfel. Faulenzend und dudelsackpfeifend sitzen dort zwei Bauern, über weltlichen und kirchlichen Herren thronend. Die Hoffnung des Künstlers auf die Umkehrung der gesellschaftlichen Hierarchie blieb jedoch unerfüllt und endete nach den verlorenen blutigen Bauernkriegen in noch größerer Verzweiflung und noch grausamerer Unterdrückung.

PFLANZ DIR OBSTBÄUME. DANN KANNST DU HEIRATEN!

»Planst du für ein Jahr, so säe Korn.
Planst du für ein Jahrtausend,
so pflanze Bäume.«
KUAN CHUNG
(chinesischer Minister)

Unsere Ahnen, welche lange Zeit nicht als »Kulturvolk«, sondern angeblich wild und barbarisch in den germanischen Wäldern hausten, kamen wahrscheinlich nicht vor der Merowingerzeit, also im 5.-8. Jahrhundert, auf die Idee, Bäume zu pflanzen. Die damit verbundene, jahrelange Pflege könnte die Seßhaftigkeit und das Heimatgefühl sowie den Begriff des Eigentums mitbegründet haben.

»Pflanz dir Obstbäume, dann kannst du heiraten«, hieß es im 18. Jahrhundert mancherorts. Erst wenn die Bäume gediehen, bekam man die Erlaubnis zur Vermählung. In der Mark Brandenburg waren junge Dorfbewohner auf Freiersfüßen bemüht, ihre vorgeschriebenen 6 »Bräutigamseichen« rechtzeitig in die Erde zu bekommen. Zur Einholung der Hochzeitserlaubnis mußten diese nämlich grünend vorgezeigt werden.

»Brautzug im Frühling« von Ludwig Richter (19. Jahrhundert). Im 18. Jahrhundert erhielt man vielerorts die Heiratserlaubnis erst dann, wenn man eine gewisse Anzahl an neu gepflanzten, grünenden »Heiratsbäumen« vorweisen konnte.

Diesen alten Brauch wiederaufleben ließ die Kreisstadt Nordhausen im Südharz. Seit dem Jahre 1970 können dort Brautleute am Tag ihrer Heirat in einem Gelände hinter dem Rathaus ihren Hochzeitsbaum pflanzen.

Bäume zu pflanzen heißt in die Zukunft schauen, und es ist die Aufgaben der Eltern und Voreltern, den nächsten Generationen ihr Erbe zu sichern. Gar als zinsabwerfende Sparkasse betrachtet Johann Peter Hebel Obstbäume in seinem »Schatzkästlein des rheinischen Hausfreundes« aus dem Jahre 1806: »... Wenn ich mir einmal soviel erworben habe, daß ich mir ein eigenes Gütlein kaufen und meiner lieben Frau Schwiegermutter ihre Tochter heiraten kann und der liebe Gott beschert mir Nachwuchs, so setze ich jedem meiner Kinder ein eigenes Bäumlein, und das Bäumlein muß heißen wie das Kind, Ludwig, Johannes, Henriette, und ist sein eigenes erstes Kapital und Vermögen, und ich sehe zu, wie sie miteinander wachsen und gedeihen, und wie nach wenig Jahren das Büblein selber auf sein Kapital klettert, und die Zinsen einzieht.«

Josef Leitgeb (»Von Blumen, Bäumen und Musik«, 1947) gewinnt dem an und für sich Nutzungszwecken dienenden bäuerlichen Obstgarten sehr menschliche Züge ab: »... und so wohnen sie [die Obstbäume] alle nah und dem Menschen befreundet ums Haus, umhegen das Dorf und betten es liebevoll in die Landschaft, werden mit den Kindern alt und jeden Frühling wieder jung, in ihrem Wachsen, Blühen und Fruchten hat unser Leben sein frömmstes Gleichnis«.

Ein schädlich und unnütz Ding – der Maibaum

»April ist Verheißung und tastender Neubeginn, Mai aber Vollendung«, meint Hal Borland, und Erich Kästner umschwärmt denselben Monat als »Mozart des Kalenders«. Der mit bunten Bändern verzierte umtanzte Maibaum personifiziert den »Wonnemonat«, die schönste Zeit des Jahres und mit ihr die sich verjüngenden Kräfte der Natur. Meist war es eine junge Birke, die man sich aus dem Wald holte, schälte (damit sich die Hexen nicht unter der Rinde festsetzen konnten) und ausastete, wobei der oberste Wipfel als wahrer Träger der Segenskraft stehenbleiben mußte. Mit vielerlei Schmuckwerk, Eiern und Brezeln behängt, wurde er am 1. Mai in der Dorfmitte aufgepflanzt.

»Dieser Monat ist ein Kuß, den der Himmel gibt der Erde, daß sie jetzo seine Braut, künftig eine Mutter werde«, beschreibt Friedrich Freiherr von Logau (1604–1655) den Mai treffend.

Das ursprüngliche Frühjahrsfest unserer Vorfahren begann bereits in der Nacht zum 1. Mai, wenn die Vermählung der Erdmutter mit dem Himmel zur Förderung der Fruchtbarkeit feierlich begangen wurde. Als »Hieros gamos« (heilige Hochzeit) wurde sie von einem Priesterpaar stellvertretend vollzogen und erst in christlicher Zeit zur wilden, orgiastischen Walpurgisnacht umgemünzt. An der segensspendenen Kraft dieser Vereinigung, der Gewißheit der neuerwachten Lebenskraft, sollte das Volk in Dorf- und Feldbegehungen teilhaben. Die Tatsache, daß bei den Germanen der Tag mit der vorhergehenden Nacht begann (wie Tacitus in seiner »Germania« verständnislos feststellte), macht plausibel, warum natürlich auch große Festtage bereits in der Nacht davor anfingen.

Übrigens fielen die alten Fruchtbarkeitsfeste nicht überall auf die ersten Maitage. In Nordeuropa beispielsweise, mit seinem kälteren Klima und dem somit verzögerten Vegetationsbeginn, verlegte man die Feierlichkeiten auf einen späteren Zeitpunkt, entweder Pfingsten oder Fronleichnam.

Erstmals schriftlich festgehalten wurde der Maibrauch in einer Aachener Urkunde aus dem Jahre 1225. Als der Dorfpfarrer den Tanz um den »gottlos aufgerichteten Baum« als von Dämonen beherrscht verdammte und ihn ohne langes Federlesen fällte, kam es zu Handgreiflichkeiten. Der schnell herbeigerufene Vogt allerdings fand Gefallen an der Feierlichkeit und ließ einen noch größeren Baum vom Wald holen, ganz im Sinne eines damaligen Bauernspruches: »Wer arbeitet und niemals feiert, Lust und Kräfte bald verleiert«.

Warum zwischen diesem heidnischen Fruchtbarkeitszauber und der christlichen Anschauung große Diskrepanz herrschte, wird unter anderem aus einer Nachricht des Jahres 1585 deutlich: »... die Ausgelassenheit bei der Einholung des Maibaumes unter zahlreichem Geleit sei so groß, daß von den zum Walde gehenden Mädchen der dritte Teil die Ehre verliere«. Da aber der Brauch auf längere Sicht nicht auszurotten war, erkannte die Geistlichkeit mit der Zeit, »daß man die Feste der Heiden allmählich christlich umwandeln solle und in manchen Themen nachahmen müsse«. Nicht zum erstenmal in der christlichen Geschichte wurde aus der Not eine Tugend gemacht, indem man die heidnischen Dorfumgänge zu christlichen Maiprozessionen umfunktionierte.

Aus einem ganz anderen Grund war auch den weltlichen Herren der Brauch um den Maibaum zuwider. 1695 wurde in der Kirche vom Rat von Winterthur verkündet, daß die jungen Burschen unter Strafandrohung weder »Roth- noch Weißdännli in Mayen hauen sollen als ein schändlich und unnütz Ding«. Holzsparen war angesagt. »Dem Forste höchst schädlichen Mißbrauch« wollte auch Friedrich der Große ein Ende setzen, indem er im Edikt aus dem Jahre 1774 bestimmte, daß der Brauch »völlig abgeschafft und verboten werden soll«. Zuwiderhandelnde, »innegleichen diejenigen, welche sich deren vor den Thüren, wie auch in Kirchen und Häusern zu bedienen künftig unterstehen möchten«, mussten »mit willkürlicher Geldstrafe« und im Unvermögensfalle »mit empfindlicher Leibesstrafe« rechnen.

Spätestens im letzten Jahrhundert war von Bestrafung freilich keine Rede mehr. Ganz im Gegenteil segnete die weltliche Obrigkeit nun das Maibaumaufstellen ab: »... durch das ganze oberbayerische Land ein ehrlich Dorf viel auf einen schönen Maybaum hält«, läßt sich im Jahre 1860 in der »Bavaria Landes- und Volkskunde« des Königreiches nachlesen.

Der bislang größte Maibaum stand im tirolerischen Mariastein im Jahre 1974. Um den 78 m hohen Stamm aufzurichten, bedurfte es allerdings eines Krans. Weil unsere einheimischen Bäume, Fichten und Tannen, höchstens 60 m Höhe erreichen, werden solche Riesenmaibäume »geschiftet«, nämlich aus 2 Stämmen zusammengesetzt.

»Im Frühling, eh er Bletter gwinnt,
der Safft süß aus dem Stammen rint.
Grünt er, so setzt ihn mit Gebühr
der Hans der Greten vor die Tür.«
MARTIN MYLIUS (1621)

Aber nicht nur stattliche Bäume, sondern auch kleine Stämmchen werden im »Wonnemonat« aufgestellt. Noch Anfang unseres Jahrhunderts setzten Dorfburschen ihrer Angebeteten in der Nacht zum 1. Mai eine kleine Birke oder Fichte vor die Tür oder das Kammerfenster, in deren Rinde zuweilen der Name des Verehrers geschnitzt war. Diese Ehre wurde allerdings nur anständigen und treuen Mädchen zuerkannt. Liderliche Mädchen mußten sich gar einen »Schandmai«, meist einen dürren Baum, gefallen lassen. Damit dieses Zeichen der Schmach nicht so schnell entfernt und von den morgendlichen Kirchgängern noch gesehen werden konnte, steckte man ihn nicht selten auf den Dachgiebel.

Dannenbäum in den Stuben

Obwohl der Weihnachtsbaum als Tannenbaum besungen wird, handelt es sich dabei doch meistens um eine Fichte. Im früheren Sprachgebrauch des Volkes hatte das Wort Tanne eine weit umfassendere Bedeutung als heute: Es galt als allgemeine Bezeichnung für die bedeutendsten Nadelbäume im Wald, also Tanne, Fichte und Föhre.

Ob die mythischen Wurzeln des Weihnachtsbaumes im Weltenbaum der Indogermanen, im Paradiesbaum der christlichen Kultur oder anderswo liegen, ist bis heute nicht endgültig geklärt. Meist wird er als »Erinnerung an altgermanische Vorstellungen« gedeutet, denn die Sitte, die Feste zur Mittwinterzeit mit grünen Zweigen zu begehen, wurde schon von den Germanen gepflegt. Möglicherweise entstand Weihnachten (»wite nahten« = heilige Nächte) aus dem Mitwinter- oder Julfest unserer Vorfahren.

Unseren Ahnen galt der Wechsel der Jahreszeiten als Ringen von Licht und Finsternis, wobei es der Sonne zur Zeit der Wintersonnenwende gelingt, zu neuem Leben zu erwachen und den Kampf mit der dunklen Macht des Winters aufzunehmen. Dieser währt 12 Tage, die sogenannten »Zwölften« oder Rauhnächte, bis sich an der sichtlich zunehmenden Länge der Tage zeigt, daß die Sonne als Siegerin aus diesem Streit hervorgehen wird.

»Es wird heller:
Weihnachten um einen Hahnentritt
Neujahr um einen Hirschensprung
Lichtmeß [2. Februar] um eine
ganze Stunde.«

Während der den Göttern geweihten »Zwölften« durfte man weder schwere Arbeiten verrichten noch jagen, außerdem herrschte überall Gerichtsfrieden. Man entzündete Feuer zu Ehren der Götter und brachte Opfer dar. Die Germanen glaubten, die Götter verließen während dieser Tage ihren himmlischen Wohnsitz in Walhall, um die Erde zu durchziehen und Menschen wie Fluren zu segnen. Allen voran ritt Wotan (= Odin, höchster Gott der Germanen) mit seiner Frau Freya (der Erdgöttin). Erst in späterer Zeit interpretierte man Wotans Gefolge als die »Wilde Jagd«, ein unheimliches Heer von Spukgestalten wie Hexen, Zauberern und deren Adepten.

Schon lange bevor der erste Weihnachtsbaum als solcher aufgestellt wurde existierten verschiedenste Bräuche, bei denen Baumzweige als Symbol für die Urkraft des Lebens dienten. In der Lebensrute (siehe Eberesche) oder den Barbarazweigen konnten sie bis heute überdauern. Gegen die Tradition, immergrüne Baumzweige in den Stuben aufzulegen, ereiferte sich Sebastian Brandt 1494 in seinem »Narrenschiff«:

»Und wer nit etwas neues hat
Und umb das neu jar singen gat
Und grien Tannries steckt in syn haus
Der meint, er leb das ganz jar
nit aus!«

Der erste schriftlich belegte Weihnachtsbaum stand 1539 im Straßburger Münster. Wie dieser »ausgeputzte«, jedoch noch lichterlose Baum ausgesehen haben mag, beschreibt ein unbekannter Reisender: »Auff Weihnachten richtet man Dannenbäum zu Straßburg in den Stuben auff, daran hancket man Rosen aus vielfarbigem Papier geschnitten, Äpfel, Oblaten, Zischgold,

Zucker ...«. Wie schnell die neue Sitte des Baumaufstellens im Elsaß um sich gegriffen hat, bezeugt die Oberelsässer Waldordnung aus dem Jahre 1561, wo es heißt, »daß jeder Bürger eine acht Schuh lange Tanne fällen darf«. In katholischen Gegenden verbreitete sich der neue Brauch nur zögerlich, rascher bürgerte er sich an den protestantischen Höfen der Aristokratie ein. Goethe lernte den erleuchteten Christbaum als Student 1765 in Leipzig kennen und führte den Lichterschmuck 10 Jahre später am Weimarer Hof ein.

»Bäume leuchtend, Bäume blendend,
Überall das Süße spendend,
In dem Glanze sich bewegend,
Alt und junges Herz erregend,
Solch ein Fest ist uns bescheret;
Staunend schaun wir auf und nieder,
Hin und her und immer wieder.«

GOETHE

Wie umstritten der gefeierte grüne Baum im Zimmer noch gegen Ende des 18. Jahrhunderts war, wird aus einem Brief Schillers von 1789 an seine damalige Verlobte Lotte von Lengfeld ersichtlich: »Auf den Donnerstag komme ich nach Weimar – daß ihr euch ja nicht von irgendeinem heiligen Christ engagieren laßt! Ihr werdet mir hoffentlich einen grünen Baum im Zimmer aufrichten.«

Bis in die siebziger Jahre des 19. Jahrhunderts war der Weihnachtsbaum in Deutschland nur in höheren gesellschaftlichen Kreisen üblich. Erst der deutsch-französische Krieg 1870/71 verbreitete ihn allgemein im Volk. Um seine Soldaten aufzumuntern, schickte König Wilhelm zu

Der erste Weihnachtsbaum in Ried/Innkreis (Österreich).
Die Erinnerung an altgermanische Vorstellungen läßt sich dem Betrachter dieses Gemäldes aus dem 19. Jahrhundert nur schwer entringen.

Weihnachten eine Unzahl von Fichtenbäumchen an die Front. Wieder zu Hause, behielten die Heimkehrer den Christbaum bei und etablierten ihn als festen Bestandteil der Weihnachtsfeier. Auch der Adventskranz zur festlichen Einstimmung stammt aus Kaiser Wilhelms Zeiten. Er wurde erstmals im »Rauhen Haus«, einem Erziehungsheim für Jugendliche in der Nähe von Hamburg, gebunden.

Das Schicksal eines ausrangierten Festbaumes wird im Märchen »Der Tannenbaum« von Hans Christian Andersen beschrieben. Dort heißt es: »Die Knaben spielten im Hofe, und der kleinste hatte den Goldstern auf der Brust, den der Baum an seinem glücklichsten Abend getragen hatte; nun war er vorbei, und mit dem Baum war es vorbei und mit der Geschichte auch; vorbei, vorbei – und so geht es mit allen Geschichten!«

Der Ahorn

»Die Sonne springt, ein weißes Geißlein,
von Ahornschatten schön gefleckt,
durchs dichte Gitter grüner Zweige,
wo sie sich scheu ins Goldne streckt«.

PETER HUCHEL

Fremdahorn und Teutsch Ahorn

Von den weltweit mehr als 150 Ahornarten kommen nur 3 in Mitteleuropa häufiger vor. Der bescheidene, wärmeliebende Feldahorn (*Acer campestre*) nimmt mit kargen Böden vorlieb, braucht nicht viel Licht und gedeiht in krautreichen Laubmischwäldern ebensogut wie an Straßenböschungen, Feldrainen und Waldrändern. Der Spitzahorn (*Acer platanoides*) besiedelt von Natur aus die inzwischen selten gewordenen lichten eichen- und ulmenreichen Lindenmischwälder der tieferen Lagen und steigt nicht höher als 700 m.

Wie sein Name bereits andeutet, bevorzugt der anspruchsvolle Bergahorn (*Acer pseudoplatanus*) tiefgründige, nährstoffreiche und feuchte Schluchtwälder der Gebirgsregionen. In den Alpen gedeiht er bis auf 1 600 m. Daß der inzwischen vielgepflanzte Baum ursprünglich im Norden Deutschlands fehlte, läßt sich alten Kräuterfolianten entnehmen. Jakob Tabernaemontanus beispielsweise kennt in seinem 1588 herausgegebenen Kräuterbuch nur zwei Ahornarten. Nämlich den Maßholder oder »Teutsch Ahorn« und den »Fremdahorn«, womit die Orientalische Platane gemeint ist. Mittlerweile kommt der Bergahorn als begehrter Nutzholzlieferant auf den Britischen Inseln, in Südschweden und weiten Teilen Frankreichs so häufig vor, daß er als eingebürgert gilt. Wegen seiner Konkurrenzstärke ist der Bergahorn ähnlich der nordamerikanischen Spätblühenden Traubenkirsche (*Prunus serotina*) in Großbritannien binnen weniger Jahrzehnte sogar zur ökologischen Problempflanze geworden.

Forstlicher Musterknabe

Bei den Förstern ist der Bergahorn ähnlich der Esche als bodenpfleglicher, wüchsiger, stramm nach oben strebender Musterknabe beliebt. Eine weitere Gemeinsamkeit, die ihn mit der Esche verbindet, ist die frühere Nutzung seines Laubes als Viehfutter. In höheren Lagen nahm der frostresistentere Bergahorn sogar ihre Stellung ein. Weil seine Fähigkeit, aus schlafenden Knospen auszutreiben, gering ist, verträgt der Bergahorn das »Schneiteln« (Abschneiden der jungen Zweige zur Laubfuttergewinnung) und den Viehverbiß schlecht. Die Blätter mußten deshalb mit der Hand von den Zweigen gestreift werden (siehe »Kulturgeschichte des Waldes«, Seite 13).

Als größter heimischer Ahorn kann er im Bestand bis 40 m Höhe und ein Veteranenalter von über 500 Jahren erreichen. In Tieflagen fruchtet der Baum beinahe alljährlich reichlich, im Gebirge jedes 2. Jahr, wobei jedoch etwa die Hälfte der Propellerfrüchte taub, also nicht keimfähig sind. Auseinandergeklappt und wie eine Klammer auf die Nase »geklebt«, erwecken sie wohl in so manchem von uns Kindheitserinnerungen. Der Bergahorn ist ein robuster Baum und kann ähnlich dem Spitzahorn Autoabgasen gut widerstehen; gegen Streusalz ist er allerdings empfindlich.

Die beeindruckendsten geschlossenen Bergahornbestände, den sogenannten Ahornboden, findet man im Isarwinkel bei Hinterriß im Karwendelgebirge (Österreich). Ebenfalls in den Alpen, nämlich bei Truns in der Ostschweiz, steht der wohl bekannteste Bergahorn überhaupt. Unter seiner Krone gelobte ein Dutzend eidgenössischer Dorfschaften im Jahre 1424, dem Grauen Bund die Treue zu halten. Bis zum Jahre 1870 hielt der Baumveteran im inzwischen als Kanton manifestierten Graubünden stand, bis ihn ein Sturm warf. In einer Trauerprozession trugen die Einwohner den geborstenen Strunk des Veteranen in den Gerichtssaal zu Chur. Seit einem Jahrhundert grünt ein neuer Ahorn am ursprünglichen Platz, nachgezogen aus einem Steckling des Schwurbaumes.

Herbstliche Glut

Einzig im Herbst stellt der leuchtend rot und orange glühende Spitzahorn den Bergahorn mit seinen blaß goldgelben Blättern in den Schatten. Ansonsten jedoch ist dieser Baum seinem großen Bruder in jeder Hinsicht unterlegen. Er produziert weniger und minderwertigeres Nutzholz, weshalb er bevorzugt in Parks, städtischen Grünanlagen und Feldschutzstreifen angepflanzt wird. Inzwischen zum beliebten Stadtbaum aufgestiegen, reagiert der herzwurzelnde Spitzahorn allerdings empfindlich gegenüber Bodenverdichtung und Rückschnitt. Auch mit einem erreichbaren Alter von 150 Jahren und einer Maximalhöhe von 30 m bleibt der Spitzahorn deutlich hinter dem Bergahorn zurück. Welchen Hintersinn der althochdeutsche Name »limboum« oder Bezeichnungen wie Leimbaum und Lenne haben, ist bisher ungeklärt.

Der wissenschaftliche Name *Acer* jedenfalls leitet sich vom gleichlautenden lateinischen Wort ab, welches »scharf« oder »spitz« bedeutet. Auch die indogermanische Silbe »ak« wird mit »spitz« übersetzt und bezieht sich auf die spitz zulaufenden Blätter.

Dem Menschen ein köstlicher Speisebaum

Der mit höchstens 15 m kleinste der drei Ahorngeschwister, der zähe Feldahorn, ist ein typisches Flachlandgehölz. Aufgrund seiner enormen Ausschlagskraft wird der bis 100 Jahre alt werdende Baum gerne als Hecke gepflanzt. Drechsler und Bildschnitzer schätzen sein schön gemasertes Holz, ansonsten findet es kaum Verwendung. Typisch für den Feldahorn sind seine häufig mit Korkleisten versehenen Zweige (zahnradartiger Zweigquerschnitt). Früher nannte man den Baum auch »mäpel«, »mapledorn« oder »massholder«, wobei die Bezeichnung Maßholder noch heute gebräuchlich ist und an eine vergessene Nutzungsform des Baumes erinnert.

»Maß«, das auch im althochdeutschen Namen des Feldahorns »mazzaltra« durchklingt, hängt nämlich mit dem altsächsischen »mat« zusammen, das »Speise« bedeutet und sich auch in »Mast«, »Mus« oder »Metwurst« wiederfindet. Aus demselben Grund hieß auch das Gänseblümchen Maßliebchen, denn es galt als dem Appetit förderlich. Während man noch im 16. Jahrhundert unter »Maß« gute Menschennahrung verstand, degradierte es mit der Zeit zum Tierfutter: »Gib dem Schwi's Maß« (füttere die Schweine), hieß es in manchem Alpental um die Jahrhundertwende. Somit war der Feldahorn ein Nahrungsbaum. Seine Laubblätter (deren Blattstiele übrigens Milchsaft führen) wurden wie Sauerkraut eingestampft und vergoren.

Der Bergahorn liefert hervorragendes Klangholz und wird vor allem zu Resonanzböden von Saiteninstrumenten wie Cello, Violine und Gitarre verarbeitet. Holzschnitt von Jost Amann (1588).

Holz zu köstlichen Wercken ...

Von allen einheimischen Hölzern gilt dasjenige des Bergahorns als das weißeste, daher auch der Name »Weißholz« für den Baum. Die alten Meister des Intarsienhandwerks gebrauchten es vor allem zur Darstellung von Menschen und Blumen. Unbehandelt ist es ähnlich dem der Buche von geringer Beständigkeit, weshalb daraus bevorzugt Möbel und Haushaltsutensilien wie Teigrollen und Kochlöffel gefertigt wurden. Übrigens soll auch das trojanische Pferd aus Ahornholz gezimmert gewesen sein. Die Summe, welche ein Tischler für Bergahornholz hinblättern muß, ist allerdings beträchtlich. Im Vergleich zum Buchenholz gleicher Qualität wird nämlich der viereinhalbfache Preis veranschlagt – bis zu 3 000 DM pro Kubikmeter. Neben der Bergfichte mit ihren schmalen Jahresringen wird der Ahorn bevorzugt zu Resonanzböden für Saiteninstrumente wie Gitarre, Geige oder Cello, aber auch für Flöten verarbeitet. War nicht bereits die Flöte des arkadischen Herdengottes Pan aus Ahornholz? Schilfrohr hätte der heftigen Schnitzwut des Bocksgestaltigen ohnehin nicht standgehalten. Zum Herstellen von Panflöten besonders gesucht ist der langsam gewachsene, abwechselnd hell-dunkel schimmernde sogenannte Riegelahorn. Hervorragendes Ahorn-Klangholz wird vor allem aus den Dinarischen Alpen bezogen.

Von süßem Safte trächtig

Der Ahorn scheint zu jenen wenigen einheimischen Bäumen zu gehören, welche in unserem Kulturkreis von keinem Mythos umsponnen sind. Weder in Naturreligionen noch im Christentum oder Volksglauben hat er eine wesentliche Rolle gespielt. Als leichtlebiger, ausgelassener Geselle wird er dargestellt, als unbeschriebenes Blatt. »Es wird dieser Baum in Ehren gehalten wegen seines lustigen Schattens«, charakterisiert ihn Jakobus Tabernaemontanus 1664, viel mehr weiß er nicht zu berichten.

Hildegard von Bingen beschreibt den Baum als »kalt und trocken«. In der Heilkunde legte man seine Blätter lediglich als kühlendes Mittel auf fiebernde Körperstellen und Schwellungen auf.

Auf eine andere besondere Nutzung des Ahorns weist Goethe hin, als er seinen Doktor Faustus an Helenas Seite die griechische Landschaft preisen läßt.

»Alt-Wälder sind's!
Die Eiche starret mächtig,
Und eigensinnig zackt sich
Ast an Ast;
Der Ahorn mild,
von süßem Safte trächtig,
Steigt rein empor und spielt mit
seiner Last ...«

Ähnlich wie bei der Birke wurde der Stamm des Bergahorns nämlich im Frühjahr zur Zeit des Saftanstieges angebohrt, um das leicht süßliche

Baumwasser aufzufangen. Etwa 2 Wochen tropfte täglich bis 1 Liter Flüssigkeit aus dem Stamm. Diese dickte man in Kupferkesseln über großen Lagerfeuern zu Sirup, manchmal sogar bis zur Auskristallisation von Zucker ein, wobei sich aus 100 Liter Baumsaft lediglich etwa 1 kg Zucker gewinnen ließ. Vor allem während Krisen- und Kriegszeiten erlangte dieser Ahornzucker vorübergehende wirtschaftliche Bedeutung. So auch 1806, als aufgrund von Napoleons Kontinentalsperre die Versorgung des europäischen Kontinents mit britischem Kolonial-Rohrzucker unterbrochen war. Ein letztes Comeback erlebte einheimischer Ahornzucker während des ersten Weltkrieges.

Die Früchte des Feldahorns stehen waagerecht voneinander ab.

Unten: Spitzahorn in Herbstfärbung. Erstaunlich, daß dieser schöne Baum von keinem Mythos umsponnen ist.

Noch heute ein bedeutender Wirtschaftszweig ist die traditionelle Ahornsirupgewinnung (vor allem Zuckerahorn – Acer sacharum) in den Oststaaten der USA und Kanadas, wobei die kanadische Provinz Quebec mit etwa 14 000 Tonnen Ahornsirup jährlich etwa 70 Prozent der Weltproduktion abdeckt. Dort ist es vielerorts in Gaststätten üblich, neben Salz und Pfeffer auch ein Fläschchen »maplesyrup«, also Ahornsirup als süße Würze auf den Tisch zu stellen. Und während wir hierzulande in Winternächten eifrig rotbackigen Bratäpfeln mit Vanillesauce zusprechen, schätzen die Kanadier »pancakes with maplesyrup«, also Pfannkuchen mit Ahornsirup.

Der Apfelbaum

*»Kommt, von allerreifsten Früchten
mit Geschmack und Lust zu speisen!
Über Rosen soll man dichten,
in die Äpfel muß man beißen.«*

GOETHE, FAUST II

DER HOLZAPFEL

In Europa, Asien und Nordamerika sind über 20 Wildarten des Apfelbaumes bekannt. Unser Wildling, der Holzapfel *(Malus sylvestris)* besiedelt die gemäßigte Zone Europas bis Westasien, im äußersten Norden und Süden fehlt er. Auf tiefgründigen, fruchtbaren Böden und in luftfeuchtem Klima gedeiht er besonders gut und wächst zu einem bis 10 m hohen Bäumchen mit rundlicher Krone heran. Als Licht- und Halbschattengehölz finden wir ihn vor allem in der lichten Waldrandzone der Edellaubwälder, in Hecken und Gebüschen. Bei uns ist der Holzapfel selten geworden, denn jahrhundertelang wurde dieses dornige Bäumchen als nutzloses Gehölz ausgehackt. Inzwischen pflanzen ihn die Jäger seiner herben Früchte wegen ab und zu als willkommenes Wildfutter an. Vom Kulturapfel unterscheidet sich der Holzapfel durch Laubblätter, die ausgewachsen nur auf den Nerven der Blattunterseite behaart sind, durch die Sproßdornen und natürlich durch Größe und Güte der Frucht. Das harte und schwere Wildapfelholz ist im Splint weiß bis hellbraun, im Kern rötlichbraun. Für Zahnräder von Uhren und Göpelwerken (Tretmühlen) sowie für hölzerne Schrauben war es vom Tischler wegen seiner Festigkeit sehr geschätzt. Heute wird es kaum mehr gehandelt.

KULTURGESCHICHTLICHES

Der bisher älteste Apfelfund, fast 6 000 Jahre alt und verkohlt, stammt aus einer prähistorischen Siedlung der Bandkeramiker in der Nähe von Heilbronn. Man nimmt an, daß bereits jungsteinzeitliche Siedler begonnen hatten, Wildäpfel zu kultivieren. Die Entwicklung wohlschmeckender Früchte war um die Zeitenwende in Mitteleuropa wohl noch nicht weit fortgeschritten, denn der römische Geschichtsschreiber Tacitus berichtete spöttisch vom »agrestia poma«, dem ländlichen oder wilden Obst der Germanen.

Der schweizer Meisterschütze und Nationalheld Wilhelm Tell wird der Sage nach vom Habsburgischen Landvogt gezwungen, einen Apfel vom Kopf seines Sohnes zu schießen. Nach Gelingen des Schußes tötet Tell den verhaßten Unterdrücker und löst damit den Volksaufstand gegen die Habsburger Herrschaft aus.

Der Kulturapfel scheint ein Kreuzungsprodukt südwestasiatischer Wildäpfel zu sein. Daß auch in Europa großfrüchtige Sorten entstanden sind, wird aber nicht ausgeschlossen. Welche Stammväter unsere Zuchtsorten wirklich haben, ist bisher ungeklärt. Man nimmt an, daß zumindest der sogenannte Paradiesapfel (*Malus paradisiaca)* mit daumennagelgroßen Früchten eine große Rolle spielte.

Weil Ägyptern und Hebräern Äpfel ganz unbekannt waren, muß es eine andere Frucht gewesen sein, deren Genuß Adam und Eva um das Paradies betrog. Die Griechen hielten Äpfel für ein unbedeutendes Obst. Unter den antiken Völkern waren es erst die Römer, die sich der Apfelkultur wirklich widmeten, und etwa 30 verschiedene Sorten züchteten. Durch die Römer gelangte der Kulturapfel nach Germanien, wo er sofort mit der alten germanischen Bezeichnung der heimischen Wildform »apitz« belegt wurde. Eine unübliche Geste, denn normalerweise übernahmen unsere Vorfahren die lateinischen Benennungen der Eroberer und »germanisierten« sie ein wenig. Lediglich im wissenschaftlichen Namen *Malus* hat sich das lateinische »malum« der Römer erhalten. »Pomum«, das Stammwort für »pomme« (französische Bezeichnung für den Apfel), bedeutete ursprünglich Obst und wurde erst im späteren Latein auf die Apfelfrucht allein übertragen.

Niedergang der Streuobstwiesen

Der Apfel ist seit langem unser gebräuchlichstes Obst, das viele im eigenen Garten haben. Die Redewendung »für einen Apfel und ein Ei«, also für eine Kleinigkeit, weist darauf hin, daß ein Apfel etwas alltägliches und billiges ist. Bereits im Mitttelalter scheint die Sortenanzahl so unübersichtlich geworden zu sein, daß sich Tabernaemontanus in seinem »New vollkommen Kräuterbuch« 1664 beschwert: »Der Apfelbaum ist allenthalben jedermann wohl bekannt, es seyen aber derselben so vile und mancherley Geschlecht [Sorten], daß es unmöglich ist, dieselbige alle zu erzählen und zu beschreiben ...«.

Heute kennt man einige tausend Kultursorten, von denen aber nur ein Bruchteil wirtschaftlich bedeutend ist. Beim traditionellen Obstbau werden Hochstämme von Apfel-, Birnen- und Zwetschgenbäumen ins Grünland gepflanzt. Diese »Streuobstwiesen« geben unserer bäuerlichen Kulturlandschaft ihr typisches Gepräge und sind schon allein deshalb erhaltenswert. Leider ist diese althergebrachte Art der Selbstversorgung einer Landwirtschaft mit Obst wegen des hohen Pflegeaufwandes heute nicht mehr rentabel, weshalb immer mehr Obstbäume aus den Wiesen verschwinden. Auf einen Hektar kann man nur 75 der Apfelhochstämme pflanzen. Dagegen finden auf Plantagen derselben Größe bis zu 4 000 Stück »moderner« Niederstämme Platz, die sich mit den entsprechenden Maschinen vergleichsweise arbeitssparend bewirtschaften lassen. Einige Apfelsorten lassen sich nicht miteinander kreuzen. Weil die Kultursorten von Obstbäumen nicht samenbeständig sind, müssen sie vegetativ vermehrt werden, meist durch Propfung auf eine gutwüchsige Unterlage. Nach alten Bauernregeln sollte die Apfelernte nur im letzten Viertel des Mondes stattfinden, denn dann »dauren sie viel besser«. Spätestens am heiligen Gallus (16. Oktober) mußte der Apfel im Sack sein.

Im Land der Apfelgärten

Als uraltes Symbol der Erde und Offenbarung des weiblichen Prinzipes wurde der Apfel schon von Anfang an Göttinnen der Liebe und Fruchtbarkeit zugesprochen. Bei den Babyloniern war es Ischtar, die als Apfelträgerin verehrt wurde, bei den Griechen Aphrodite und bei den Germanen Idun. Eine alte Legende, die in den unterschiedlichsten Kulturen immer wieder auftaucht, ist die Geschichte vom Paradiesbaum, dessen Früchte Unsterblichkeit verleihen sollen. Das keltische Paradies war die Insel Avalon, das Apfelland. Es lag im äußersten Westen, jenseits des Sonnenuntergangs, und nur die Herrin Morgaine, die als Licht- und Todesgöttin verehrt wurde, konnte Einlaß gewähren. Die irischen Könige erhielten, wenn ihre Todesstunde nahte, von Morgaine einen magischen Apfel oder einen »silberweiß blühenden Apfelzweig, an dem Blüte und Zweig eins waren«, der sie ins Land der Jugend entführte. In der gälischen Sprache hieß die glückselige Insel der Äpfel »Emain«. Sie wurde in der Skaldendichtung folgendermaßen beschrieben:

»Ein immergrüner Ort ist das
fruchtbare Emain;
Schön ist das Land, wo es zu finden,
Liebling ist das Schloß
vor anderen Schlössern.
Üppige Apfelbäume wachsen
auf diesem Boden.«

Das walisische Gedicht »Avellenau« erzählt, daß der Barde Merlin seinem Herrn das streng gehütete Geheimnis von Avalon offenbarte. So fuhr Artus zu der geheimen Insel der Apfelbäume, um Linderung für seine starken Wundschmerzen zu finden. Unwissende durften die streng verbotenen Früchte nicht kosten, da der Apfel ein pythagoräisches Pentagramm enthält: Schneidet man ihn waagrecht durch, wird sein Mysterium durch die Form und Anordnung seiner Kerne dem Kundigen sichtbar. Die noch heute bestehende Sitte der Zigeunerinnen, einen Apfel vor dem Verzehr horizontal aufzuschneiden, geht auf diesen Kult zurück.

In der nordischen Mythologie war es die Göttin der Erneuerung, Idun, welche die Herrschaft über die goldenen Äpfel des Lebens besaß. Iduns Zauberäpfel, von der Dienerin Fylla aufbewahrt, hatten die Fähigkeit, den zu verjüngen, der sie verzehrte. Die Asen, das in der germanischen Mythologie gewaltigste Göttergeschlecht, bekamen täglich davon zu essen und besaßen deshalb immerwährende Jugend. Nur einmal, als die Früchte vom boshaften Loki gestohlen wurden, alterten die Götter. Der listige Loki, mehr Dämon als Gott, wurde mit dem Tode bedroht, bis er schließlich das Diebesgut zurückbrachte.

Der griechische Mythos erzählt von der Göttin Hera, Gattin des allmächtigen Zeus, die als Hochzeitsgeschenk von der Erdmutter Gäa einen Apfelbaum mit goldenen Äpfeln erhalten hatte. Dieser Baum mit den Unsterblichkeit verleihenden Früchten war im äußersten Westen, im Land gegen Abend, gelegen und wurde von den Hesperiden bewacht.

Des Apfels Kunde

Schon in Salomos Hohelied der Liebe (2,5) heißt es: »Stärkt mich mit Traubenkuchen, erquickt mich mit Äpfeln; denn ich bin krank vor Liebe«. Die größte Lyrikerin des Altertums, Sappho aus Lesbos (ca. 630–590 v.Chr.), beschreibt eine der Liebesgöttin Aphrodite geweihte Opferstätte mit folgenden Worten: »Hierher aus Kreta, kommt zu diesem Tempel, dem heiligen! Wo dir ein reizender schöner Hain steht von Apfelbäumen und Altären, die beräuchert sind mit Weihrauch ...«

Im klassischen Griechenland mußten sich deshalb Frauen, die an den sittlich-keuschen Einweihungsriten zu Eleusis teilnehmen wollten, im Jahr davor des Apfelgenusses enthalten. Der gleiche Sinngehalt der Apfelfrucht findet sich auch in der germanischen Mythologie. So wurde die Zeugung König Wölsungs (Ahnherr eines von Odin abstammenden Heldengeschlechtes) erst durch einen von Odin vermittelten Apfel ermöglicht.

Das Schenken und Annehmen eines reifen Apfels gilt noch in der Jetztzeit in verschiedenen Kulturen als unzweideutiges Bekenntnis. Der attische Komödiendichter Aristophanes (um 400 v. Chr.) riet ab, das Haus der Tänzerinnen zu betreten, denn dort würden einen die Hetären (Freudenmädchen) mit Äpfeln bewerfen und zur Unzucht verleiten. »Apfelbett« nannte man im Alten China das Freudenviertel. Als Umschreibung für jemanden, der keine Lust zur Liebe hat, kannte man früher die Redensart »der mag keine Äpfel essen«, und von einem jungfräulichen Mädchen hieß es im Mittelalter: »Sie hat des Apfels Kunde nit«. Erfolglose Brautwerber wurden früher gerne mit folgendem Spruch angespornt: »Wer den Apfel will, zieht den Zweig herunter, und wer die Tochter will, liebkose die Mutter munter«. Für Hofmann von Hofmannswaldau sind im 17. Jahrhundert Frauen ganz einfach »ein Paradies, in welchem Äpfel reifen, nach deren süßer Kost jedweder Adam lechzt«.

Frauenapfel ist ohnehin eine gängige alte Umschreibung für die weibliche Brust. Im 17. Jahrhundert berichtet uns ein »Leibdiener der Schönheit«, daß Frauenbrüste am besten »apfelförmig, und so weiß wie neugefallener Schnee sein sollten«. Auch Goethe läßt es sich nicht nehmen, ein paar Worte zu diesem Thema zu verlieren. Er läßt Doktor Faustus in der Walpurgisnacht bekennen:

»Einst hatt ich einen schönen Traum.
Da sah ich einen Apfelbaum.
Zwei schöne Äpfel glänzten dran.
Sie reizten mich, ich stieg hinan.«

Typische Streuobstwiese mit Apfelbäumen. Diese jahrhundertelang gepflegte Kulturlandschaft wird heute selten.

Gretchen weiß die verschlüsselten Worte rasch zu deuten und erwidert voll Hingabe:

»Der Äpfelchen begehrt Ihr sehr,
und schon vom Paradiese her,
von Freuden fühl ich mich bewegt,
daß auch mein Garten solche trägt.«

In einer von vielen existierenden Apfelgeschichten, nämlich »Der über uns« von Gotthold Ephraim Lessing, wird ein peinliches Abenteuer erzählt: Hanne und Johann halten ein Schäferstündchen unter einem Apfelbaum, in dem der junge Hans Steffen sitzt, der eigentlich Äpfel klauen wollte. Nach dem Amusement überkommen Hanne Schuldgefühle, und auf die Frage, wer denn das Kind ernähren solle, falls ihr Treiben eine solche Folge hätte, ist Johann um keine Antwort verlegen: »Der über uns wird's schon ernähren, dem über uns vertrau!« Dem Hans Steffen im Baum ist das nun doch zuviel. Er gibt sein Versteck auf und lehnt jegliche Verantwortung ab.

Entsprechend seiner Bedeutung als Fruchtbarkeitssymbol erscheint der Apfel bei den verschiedensten Völkern als Liebesorakel. In den »Satiren« des römischen Dichters Horaz schnippen Liebeshungrige Apfelkerne gegen die Zimmerdecke. Erreichten die Kerne die Decke, wurden ihre Hoffnungen erfüllt. In Deutschland galt der Andreasabend (30. November) als Orakelnacht für Heiratslustige. An diesem Abend mußte die betreffende Person einen Apfel häuten, ohne die Schale abreißen zu lassen. Über die Schulter geworfen, konnte man aus der auf dem Boden liegenden Form der Schale den Anfangsbuchstaben des Zukünftigen herausdeuten.

Die verkleinerte Weltkugel war schon in der Antike als Herrschersymbol bekannt. Reichsapfel Friedrichs von Böhmen, des sogenannten Winterkönigs aus dem Jahre 1619.

Auch bei der Brautwerbung spielt der Apfel eine Schlüsselrolle. In der nordischen Sage wirbt Freyr mit 11 Goldäpfeln um die Riesin Gerd, und eine griechische Sage erzählt: Die amazonenhafte Jägerin Atalante hatte geschworen, nur denjenigen als Bräutigam zu akzeptieren, der sie im Wettlauf besiegen könne. Schon viele Männer hatten versagt und ihr junges Leben lassen müssen, als sich der arkadische Prinz Meilanion dem Wettstreit mit der schönen Atalante stellte. Auf Aphrodites Rat warf dieser während des Laufes Atalante drei goldene Äpfel zu. Weil die Jägerin den Äpfeln nicht widerstehen konnte und sie aufhob, hatte sie soviel Zeit verloren, daß Meilanion als Sieger und Bräutigam aus dem Kampf hervorging.

Um die Nachkommenschaft zu sichern, war es im alten Griechenland nach den Solonischen Gesetzen Brauch, daß das Brautpaar gemeinsam einen Apfel verzehrte. Aus demselben Grund wälzten sich kinderlose kirgisische Frauen unter einem Apfelbaum.

FRUCHT DER SÜNDE

Das alte Wissen um die magischen Zauberäpfel früherer Kulturen geriet mit den Jahrhunderten immer mehr in Vergessenheit. Der ursprüngliche Symbolgehalt der Apfelfrucht hatte sich, ähnlich wie bei der Rose, in das blanke Gegenteil verkehrt. »Malum ex malo«: alles Unheil kommt vom Apfel, hieß es plötzlich. Der lateinische Begriff »malum« hat bezeichnenderweise zwei Bedeutungen, nämlich »Apfel« und »böse«. Im semitischen Glauben war der verführenden, die Sinne verdunkelnden Paradiesfrucht von Anfang an alles erdenklich Schlechte angedichtet worden. Denn sobald Sexualität ins Spiel kommt, sind Ausschweifung und Sünde nicht mehr weit entfernt: »Der Apfel, den Frau Eva brach, uns herzog alles Ungemach«. (Nebenbei bemerkt ist im Paradiesbericht nur von einer Frucht, nicht speziell von einem Apfel die Rede. Außerdem gab es zur damaligen Zeit im mosaischen Land noch keine Apfelbäume.) So war es denn auch kein Zufall, daß Paris »der

Wettlauf der schönen Jägerin Atalante mit dem Brautwerber Meilanion, der das »Rennen« und somit die Hand Atalantes nur durch einen Trick gewinnt: er rollt ihr während des Wettlaufes drei goldene Äpfel zu, die aufzuheben Atalante nicht widerstehen kann.

Schönsten«, nämlich der Liebes- und Lustgöttin Aphrodite, einen Apfel schenkte, der letztlich ins Verderben, nämlich zur Zerstörung Trojas führte. Die Geschichte dazu lautet so: Als die Nymphe Thetis mit Peleus Hochzeit feierte, waren alle Götter als Gäste geladen, nur Eris, die Göttin der Zwietracht war vergessen worden. Rachedurstig warf diese einen Apfel mit der Aufschrift »Der Schönsten« in die Hochzeitsgesellschaft. Dem wohlgestalteten Paris oblag nun die Aufgabe, diesen Zankapfel derjenigen Göttin zu überreichen, die seine Aufschrift am meisten verdiente. In Frage kamen Hera, Athene und Aphrodite. Auserwählte war schließlich Aphrodite, Göttin der Schönheit, Lust und Sexualität. Sie hatte dem Paris nämlich Helena, die schönste und meistbegehrte Frau der Erde, zur Gattin versprochen. Im daraufhin ausbrechenden Trojanischen Krieg nahm die ursprüngliche Rache der Zwietrachtsgöttin Eris ungeahnte Ausmaße an.

Das Mass aller Dinge

Im geozentrischen Weltbild galt die Erde als das Maß aller Dinge, sie stand im Mittelpunkt der Welt. Aufgrund seiner Kugelform war der Apfel das Sinnbild für die Vollkommenheit der Erde und des Kosmos. 1492 wurde in Nürnberg der sogenannte »Erdapfel«, der älteste heute noch existierende Globus der Welt, dem sogar der amerikanische Kontinent fehlt, gebaut. Sein Erfinder, Martin Behaim schrieb über ihn: »... ist dise figur des apffels gebracktizirt und gemacht worden«. Bereits bei den alten Römern galt diese Frucht als Zeichen der Vollkommenheit. Ein römisches Gelage begann gewöhnlich mit einem Ei, dem Symbol der Schöpfung, und endete mit einem Apfel, dem Symbol der Vollendung. Daher das Sprichwort: »Ab ovo usque ad mala« (vom Ei bis zum Apfel), gleichbedeutend mit: vom Anfang bis zum Ende.

Nach dieser kulinarischen Sitte soll König Herodes am Ende eines jeden Mahles einen Apfel gegessen haben.

Für Isaac Newton wurde die Apfelfrucht im wahrsten Sinne des Wortes Mittel der Erkenntnis. Über einen vor seinen Augen zu Boden fallenden Apfel sinnierend, soll er nämlich auf das Prinzip der Schwerkraft gekommen sein. Byrons Zeilen in »Don Juan« beziehen sich auf diesen historischen Augenblick:

»Als Newton einen Apfel fallen sah,
Fand er in diesem Apfel, wie es heißt...
Die Formel,
die aufs deutlichste beweist,
Daß diese Welt
In einem Wirbel ganz natürlich kreist;
Der erste Mensch seit Adam,
dem's auf Erden
Gelang, durch Fall und Apfel
groß zu werden.
Mit Äpfeln fiel der Mensch
und stieg mit ihnen.«.

Die christliche Kirche hatte, ähnlich wie bei der Rose, große Schwierigkeiten, die alten Symbolgehalte des Apfels zu eliminieren. So zerstörte der »allerchristlichste Herrscher« Karl der Große aus religiösen Gründen in Magdeburg ein Freyabildnis, auf dem die mit Myrtenzweigen bekränzte Göttin, in der linken Hand drei goldene Äpfel trug. Der Reichsapfel, eine vergoldete Harzkugel, die ursprünglich häufig das Symbol der griechischen Siegesgöttin Nike trug, erhielt fortan das Kreuz als Herrschaftszeichen. Neben dem Zepter und der Krone sollte er die gottgewollte Herrschaft des Königs über seine Untertanen versinnbildlichen.

Interessant ist auch eine Überlieferung aus dem Westgotischen Rechtswesen, derzufolge die Mündigkeit eines Knaben unter sieben Jahren durch Vorhalten eines Apfels und eines Goldstücks getestet wurde. Nahm der Junge das Geld, war er bereits für die Erziehung durch Männer brauchbar. Griff er aber nach dem Apfel, blieb er bis auf weiteres der mütterlichen Obhut überlassen.

»AN APPLE A DAY. KEEPS THE DOCTOR AWAY«

Dieses englische Sprichwort drückt die hohe Wertschätzung des Apfels in der Volksmedizin aus. Frische Äpfel enthalten viele Vitamine und Mineralstoffe und werden wie Apfelsaft oder Apfelschalentee als harntreibendes Mittel bei Rheuma, Gicht, Blasen- und Nierenleiden verwendet. Außerdem soll ein Apfel, vor dem Schlafengehen gegessen, eine erholsame Nachtruhe bringen. Der »Artzney Doktor« Johann Becher aus Ulm fabulierte 1663 über seine früher noch breiter gefächerten Anwendungsmöglichkeiten:

»Die Äpffel leschen Durst und
stärcken wol den Magen,
Sie stehn dem Herzen bey,
die Hiz thun sie verjagen,
Dem Magen nutzen sie
und seynd in Fiebern gut,
In schwarzer Gall man sie gar wol
gebrauchen thut.«

Je nach Zubereitungsart kann er gegenteilige Krankheiten heilen. Bei Durchfall werden Äpfel auf einer Glasreibe fein gerieben und einige Tage lang morgens, mittags und abends gegessen. Anregend auf die Darmtätigkeit wirken nicht nur Bratäpfel sondern auch frische Äpfel, wie ein Spruch der Schule von Salerno bezeugt:

»Post pirum da putum,
Post pomum vade cacatum!«
[Die Birne regt die Blasentätigkeit
an, der Apfel fördert den
Stuhlgang!]

Apfelmost ist noch heute ein beliebtes, durststillendes Getränk. In Niederösterreich gibt es namentlich das »Mostviertel«, und wer kennt nicht den »Frankfurter Äppelwoi«, der als Haustrunk täglich auf den Tisch kommt (wenn möglich im »Bembel«). Die Schwaben, die populärsten Mosttrinker, sind übrigens der Überzeugung, daß Adam, wäre er ein Schwabe gewesen, nie in den Sündenfall verstrickt worden wäre. Anstatt den Apfel zu kosten, hätte er ihn wohlweislich zum Mosten aufgehoben, bis er das Schwabenalter erreicht hätte, das heißt gescheit geworden wäre. Dann nämlich wäre es ihm ein leichtes gewesen, die bösen Absichten des Teufels zu durchkreuzen. Der schwäbische Apfelmost ist ein relativ starkes Gebräu, dessen Alkoholgehalt (bis 4 Prozent) vom Frankfurter Äppelwoi und dem französischen Cidre selten erreicht wird. Obstweine sind keine neuzeitliche Erfindung. Griechen und Römer tranken sie unter dem Namen »Sidera« (Cidre). Bei den Germanen war er unter dem Namen »Cit« (gotisch »Ceipu«) gebräuchlich.

In Norddeutschland ist es eine alte Sitte, Obstsaft als »Kraut« einzudicken. Dort wird nicht nur Apfelkraut erzeugt, sondern auch Zwetschgenkraut und Rübenkraut. Schon Eulenspiegel meinte: »honig, das ist ein süß krut«. Weil vor allem grüne Äpfel reich an gelierenden

Pektinen sind, kocht man bei schwer gelierenden Früchten wie z. B. Pfirsich ein paar zerkleinerte, grüne Äpfel in der Marmelade mit. Industriell werden Geliermittel meist aus Preßrückständen der Apfelsaftherstellung hergestellt.

Der Hauchende

Vom germanischen Namen des Apfels, »apitz«, ist das althochdeutsche »apful«, »apfil« oder »afful« abgeleitet. Die mittelalterliche Bezeichnung für den Apfelbaum »Affaltra« konnte sich in manchen Ortsnamen wie Affalterbach, Affaltrach oder Afholderbach erhalten. Dem Apfel selbst begegnet man in den unterschiedlichsten Wortzusammensetzungen wie Apfelschimmel, Augapfel oder Zankapfel.

Im Adamsapfel soll dem Adam der Bissen des Apfels, den er von Eva bekam, steckengeblieben sein. Der Apfel als »die Frucht« wurde auch auf andere Pflanzen wie zum Beispiel die Kartoffel übertragen. In Österreich nennt man sie Erdapfel. Unter Rosenäpfel oder Schlafäpfel versteht man die Gallbildungen des Wilden Rosenstockes. Auch Stechapfel und Liebesapfel (Tomate) leiten ihren Namen von der apfelrunden Form ihrer Früchte ab. Der frühere lateinische Name für Granatapfel, *Malum granatum*, bedeutet nichts anderes als »Apfel mit Kernen versehen«, und der Fruchtzapfen der Kiefer wird auch Kienapfel genannt.

Für die Hebräer war der Apfel, nachdem sie ihn kennengelernt hatten, der »Duftende« oder »Hauchende«. »Der Duft einer Pflanze ist«, wie Marianne Beuchert so einfühlsam beschreibt, »den Orientalen deren Lebensäußerung, vergleichbar mit dem Sprechen und Atmen des Menschen«. In diesem Sinne lassen sich die Worte des weisen Salomo besser verstehen: »Ein gutes, zur rechten Zeit gesprochenes Wort ist wie ein goldener Apfel!«

Der Apfelduft scheint nicht nur die Morgenländer beflügelt zu haben. Friedrich Schiller soll immer einen Apfel – etwas angefault allerdings – in seiner Schreibtischschublade aufbewahrt haben. Vielleicht war es der »Atem« dieser Paradiesfrucht, der ihm seine höchsten literarischen Leistungen entlockte.

Weil in China das Wort »ping« sowohl für Apfel als auch für Friede steht, bedeutet dort ein Geschenk von Äpfeln: »Friede sei mit dir«.

Blühender Zweig eines Apfelbaumes.

September-Ode

Mir ist noch immer,
wie mir vorzeiten war,
Als durch den Garten,
unter den hangenden,
Fruchtüberladenen Apfelbäumen
Mitten ins Schattengewirr
der Vollmond

Aufs Rasenfeld
verlorene Zeichen schrieb,
Die sich verschoben,
wenn aus dem knorrichten,
Umfinsterten Genist ein Apfel
Fiel und die raschelnden Zweige
wankten ...

Rudolf Alexander Schröder

Die Birke

»... Birke, du mädchenhaft schlanke, schwankend am grünenden Hag,
Lieblicher Gottesgedanke vom dritten Schöpfungstag.«

AUS DEM »BIRKENLEGENDCHEN«
VON BÖRRIES VON MÜNCHHAUSEN

Mit einem erreichbaren Lebensalter von 90 bis höchstens 120 Jahren zählt die Hängebirke (*Betula pendula)* mit der Eberesche zu den kurzlebigsten Bäumen unserer Breiten. Bereits nach 5 Jahrzehnten hat sie ihre endgültige Höhe und zwischen dem 60. und 80. Lebensjahr ihr optimales Hiebalter erreicht. Das typischste Merkmal für diesen bis 25 m (maximal 30 m) hoch werdenden Baum ist die glatte, weiße »Spiegelrinde« der jungen Stämme.

»Ich sah in bleicher Siberpracht
Der Birken Stämme prangen,
Als wäre dran aus heller Nacht
Das Mondlicht blieben hangen.«

NIKOLAUS VON LENAU

Der weiße Farbstoff Betulin, ein Triterpenderivat, schützt gleichzeitig gegen Tierfraß und macht die Rinde gegenüber Nässe undurchlässig. In späteren Jahren entwickelt sich aus der anfangs glatten Rinde eine Ringelborke, welche sich im Alter vor allem an der Stammbasis immer tiefer furcht und schwärzlich wird.

Die Birke ist ein Kind des Lichts, heiter, unaufdringlich und vor allem raschwüchsig. Bis in den Spätsommer dauert ihr Wachstum an. Die Redensart »die Birke bewaffnet sich erst spät«, weist darauf hin, daß die Birkenzweige erst spät im Jahr hart werden. Der Wind verfängt sich schnell in den leicht beweglichen Blättern und biegsamen Zweigen. So verbreitet er im April den mit 0,01 mm Durchmesser extrem kleinen Pollen, einen bedeutenden Heuschnupfenerreger. Die theoretische Flugweite der breitgeflügelten »Segelfliegerfrüchte« von 1,6 km wird durch den Wind um ein Zigfaches erhöht.

Winterharter Erstbesiedler

So zart und anmutig Birken auch wirken, man sollte sie nicht unterschätzen. Als Bewohner des Nordens und winterhärtester Laubbaum überhaupt hält sie selbst den winterlichen Minustemperaturen und kurzen sommerlichen Vegetationsperioden der Tundra stand, wenn auch meist nur strauchförmig.

Die Birke

Das typische Merkmal des alternden Baumes sind seine überhängenden Zweige (Hänge-Birke), die ihm einen melancholischen, trauernden Wesenszug verleihen. Die scheinbar spielerische Weise des Baumes, mit dem Leben umzugehen, ist im Alter dahin. Betagte Birken wirken verlebt, im Gegensatz zu alternden Eichen beispielsweise, deren majestätische Persönlichkeit sich erst mit den Jahrhunderten voll entfaltet.

Als die meisten Gebiete Mitteleuropas nach dem Rückzug der letzten großen Eiszeitgletscher von einer sumpfigen, baumlosen Tundra bedeckt waren, zählten Birken und Kiefern zu den Erstbesiedlern des Neulandes, und nach dem 2. Weltkrieg gehörte die Birke mit verschiedenen Weidenarten zu den wichtigsten »Trümmerbäumen«. Noch heute bestocken die beiden Magerkeitszeiger Birke und Kiefer als natürliche Pioniere Kahlschläge, Ödland und arme, vernäßte Böden. Als lichtliebende und konkurrenzschwache »Bäume der ersten Stunde« werden sie im Laufe der Jahre jedoch von schattenverträglichen Arten wie der Eiche und später vor allem der Buche »weggedunkelt«.

Die anspruchslose Birke kommt am häufigsten in lichten Mischwäldern, in Mooren, auf Magerweiden und Heiden, sowie feuchten bis trockeneren, eher sauren, sandigen Lehm- und Sandböden vor. Empfindlich reagiert sie lediglich auf Trockenheit. Als Gartengehölz ist sie weniger geeignet, denn ihr dichtes, flach streichendes Wurzelwerk trocknet den Oberboden aus und hemmt so das Wachstum anderer Arten.

In der eigentlichen Heimat der Birke, im Norden Europas, werden alle Teile des Baumes verwertet. Ob der Künstler mit dem Besen eine übersinnliche Komponente offenbaren will, wissen wir nicht.

Man begegnet ihr in Europa überall, mit Ausnahme des äußersten Südens. In den Alpen steigt sie bis 1900m.

Die Bezeichnung Birke (althochdeutsch: »bircha«) zählt zu den ältesten Baumnamen und leitet sich von der weißen, glänzenden Rinde des Baumes ab. Das englische »birch«, das norwegische »bjerk«, das russische »Bierioza«, das französische »bouleau« und das litauische »berzas« – sie alle lassen sich auf den indogermanischen Wortstamm »bhereg« (= »Hellschimmerer«) zurückführen. Sogar im Altindischen ist der Name als »bhurjas« bezeugt. Weil sie – im Gegensatz zu anderen Bäumen wie Eiche, Buche oder Kiefer – überall den gleichen Namen trägt, nimmt man an, daß die Birke in der Urheimat der Indogermanen ein Charakterbaum gewesen sein muß. Familiennamen wie Birkner und Pirkheimer gehen auf die Birke zurück. Der wissenschaftliche Name *Betula* soll vom lateinischen »batuare« (= schlagen) abgeleitet sein und bezieht sich auf den alten magischen Brauch des »Schlagens mit der Lebensrute« (siehe im Kapitel »Eberesche«), nicht auf eine Züchtigung der Kinder.

»Fliegerbirken« und »Birkenmaier«

Die frühere Verwendung des harten, zähen, elastischen und leichten Birkenholzes war eine sehr mannigfaltige. Man fertigte daraus Leitern, Felgen, Deichseln, Radzähne, Drillinge, Getriebe in Mühlen, Holzschuhe und natürlich auch Möbel.

Während des 2. Weltkrieges mußte es für leichte Flugzeugbauteile wie Propeller herhalten, was den Bäumen die Bezeichnung »Fliegerbirken« eingetragen hat. Heute wird auch Sperrholz daraus erzeugt. Die besten Birkenhölzer werden aus Finnland importiert. Früher bei Burschenschaftlern beliebt, inzwischen jedoch veraltet, sind die sogenannten Birkenmaier, birkene Bierkrüge, an denen die Rinde nicht abgehobelt ist.

Baum des Nordländers

In den nordischen Ländern spielte die Birke eine besonders wichtige Rolle. Bei den Letten bedeutet Birke nicht nur den einzelnen Baum, sondern auch Birkenhain, Laubwald und Gehege überhaupt. Holz, Rinde, Wurzeln, Blätter, Knospen – alle Teile des Baumes waren verwendbar. Weil Birkenrinde den sogenannten Birkenteer eingelagert hat, brennt das Holz sogar im frischen, feuchten Zustand und ist somit dem Nordländer von unschätzbarem Wert.

Bis in unser Jahrhundert fertigte man Fackeln aus spiralig gedrehten Birkenrindenstreifen, welche vor dem Gebrauch in Öl getaucht wurden. Wasserundurchlässige Rindenstücke wurden in Skandinavien beim Hausbau unter den Sohlbalken gelegt, um diesen vor der vom Boden aufsteigenden Feuchtigkeit zu schützen. Auch Häuser deckte man damit. Ebenfalls aus Birkenrinde waren die besonders leichten Kanus der kanadischen Indianer gebaut.

Auch in der russischen Hausindustrie kommt die Rinde junger Birken auf vielfältigste Art zum Einsatz. Sie ist weich und geschmeidig und läßt sich ähnlich wie Leder verarbeiten, weshalb daraus Schuhe, Umhänge, Gamaschen und sogar Schmuck gefertigt werden.

Die Lappländer verstehen es, aus den feinen Wurzeln der Zwergbirke (*Betula nana*) Decken zu flechten. Die Abkochung der Birkenblätter mit Alaun ergibt eine grüne Farbe, das Schüttgrün, mit Zusatz von Kreide das Schüttgelb, beides früher bekannte Malerfarben. Nach Adelbert von Chamisso (»Übersicht über die nutzbarsten und schädlichsten Gewächse ...«, 1827) sollen die in Wasser abgekochten Blütenkätzchen eine Art Waschseife liefern.

Die innere, gelbe Rinde des Baumes, das sogenannte Kambium, enthält außer Vitamin C und Zucker auch Öl. Manchen Indianern und Goldsuchern hat sie wahrscheinlich in harten Wintern das Überleben ermöglicht. Man bewahrte sie, in kleine Stücke zerschnitten, getrocknet und pulverisiert auf und buk bei Bedarf eine Art Pfannkuchen daraus.

Pech der Gallier

Bereits die Alten Griechen kannten die Gewinnung des Birkenteers durch trockene Destillation der weißen, sich in horizontalen Streifen ablösenden Rinde. Plinius nennt den Baum »betulla«, weil »bitumen ex ea Galli excoquunt«, d. h. weil die Gallier aus diesen [den Birken] das Pech herauskochen. Das gewonnene Produkt fand vielseitige Verwendung. Unsere Vorfahren dichteten damit hölzerne Gefäße und Boote ab und verkitteten ihre Feuersteinspitzen mit Speer und Pfeil. Dem Vieh auf Wunden gestrichen, sorgte es für raschere Heilung.

Aus Birkenteer gewann man das Juchtenöl, zum Einfetten des Juchtenleders mit seinem charakteristischen Geruch (auch Russisch-Leder genannt), das dadurch nicht nur konserviert, sondern auch wasserdicht wird. Juchtenöl soll zudem insektenabweisend sein.

Ein russisches Sprichwort besagt, die Birke leiste vier gute Dinge: Sie gibt Licht (Fackeln aus dem Holz), und sie erstickt Schreie (mit Birkenteer schmierte man knarrende Wagenräder), sie heilt Kranke (Birkensaft und Birkenblättertee), sie reinigt (Birkenruten in der Sauna).

Worthington Whittredge: »Die alten Jagdgründe« (ca. 1864).

Postkarten aus Birkenholz

Als deutsche Soldaten im 1. Weltkrieg aus Rußland Postkarten aus Birkenrinde in die Heimat schickten, war man über diesen Einfall sehr erstaunt. Die Idee ist jedoch viel älter, denn bereits Plinius erwähnt im ersten nachchristlichen Jahrhundert die auf Birkenrinde geschriebenen Bücher des Numa Pompilius. Und der Kräutervater Hieronymus Bock stellt dazu im 16. Jahrhundert fest: »Der Birkenbaum ist vor zeitten in grosser würde gewesen/ darumb das man auff die weissen Rinden des selben baums etwan geschrieben/ ehe dann die lumpen zum Papyr erfunden seind worden/ wie ich danselbs zu Chur im Schweitzerland etlich Carmina Vergilii auff weisse Birkenrinden geschriben/ gesehen und gelesen hab«

Symbol des Neubeginns

Was für die Deutschen die Linde, ist den Nord- und Osteuropäern die Birke: Baum der Liebe, des Lebens und des Glücks. Ihre überragende symbolische Bedeutung liegt jedoch im Licht, im Frühjahr, im Neubeginn, weshalb der Maibaum, Sinnbild des Frühlingserwachens, nach alter Tradition ein Birkenbäumchen ist. Auch die Wiege des Neugeborenen baute man nach alter Überlieferung aus Birkenholz. Wurde in Rom ein neuer Konsul eingesetzt, trug man ihm dabei 12 Birkenstämmchen voran, und sein Liktorenbündel war mit Birkenzweigen geschnürt.

In der Zeit um den 1. April, dem Beginn des neuen Geschäftsjahres in Großbritannien, treiben dort die Birken aus.

Junges Birkenlaub bezeichnet in Skandinavien den Anfang des landwirtschaftlichen Jahres, weil sich die Bauern bei der Aussaat des Sommerweizens nach ihm richten, denn abgesehen vom Holunder ist sie der erste Baum im Wald, der neue Blätter ansetzt:

»Wenn der Winter
von dannen scheidet
und die Blumen im Grase blühn,
Wer ist lieblicher gekleidet
als die Birke im lichten Grün ...«

Johannes Trojan

Die Birke ist Wahrzeichen von Estland, aber auch Finnen, Litauen und Polen ehren den Baum als nationales Pflanzensymbol.

An Lichtmeß (2. Februar), dem Beginn des früheren Arbeitsjahres im bäuerlichen Leben, wurde das Wiedererwachen des Lichtes mit der Lichtmeß-Birke gefeiert. Dieser Festtag galt der heiligen Brigitte (wie der

Name Birke vom indogermanischen »bhereg« abgeleitet) zu Ehren, die im 5. Jahrhundert in Irland gelebt haben soll und die ursprüngliche keltische Gottheit der Wiedergeburt ablöste.

Dem Russen die Birke

Daß ein Volk sich einem bestimmten Baum auf besondere Weise verbunden fühlt, liegt uns nicht fern.

Was dem Griechen der Ölbaum oder dem Deutschen die Linde (bzw. Eiche), ist dem Russen die Birke. Der französische Schriftsteller Manès Sperber berichtet über eine kleine Begebenheit bei der es den Anschein hat, als könnten Bäume in den Herzen der Menschen Wurzeln schlagen. 32-jährig besuchte Lenin im Jahre 1903 als Exilrusse einen politischen Kongress in London. Wie es seine Art war, brachte er dabei mit nervöser Feder plötzliche Einfälle und Entwürfe zu Papier. Zwischendurch jedoch kritzelte er, seine Schriftart dabei ständig verändernd, das russische Wort »brjosa«, für Birke auf seine Zettel. Die endlos weiten Birkenwälder seiner russischen Heimat hatten sich, so vermutet Sperber, fern über tausende Kilometer einen Platz in Lenins Herzen erobert.

Kosmischer Baum des Schamanismus

Nicht nur im skandinavischen, sondern auch im gesamten nordasiatischen Gebiet ist die Birke

»Es decken Augen, Ringe, Striche
Wie Götzendienst indianerhaft
Mit Grau und Schwarz
den Birkenschaft,
Als ob er einer Seele gliche,
In der ein alter Weihekult
Noch nicht verdarbt sei
vor dem neuen...«
Oskar Loerke

Birken leben in Symbiose mit dem Fliegenpilz.

eng mit der Kulturgeschichte der einzelnen Völker verwoben. Verschiedene mongolische Stämme verehren die Birke sogar als Weltenbaum. Bei den Chakassen steht die heilige siebenästige Birke auf einem eisernen Berg in der Mitte des Erdkreises.

Die Tataren von Minuinsk huldigen der göttlichen Birke ebenfalls auf einem Berg:

Über zwölf der Himmelsgeländer
wächst auf eines Berges Höhe
eine Birke in die Lüfte.
Golden sind der Birke Blätter,
Golden ist der Birke Rinde.

Im Schamanismus begegnet der Initiierende in seinen Träumen manchmal »dem Baum, der allen Menschen das Leben geschenkt hat«. In Sibirien handelt es sich hierbei häufig um eine Birke, den »kosmischen Baum des Schamanismus«. Besteigt der Schamane in Trance während der Initiationsriten die Weltenbirke, schneidet er neun Kerben in den Stamm, Symbol für die neun Himmelssphären. Dabei gewinnt er die nötige Kraft, sich einen Weg zu den Göttern zu bahnen, beispielsweise um die Genesung eines Kranken zu erbitten. Aus einem Ast dieses heiligen Baumes muß sich der junge Schamane die Trommel, welche ihm sein Leben lang dienen soll, schnitzen. Beim Schlagen dieser geheimnisvollen Trommel wird der Trommler magisch zum Ursprungsbaum der Trommel versetzt, zum Weltenbaum, der zugleich Mittelpunkt der Erde ist. Dies ist der einzige Ausgangsort, um den Himmel zu erreichen. Übrigens glaubt man inzwischen zu wissen, warum in Sibirien gerade die Birke zum Weltenbaum avancierte. Birken leben nämlich in Symbiose mit dem Fliegenpilz, der wichtigsten Droge, die dem Schamanen ermöglicht, in höhere Welten zu entrücken.

Nicht nur der Baum selbst, sondern auch Teile von ihm wurden und werden als überirdische Werkzeuge benutzt. So der Besen, der ursprünglich viel mehr als ein einfaches

Küchenutensil war. In den antiken Heiligtümern galt das Kehren als kultische Handlung, und in buddhistischen und hinduistischen Tempeln wird es noch heute so gehandhabt. In unseren Breiten band man zu diesem Zweck Birkenreisig zusammen. Geschah dies zur Zeit der »Zwölften« (zwischen Weihnachten und Epiphanias), waren die Besen unverwüstlich.

Zur Erziehung der störrischen Kinder

Zusammengebundene Birkenzweige dienten in früheren Jahrhunderten nicht nur als Besen, sondern auch als Rute zur Erziehung »störrischer« Kinder. Zur Züchtigung sollte man sich allerdings nur der »Birkenruthen« bedienen, andernfalls gerieten die Kinder schlecht. Der deutsche Arzt Lonicerus war 1679 des Lobes voll für diese Bestrafungsweise:

»Die Birke ist auch heut zu Tag
in großer Ehr, dieweil sie die böse
und ungehorsame Kinder und
Jugend straffet. Daher man dann
in Teutschen Reimen sagen:
O du gute Bircken Ruth,
du machst die ungehorsamen
Kinder gut!«

Wie hoch die Bedeutung der Rute in damaliger Zeit eingeschätzt wurde, wird auch aus folgendem Lied (aus dem 16. Jahrhundert) deutlich:

»Ein Biedermann soll in sein Haus
Des Brods viel lieber mangeln,
Denn daß die Ruth sei drauß.«

Bezeichnenderweise werden Lehrer auf historischen Darstellungen immer mit »Birkenruthen zur Erziehung der störrischen« Kinder dargestellt.

Umgekehrt rächt beim Anzapfen eines Birkenstammes sich ein einst mit der Birkenrute gequälter Mensch mit folgenden Worten:

»O Birke, grausam durstiger Baum,
Mein ist nun Recht und Rache,
Oft trankest du mein junges Blut,
Nun trink ich deins und lache.«

Kostbarer Baumsaft

Birken besitzen die Fähigkeit, den Wasserhaushalt des menschlichen Körpers zu beeinflussen. Tee und Baumsaft regen aufgrund ihres Gehaltes an Flavonen und Saponinen Blase und Nieren an, ohne diese zu reizen, und eignen sich besonders als Frühjahrskur. Die Birke ist ein bewährtes Hausmittel gegen Wassersucht, Rheuma, Gicht, Arthritis, Nieren- und Blasensteine.

Während weniger Wochen im Frühjahr steigt der bis 2 Prozent Traubenzucker enthaltende Saft in den Bäumen, wo er durch Anzapfen gewonnen werden kann. Dazu bohrt man den Stamm der Birke in etwa 1 m Höhe etwa 0,5 cm breit und einige Zentimeter tief an. Dann steckt man ein Glasröhrchen in die Öffnung und fängt das Birkenwasser mit einem darunter befestigten Gefäß während der nächsten 2 Tage auf. Um der Birke keinen größeren Schaden zuzufügen, muß die Wunde sofort mit Baumwachs (kein Kerzenwachs) verschlossen werden. Eine weit einfachere Methode besteht darin, einen jungen Zweig abzuschneiden und die aus der Schnittstelle tropfende Flüssigkeit in einem Gefäß aufzufangen. Mit ein paar Zimtstangen und Gewürznelken kühlgestellt, hält sie sich eine gute Woche, geht dann aber bald in Gärung über. Bereits Albertus Magnus erwähnt das Birkenwasser im 13. Jahrhundert, doch soll es schon germanischen Stämmen als belebender Frühlingstrunk gedient haben. Seit alters wird es zum Säubern schlecht heilender Wunden, gegen Ausschläge und als Gesichtslotion angewendet. Bei Schuppen und Haarausfall massiert man es als Haarwasser in die Kopfhaut ein.

Hieronymus Bock scheint den Birkensaft oftmals verkostet zu haben, wie er in seinem Kreuterbuch aus dem Jahre 1551 vermeldet: »Under allen beumen ist kaum einer der den safft im Frühling so bald und uberflüssig an sich ziehe/ als eben der Birkenbaum ... solchen süssen saft pflegen die dürstigen hirten in den wäldern zu drincken und hab mich selbs vilmal darmit erlabet.«

Daß das Anzapfen dem Baum schadet, auch wenn das Bohrloch wieder sorgfältig mit Baumwachs verschlossen wird, weiß ein russisches Sprichwort: »Birkenwasser gewinnst du für einen Groschen und vernichtest den Wald für einen Rubel«. Nichtsdestotrotz gilt der Birkenwein, nämlich vergorenes Birkenwasser, in Rußland als beliebter berauschender bäuerlicher Haustrunk. Früher wurde er »brüchigen« (impotenten) Männern zur allgemeinen Stärkung verabreicht.

Heilende Blätter. heilendes Holz

Die jungen, noch klebrigen, etwas bitteren Blätter werden im Mai geerntet und können frisch als Salatzutat gegessen werden. Getrocknet und zusammen mit Brennesselblättern als »Blutreinigungstee« aufgebrüht, trinkt man sie am besten im Rahmen einer mehrwöchigen Frühjahrskur. Weil sie diuretisch wirken und zudem die Ausscheidungstätigkeit der Haut positiv beeinflussen, werden Birkenblätter in Form von Tee auch bei Hautkrankheiten angewendet. Adelbert von Chamisso beschreibt den Birkenbalsam, aus trockener Destillation der harzigen Birkenknospen hergestellt, als vorzügliches Wundmittel.

Anzapfen einer Birke zur Gewinnung des Birkenwassers. Historische Darstellung aus dem 18. Jahrhundert.

Als sehr alte Anwendung gegen Wadenkrämpfe legt man in manchen Gegenden kleinen Kindern und Schwangeren Birkenzweige ins Bett, eine Methode, welche bereits Konrad von Megenberg in seinem »Buch der Natur« (1349–1360) erwähnt: »pirkenholz, wer daz pei im tregt, daz ist für den krampf guot.« Aus demselben Grund bezeichnet Fabricius das Birkenholz im 17. Jahrhundert gar als »lignum nervinum« (»nervenheilendes Holz«). Nach dem Volksglauben mußte es am Gervasiustag (19. Juni) geschnitten werden, um seine Wirkung voll entfalten zu können.

Die Moorbirke

Wie der Name bereits andeutet, stockt die Moorbirke (*Betula pubescens)* auf Zwischen- und Hochmooren, kommt aber auch in Eichen- und Birkenwäldern sowie in Birken- und Erlenbrüchen vor. Jedenfalls bevorzugt dieser häufig mehrstämmig wachsende Baum feuchtere und oft auch saurere Standorte als die Hängebirke. Die jungen Zweige der Moorbirke steigen auf oder stehen waagrecht ab, hängen aber nicht über. Das Epitheton »pubescens« (= behaart) weist auf die dicht flaumig behaarten jungen Zweige des Baumes hin (die Hängebirke besitzt kahle Zweige).

Birkenlegendchen

Birke, du schwankende, schlanke,
Wiegend am blaßgrünen Hag.
Lieblicher Gottesgedanke
Vom dritten Schöpfungstag!

Gott stand und formte der Pflanzen
Endlos wuchernd Geschlecht,
Schuf die Eschen zu Lanzen,
Weiden zum Schildegeflecht.

Gott schuf die Nessel zum Leide,
Alraunenwurzeln zum Scherz,
Gott schuf die Rebe zur Freude,
Gott schuf die Distel zum Schmerz.

Mitten in Arbeit und Plage
Hat er leise gelacht
Als an dem sechsten der Tage,
Als er an Eva gedacht.

Sinnend in göttlichen Träumen
Gab seine Schöpfergewalt
Von den mannhaften Bäumen
Einem die Mädchengestalt.

Göttliche Hände im Spiele
Lockten ihr blonden das Haar,
Daß ihre Haut ihm gefiele,
Seiden und schimmernd sie war.-

Biegt sie und schmiegt sich
im Winde
Fröhlich der Zweiglein Schwarm,
Wiegt sie, als liegt ihr ein Kinde
Frühlingsglückselig im Arm.

Birke, du mädchenhaft schlanke,
Schwankend am grünenden Hag,
Lieblicher Gottesgedanke
Vom dritten Schöpfungstag.

Börries von Münchhausen

Der Birnbaum

»Ich stellte unsre weiße Bank unter den blühenden Birnbaum, welcher dicht am Gartenhaus seine beweglichen Schatten so zart an dessen helle Wände warf ... und ließ im sichersten Bewußtsein meiner Einsamkeit, nur im Gefühl, daß ihr mir nahe seid, den Frühling durch alle Poren in mich rinnen.«

EDUARD MÖRIKE
IN EINEM BRIEF (1848)

Der Wildbirnbaum (*Pyrus pyraster*), Baum des Jahres 1998, ist in den Wäldern Europas selten geworden. Echte Wildbirnen gelten unter Fachleuten gar als botanische Sensation. Die bis 20 m hoch werdenden Bäume mit ihren tiefreichenden Pfahlwurzeln besitzen im Gegensatz zu den Kulturbirnen zahlreiche verdornte Kurztriebe. Bei uns gibt es zwei Unterarten, die sogenannte Knödelbirne (ssp. *pyraster*) mit runden Früchten, und die Holzbirne im engeren Sinne (ssp. *achras*) mit langgezogenen, typischen Birnenfrüchten. Die Frucht der Wildform ist ähnlich dem Holzapfel extrem herb und wirkt aufgrund ihres Gerbstoffgehaltes zusammenziehend. Sie ist erst im teigigen Zustand genießbar.

Wildbirnen kommen an sonnigen Hecken und lichten Mischwäldern vor und steigen in den Alpen bis etwa 900 m hoch. Mit einem erreichbaren Alter von 100–150 Jahren besitzen sie eine höhere Lebenserwartung als die meisten anderen fruchttragenden Gehölze.

Der Kulturapfel stammt nicht vom heimischen Holzapfel ab. Unsere heimische Holzbirne hingegen zählt zusammen mit verschiedenen südosteuropäisch/westasiatischen Wildformen zu den direkten Vorfahren der Kulturbirne. Weil alle Übergangsstadien vorkommen, stößt die Abgrenzung verwilderter Kulturbirnen von echten Wildbirnen auf Probleme. In bewohnten Gebieten versteht man unter »Holzbirnen« meist Wildlinge, die aus Samen von Kultursorten hervorgingen, also alle nicht reinerbig sind.

Relativ große, 100-jährige Holzbirnexemplare kann man in den Auwäldern des Rheins besuchen. Bis 18 m hohe Bäume mit einem Stammumfang bis 270 cm trifft man dort in der Gemarkung Hördt im Waldort Gerhardskies (Forstamt Bellheim).

Gärten voll balsamischer Birnen

Der erste Fossilfund, der wegen seiner Fruchtgröße (4x21 mm) eindeutig als Kulturbirne bezeichnet werden kann, stammt aus der

Bronzezeit (1900–600 v.Chr.) und wurde am Bodensee (Pfahlbau Brodman) gemacht. In Persien, im Kaukasus und in Südrußland vermutet man das Entstehungsgebiet von westasiatischen Kultursorten, welche über die Türkei nach Griechenland gelangten.

Daß die alten Griechen den veredelten Birnbaum kannten, beweist der Gesang des Arkaders Kyllenios:

»Einstmals wuchs ich im Wald, ein wilder Birnbaum, bei Tieren, einsam und öde und trug Früchte mißratener Art. Nun aber blühe ich zahm, veredelt durch andere Reiser, Früchte hab ich am Zweig, die nicht die meinen mehr sind. Dank für die Mühe, o Gärtner! Dein Werk ist's, daß man mich wilde Birne zu Bäumen edelster Güte nun zählt.«

Auch im epischen Mythos von Tantalos kommt ein Birnbaum vor. Wegen einer Freveltat zu ewigem Durst und Hunger verurteilt, steht dieser im Wasser, doch jedesmal, wenn er seinen Kopf neigt um zu trinken, versiegt es in der Unterwelt. Sein Verlangen wird dadurch gesteigert, daß vor seinen Augen ein Baum voll reifer, edler Birnen zurückschnellt, sobald er eine zu greifen versucht. Homer (um 600 v.Chr.) stellt im 7. Gesang der Odyssee die Gärten des Alkinoos folgendermaßen dar:

»Außer Hofe liegt ein Garten
nahe der Pforte,
Allda streben die Bäume mit
laubdichten Wipfeln gen Himmel,
Voll balsamischer Birnen.«

Die Römer übernahmen diese veredelten Sorten der Griechen, züchteten weiter und kannten im 1. nachchristlichen Jahrhundert bereits über 40 verschiedenen Sorten. Durch die Eroberung Germaniens gelangten manche von ihnen nach Mitteleuropa, wo sie die Sortenvielfalt der dort bereits bestehenden Kulturformen vergrößerten. Nach den dunklen Jahrhunderten des frühen Mittelalters ist der Baum erstmals wieder zur Zeit der Karolinger als »birabaum« und »birnboum« belegt. Der Mönch Walahfried Strabo beschrieb im 9. Jahrhundert Birnen der Klosterinsel Reichenau, von denen eine die ganze Hand ausfüllte. Wildbirnen müssen im Mittelalter sehr häufig vorgekommen sein, denn immer wieder werden in der alten Literatur die wilden von den »zahmen« Bäumen klar auseinandergehalten. Konrad von Megenberg unterschied 1360 die»haimischen wilden pirn, die ze veld und ze holtz wachsent von der »etswaz grôzen holzpirn« (Edelbirne). Daß die kleinen, herben »wild- und holtzbyren« gelegentlich Namen wie Strengling oder Würgbirne zugedacht bekamen, ist kaum verwunderlich. Valerius Cordus nannte in seiner »Historia Plantarum« 1561 schon 50 verschiedene Sorten. In der Zeit zwischen 1750 und 1850 konnte die Birnenzüchtung große Fortschritte verbuchen. Einige Veredelungen aus der damaligen Zeit stehen noch heute hoch im Kurs.

Als Obstbaum steht die Birne mit ihren heute über 1500 Sorten nach dem Apfel an 2. Stelle der Weltproduktion. Sie erreicht jedoch nur etwa 1/3 der Apfelernte.

Vom Apfelbaum unterscheidet sich der Birnbaum nicht nur in der Frucht-, sondern auch in der Kronenform. Im Gegensatz zum kleineren Apfelbaum mit meist kugelförmiger Krone wölbt sich das Blätterdach der Birnbäume – ähnlich der Birnenfrucht – in die Höhe. Die Birnblüte ist nicht rosa überhaucht wie die Apfelblüte, sondern reinweiß, riecht allerdings ein wenig nach Trimethylamin (fischartig, siehe unter Eberesche und Weißdorn). Das Fruchtfleisch der Birnen besitzt außerdem verholzte Zellen im Fruchtfleisch, die sogenannten Steinzellen.

REIFE BIRNEN MUSS MAN PFLÜCKEN

Apfel- und Birnbaum gehören im Obstgarten als »Paar« zusammen. Von alters her wird der als weiblich geltende Apfelbaum mit Liebe und Fruchtbarkeit in Zusammenhang gebracht. Die Birne symbolisiert das männlichen Element, wie schon Albertus Magnus im 13. Jahrhundert betonte. Faßte man beide Bäume zusammen, dienten diese als Liebesorakel, wobei junge Männer den Apfelbaum befragten, junge Mädchen den Birnbaum. Manchmal betitelte man Buben als »Birnenstielchen«. Das Stielchen war der Penis, die Birne der Knabe. Den unbedeutenden Birnenstiel legte man früher aber auch als eine Bagatelle, ein Nichts aus. Der Nürnberger Hans Sachs durchwanderte als Schustergeselle den Spessart, der einst von plündernden Banden heimgesucht, zu seiner Zeit aber endlich wieder sicher war. In seinem Schwank »Vom frommen Adel« aus dem Jahre 1562 schrieb Sachs dazu folgendes:

»Wer jetzt durch den Spessart züg
Und Gold auf seinem Haupte trüg',
Man nähm ihm
nicht einen Birnenstiel ...«

Im Sprichwort wird die Birne interessanterweise mit der Frau in Verbindung gebracht. Wahrscheinlich deshalb, weil sich Birne auf Dirne reimt, wie »Faule Birn, schlechte Dirn«. Mit »Reife Birnen fallen gern in den Kot« wird die Bereitschaft manch erblühter junger Frau für erotische Abenteuer umschrieben. Deshalb der Rat: »Reife Birnen muß man pflücken«. Als zur Zeit des Barock das weibliche Schönheitsideal viel eher als heute den prallen Formen reifer Früchte entsprach, gab es Sorten mit anzüglichen Volksnamen wie »Wadelbirne«, »Liebesbirne« oder »Jungfernschenkel«.

Der Walser Birnbaum

Den Holzbirnen sagt man nach, sie seien die Wohnstätte von Dämonen und Hexen, welche die Rinde des Baumes in der schwarzen Magie benutzten. Anhand der Birnenfrüchte würden diese in die hohe Kunst der Zauberei eingewiesen. Als eine der ersten Aufgaben junger Hexen galt es, Birnen in Mäuse zu verwandeln. Später mußten sie sich selbst in eine Birne verzaubern. Auch rätselhafte Drachen wurden im Birnbaum vermutet. Bei den Wenden (Slawen) bezeichnet der Begriff »Plonika« gleichzeitig Birne und Drache.

Der Birnbaum ist eng mit der mythologischen Geschichte des Untersberges bei Salzburg verbunden. Als »Berg der Unteren« beherbergt dieser Riesen, Zwerge und Drachen, an welche heute noch das Gasthaus »Zum Drachenloch« in Sankt Leonhard erinnert. Im Inneren des Berges sollen sich große, prunkvolle Räume befinden, in welchen Karl der Große mit seinen Kriegern schläft. Naht das Ende der Welt heran, sollen sich die Tore des Berges öffnen, und der Herrscher wird an der Spitze des Heeres zur letzten großen Schlacht auf das Walserfeld reiten. Nach dem Sieg wird Karl dann ewigen Frieden verkünden und seinen Kriegsschild an einen Birnbaum hängen, der daraufhin für immer verdorren muß. Kaiser Karl wird hier also als der mythologische Wotan gedeutet, und der Birnbaum auf dem Walserfeld gilt als die Weltenesche. Noch heute kann man den geheimnisumwitterten Walser Birnbaum in Salzburg an der Innsbrucker Bundesstraße vor der Abzweigung nach Großgmain besuchen. Es soll sich bereits um den 9. Baum handeln, der an dieser Stelle steht.

Eine ähnliche Sage kreist um Friedrich Barbarossa. Auch er wird einmal, wenn die Zeit gekommen ist, seinen jahrhundertelangen Schlaf im Höhlengrab des Kyffhäusers (die dortige Barbarossahöhle ist noch heute besuchbar) beenden. Auch er wird nach siegreicher Schlacht seinen Kriegsschild an einen Baum (allerdings eine Eiche) hängen.

In China, dem an Birnen artenreichsten Land, symbolisiert der Birnbaum neben der Kiefer das ersehnte »lange Leben«. Das chinesische Wort für Birne, »Li«, heißt jedoch – in einer anderen Tonhöhe ausgesprochen – auch »Trennung«.

Linke Seite: Die Früchte der inzwischen selten gewordenen Wildbirnbäume sind klein und extrem herb.

Oben: Im Gegensatz zum meist kleiner bleibenden Apfelbaum ist die Krone des Wildbirnbaumes im allgemeinen nicht nur höher, sondern auch ausladender.

Rechts: Birnbaum im Frühlingslaub.

FÜR HOLZSCHNITZER UND MODELSCHNEIDER

Wegen ihres dichten, harten, feinfaserigen und gleichmäßig gemaserten Holzes war die Wildbirne von Holzschnitzern und Modelschneidern begehrt. Als Modeln bezeichnet man Hohlformen für den Guß oder zum Abdruck von Gebäck, aber auch erhabene Druckformen für Stoffe und Tapeten. Sie wurden mitunter aus Stein oder Ton, meist jedoch aus Birnbaumholz gefertigt. Das Holzmodelschnitzen, ein in Deutschland seit dem 13. Jahrhundert belegter kunsthandwerklicher Beruf, erlebte zur Zeit des Barock seine Hochblüte. Auch Blockflötenhersteller geben Birnbaum und Ahorn anderen Hölzern gegenüber den Vorzug.

Weil sich Birnbaumholz gut dämpfen und schwarz färben läßt, spielte es als Ebenholzsurrogat zur Herstellung von Truhen und in der Klaviertastenfabrikation eine bedeutende Rolle. Unbehandelt scheint es eine gewisse Ähnlichkeit mit dem kostbaren Buchsbaum zu haben, weil es früher als »deutscher Buchsbaum« in den Handel kam.

BIRNBAUM, ICH KLAGE DIR ...

Wie die Fichte war auch der Birnbaum dem alten Volksglauben nach imstande, Krankheiten der Menschen auf sich zu laden. Dazu umschritt man den ausgewählten Baum und klagte ihm mit folgendem Spruch (erhalten aus Friedrichshagen bei Köpenick) sein Leid:

Offenbar finden sich nicht nur Menschen unter und auf Birnbäumen ein. Holzschnitt aus dem Kräuterbuch von Hieronymus Bock (1577).

Birnbaum, ich klage dir,
Drei Würmer, die stechen mir,
Der eine ist grau,
Der andere ist blau,
Der dritte ist rot,
Ich wollte wünschen,
Sie wären alle drei tot.

Mességué schätzt alle Teile des Birnbaumes, als Tee getrunken, gleichermaßen als harntreibendes, beruhigendes, fieber- und blutdrucksenkendes Mittel.

Frische Birnbaumblätter enthalten den antibakteriellen Wirkstoff Arbutin und sollen als Tee bei Nieren- und Blasenentzündung getrunken werden. Da sie weniger Gerbstoffe als die ähnlich wirkenden Bärentraubenblätter enthalten und somit die

Nieren weniger reizen, kann man den Tee über längere Zeit hinweg trinken. Allerdings sollte der Tee immer aus frischen Birnbaumblättern aufgebrüht werden, da die Wirkung durch Trocknen fast verlorengeht.

Rohe Birnen sind im Gegensatz zu rohen Äpfeln schwer verdaulich, wie ein alter Spruch verdeutlicht: »Nach einer Birne: Wein oder Priester«. Ähnliches besagt der englische Vers: »A Warden pie's a dainty dish, to mortify a witch« (Mit einem Nachtisch aus Warden-Birnen lassen sich Hexen wunderbar töten). Birnenkompott oder Birnensaft hingegen gelten als Heilkost. Sie enthalten vor allem organische Säuren, Mineral- und Gerbstoffe und werden als Diätkost bei Bluthochdruck, Herz- und Kreislauferkrankungen sowie Blasen- und Nierenkrankheiten eingesetzt.

Die über dem Holzfeuer gedörrten Früchte der sogenannten Kletzen, einer besonderen Birnensorte, werden mancherorts noch immer nach althergebrachter Art zur Weihnachtszeit zum »Kletzenbrot« verbacken. War dieses nicht gut geraten, galt es als Vorzeichen dafür, daß im folgenden Jahr ein Mitglied des Haushaltes sterben würde.

Die besonders gerbstoffreichen Mostbirnen verwendet man zum Klären von Wein und Apfelmost. Wildbirnen werden im Gegensatz zu Holzäpfeln im Herbst mit den kalten Nächten teigig und genießbar. Sogar Birnenkerne wurden früher genutzt. Ferdinand Müller beschreibt in seinem »Großen, Illustrierten Kräuterbuch« aus dem Jahre 1874, wie man aus 25 Pfund Kernen 3 Pfund Öl gewinnt.

Herr von Ribbek auf Ribbek im Havelland

Herr von Ribbek auf Ribbek
im Havelland,
Ein Birnbaum in seinem
Garten stand,
Und kam die goldene Herbsteszeit
Und die Birnen leuchteten
weit und breit,
Da stopfte, wenn's Mittag
vom Turme scholl,
Der von Ribbek sich
beide Taschen voll,
Und kam in Pantinen
ein Junge daher,
So rief er »Junge, wiste 'ne Beer?«
Und kam ein Mädel, so rief er:
»Lütt Dirn,
Kumm mal röwer,
ick hebb 'ne Birn.«
So ging es viele Jahre, bis lobesam
Der von Ribbek auf Ribbek
zu Sterben kam.
Er fühlte sein Ende.
's war Herbsteszeit,
Wieder lachten die Birnen
weit und breit;
Da sagte von Ribbek:
»Ich scheide nun ab.
Legt mir eine Birne mit ins Grab.«
Und drei Tage drauf,
aus dem Doppeldachhaus,
Trugen von Ribbek sie hinaus,
Alle Bauern und Büdner
mit Feiergesicht
Sangen »Jesus meine Zuversicht«,
Und die Kinder klagten,
das Herze schwer:
»He is dod nu. Wer gibt uns
nu 'ne Beer?«
So klagten die Kinder:
Das war nicht recht,
Ach, sie kannten
den alten Ribbek schlecht;
Der neue freilich,
der knausert und spart,
Hält Park und Birnbaum
strenge verwahrt.
Aber der alte, vorahnend schon
Und voll Mißtraun
gegen den eigenen Sohn,
Der wußte genau, was damals er tat,
Als um eine Birn ins Grab er bat,
Und im dritten Jahr
aus dem stillen Haus
Ein Birnbaumsprößling
sproßt heraus.
Und die Jahre gehen wohl
auf und ab,
Längst wölbt sich ein Birnbaum
über dem Grab,
Und in der goldenen Herbsteszeit
Leuchtet's wieder weit und breit.
Und kommt ein Jung
übern Kirchhof her,
So flüstert's im Baume:
»Wiste 'ne Beer?«
Und kommt ein Mädel, so flüstert's:
«Lütt Dirn,
Kumm man röwer,
ick gew di' ne Birn.«
So spendet Segen noch immer
die Hand
Des von Ribbek auf Ribbek
im Havelland.

Theodor Fontane

Besagten Birnbaum gab es wirklich auf dem Friedhof von Ribbek, bis er im Jahre 1911 von einem Sturm geworfen wurde. Erst nachdem die innerdeutsche Grenze gefallen war, blühte die alte Birnbaumtradition wieder auf, und man pflanzte einen neuen Baum, der 1994 erstmals wieder Früchte trug.

Die Buche

Die Buche sagt: Mein Walten bleibt das Laub.
Ich bin kein Baum mit sprechenden Gedanken,
mein Ausdruck wird ein Ästeüberranken.
Ich bin das Laub, die Krone überm Staub ...

THEODOR DÄUBLER

Germaniens Wälder

Dem römischen Dichter Lucanus, Neffe des Seneca, erschienen die endlosen dunklen Buchenwälder Germaniens *(Fagus sylvatica)* im ersten Jahrhundert n.Chr. als grauenhafte Orte, die von zivilisierten Menschen besser gemieden wurden. Auch Plinius, der unter Wald die lichtdurchfluteten Steineichenhaine seiner Heimat verstand, schrieb bedrückt: »Wälder bedecken das ganze Germanien und verbinden die Kälte mit dem Dunkel«. In diesen finsteren, sonnenlosen Wäldern, so wußte man, zelebrierten einheimische Horden ihre grausamen Opferrituale.

Diese düsteren Buchenwälder waren, in waldgeschichtlichen Zeiträumen gemessen, gar nicht so alt. Erst infolge einer Klimaabkühlung seit der Bronzezeit (2000–500 v.Chr.) wurden frühere, wärmeliebende und lichte Eichenmischwälder immer stärker von dichten Rotbuchenbeständen verdrängt. Ab der Eisenzeit (ca. 500 v.Chr. –0) war das ursprüngliche Eichengebiet fast gänzlich im Buchenwald aufgegangen. Und das war »... vorläufig das letzte Mal, daß die Natur sozusagen selbständig über das mitteleuropäische Baumkleid entscheiden konnte«, lautet der Kommentar des Schweizer Waldspezialisten Christian Küchli dazu.

Hätte der Mensch das ursprüngliche Waldbild nicht verändert, wären die tiefen Lagen Mitteleuropas noch heute hauptsächlich von Buchen bestanden. In den Bergen träfe man sie, wie heute noch im Schwarzwald, vergesellschaftet mit Fichte und Tanne.

Die Stärke der Buche liegt in ihrer hohen Schattenverträglichkeit. Mit einem Sechzigstel des vollen Tageslichtes vermag sie noch zu gedeihen. Die Krautschicht des Buchenwaldes hat sich auf seine besonderen Lichtverhältnisse eingestellt. Im April, bevor das Laub der Bäume völlig entfaltet ist, spielt sich der Vegetationszyklus der Frühlingsgeophyten wie im Zeitraffertempo ab. Leberblümchen, Veilchen, Buschwind-

Im zeitigen Frühjahr entsteht im Buchenwald aufgrund erhöhten Lichteinfalls für wenige Wochen eine üppige Bodenvegetation (hier: Buschwindröschen).

röschen, Lungenkraut und Primeln reagieren üppig auf das viele Licht, das im zeitigen Frühjahr noch durch die unbelaubten Äste auf den Boden fällt. Sobald jedoch der Neuaustrieb der Bäume den Boden beschattet, welken die Frühlingsblüher, und die blütenreiche Krautschicht verschwindet ebensoschnell wie sie gekommen ist.

Da diese Bäume nebelfeuchte Luft besonders lieben, trifft man die schönsten und ältesten Buchenwälder im atlantischen Klimabereich (Westfrankreich) an. In kontinentalen Gebieten, wo die Jahresniederschläge unter 500 mm sinken (Ungarische Tiefeben, Saalegebiet), sucht man sie hingegen vergebens. Die sonst so vitale Buche scheut sich außerdem, ihre Füße in nassen Boden zu setzen, und überläßt Auwaldgebiet und hochwassergefährdetes Umland den Weiden, Erlen und Eschen. Arme Standorte, die entweder sehr sauer, sehr naß oder sehr trocken und flachgründig sind, meidet die kalk- und nährstoffreiche Böden bevorzugende Buche ebenfalls.

An solch schlechten Stellen gedeihen vor allem Kiefern und Eichen, aber auch Fichten. Wegen ihrer guten Windverträglichkeit wird die Buche im Hohen Venn, in Belgien und Frankreich noch immer als Windschutz an den Westseiten der Häuser gepflanzt. Zu den eindrucksvollsten windverformten Buchenkronen zählen die berühmten und häufig fotografierten Wetterbuchen auf dem Schauinsland bei Freiburg. Die Rotbuche findet man in fast ganz Europa bis zum 60. Grad nördlicher Breite, im Süden nur in den Gebirgen.

Die imposantesten Buchenwälder in Deutschland gedeihen auf den kalkreichen Böden der Schwäbischen Alb und des Fränkischen Jura, wo sie bis 30 m (maximal 45 m) hoch werden können. Durchschnittlich erreichen sie ein Alter von 140–160 Jahren, selten 300 Jahre.

Den erhabenen, feierlichen Eindruck, den ein Buchenwald mit seinen schlanken und glatten, silbergrauen, bis weit hinauf astlosen Stämmen vermittelt, ruft eine religiöse Ehrfurcht wach. Schon unsere Ahnen müssen die stillen, mit gedämpften Licht durchfluteten Buchenwälder als Vorbild der mittelalterlichen Kathedralen empfunden haben, denn als »Heilige Hallen« benennt sie der Volksmund.

»Sehet die Halle,
wie stolz sie sich hebt,
Stolz zu der Bläue
des Himmels aufstrebt;
Riesige Buchen mit Tannen gepaart,
Stehen als Säulen der edelsten Art,
Und als ein Kuppeldach
luftig und weit
Wölbt sich der Wipfel
laubgrünendes Kleid.
Ehre und Preis sei
dem Bauherrn der Welt,
Der sich als Tempel
den Wald hat bestellt.«

VIKTOR VON SCHEFFEL

WIE DIE BUCHE ZU IHREM NAMEN KOMMT

Vorgermanisch nannte man die Buche »bhâgos«, und im Griechischen heißt sie »phagein«, was »essen« bedeutet. Der Regensburger Domherr Konrad von Megenberg erzählt in seiner »Naturgeschichte« im 14. Jahrhundert: »Des Baumes Blätter sind gar lind und haben einen süßen Saft, und darum, wenn sie noch jung sind, so machen arme Leute Muß daraus und sieden es wie ein Kraut.« Daß frisch ausgetriebene Buchenblätter aufs Butterbrot im Frühjahr eine delikate Zwischenmahlzeit ergeben, ist keine Modeerscheinung – die früher gebräuchliche Bezeichnung »Eßlaub« weist darauf hin. Die Buche ist aber nicht nur dem Menschen ein alter Speisebaum. Sie lieferte das Blumholz (»pluoma« = Weide), und ihre Blätter die Blumware, eine Kost, die grün oder getrocknet an die Tiere verfüttert wurde. Der Name der Buche klingt in ihren vielen ausländischen Bezeichnungen nach. Im Althochdeutschen kannte man sie unter »buoha« und im Altnordischen als »bok«. Auch das englische »beech«, das niederländische »beuk« und das slawische »buckow« erinnern an die gemeinsame indogermanische Wurzel (»bhags«). Die Bukowina, das Buchenland schlechthin, liegt in den nördlichen Waldkarpaten, und die Rhön, »Boconia« zur Zeit der Lateiner, hieß noch vor wenigen hundert Jahren einfach »die Buchen«. Auch der Melibokus, die höchste Erhebung des Odenwaldes trägt den Baum in seinem Namen. Von den heutigen deutschen Ortsnamen lassen sich 1567 von der Buche ableiten, von der Eiche hingegen nur 1400. Etwa 100 deutsche Orte heißen direkt »Buch«, und auch in Familiennamen wie Buchberger, Büchner oder Beukner findet sich der Baum wieder. Alleine der französische Ausdruck für die Buche, »l'hêtre«, weicht vom ursprünglichen Wortstamm ab, ist aber mit dem altfränkischen »Heester« (»Heister«), einer Benennung für junge Buchenstämmchen, verwandt.

Nicht nur das germanische Runenalphabet wurde in Buchenstäbe geritzt. Auch Gutenbergs erste Lettern sollen aus Buchenstäben geschnitten worden sein.

BÜCHER UND RUNEN

»Ein Ritter so gelehret was, daß er in den buochen las, zwas er drin geschrieben vand«, schreibt Hartmann von der Aue im 13. Jahrhundert. Woher stammt eigentlich der Zusammenhang zwischen der Buche (dem Baum) und dem Buch (der Lektüre)? Man nimmt an, daß die Originallettern, die Gutenberg für seine ersten Versuche in der Buchdruckerkunst verwendete, aus Buchenholz geschnitten waren. Die wahre Verbindung jedoch wird von unserem Buchstaben, im Althochdeutschen »buohstap«, geknüpft. Denn das germanische Runenalphabet wurde in Buchen-Stäbe geritzt.

Runen bedeutet »Geheimnis« und ist noch enthalten in unserem Wort »Geraune«. Erstmals tauchten sie in den Händen der germanischen Göttin Idun, Hüterin der magischen Äpfel, auf. Sie ritzte die Runenzeichen ihrem Gatten, dem Wotanssohn Bragi, in die Zunge, wodurch dieser die magische Kraft der Worte erwarb und als der Größte aller Barden bekannt wurde. Nach dem Nibelungenlied soll auch Gudrun die Kunst des Runenlesens beherrscht haben. Als Zauberlettern verwendete man sie jedoch vor allem für kultische, heilende und kriegerische Zwecke. Im Lied von Sigrdrifa in der Edda heißt es:

»Astrunen lerne,
willst Arzt du werden
und wissen, wie Wunden man heilt,
in die Borke schneid sie
dem Baum des Waldes,
der die Äste nach Osten neigt.«

Auch im Liebeszauber waren Runen ein bedeutendes Machtmittel. Als der germanische Gott Freyr den Brautwerber Skirnir aussandte, die Riesin Gerd als Braut zu gewinnen,

Narrenhände schinden auch heute noch die Rinden.

wies diese ihn derb ab. Erst Skirnirs Drohung, der Zukünftigen unheilbringende Runen zu ritzen, stimmte sie um: »Einen Thursen [bestimmte Rune] ritz ich dir und drei Stäbe: Argheit, Irrsinn und Unrast«. Eine der Runenweisheiten, die Sigurd von der Walküre Sigrdrifa gelehrt bekam, lautete: »Siegrunen sollst du können, wenn du willst Sieg haben, und ritzen auf Schwertes Knauf.«

Alte Mythen verlangten oft völlige Selbstaufopferung oder gar Selbstmord, um streng gehütete Geheimnisse wie beispielsweise die der Runen zu erlangen. Selbt der Göttervater Odin sollte sich seine Runenweisheit bitter erringen, indem er 9 Nächte am Galgenbaum, der Weltenesche Yggdrasil, hing. Von den nordischen Helden wurde erwartet, daß sie Odins Opfer wiederholten, ähnlich wie christliche Märtyrer das Opfer Christi nachahmten. Konnte ein Krieger nicht im Kampf sterben, wodurch er automatisch Odins Sohn geworden wäre, hatte er noch die Möglichkeit, eine Art Harakiri zu begehen. Dazu ritzte er sich solange Runen in seine Haut, bis er verblutet war. Für diesen rituellen Selbstmord waren besondere Sakralrunen, die »geirs-odds«, zu verwenden. »Tapfer schlitzt er Odins rote Lettern, Blutrunen der Helden sich auf Arm und Brust«, – so wird Sigurd beschrieben, als er die Walküren anfleht, ihm die Türen Walhalls zu öffnen.

Im Werfen der Runenstäbe ist das uralte Prinzip der Weissagung enthalten. Analog dem Wurf der Schafgarbenstengel im I-Ging oder dem Mischen der Tarotkarten galt es, Vergangenheit, Gegenwart und Zukunft heraufzubeschwören. Ähnlich wie beim Würfel wurden die Runen in Holzstäbchen geritzt und nach bestimmten Gesetzen geworfen. Wichtig war, daß die Stäbchen von einem fruchtbringenden Hartholzbaum (Buche, Eiche, Hasel o.ä.) stammten, denn nach uralter Überlieferung ruhte auf diesen Bäume der Segen der Gottheit. Da das Schicksal der betreffenden Person in den Runenstäben geschrieben stand, hoffte man auf ein Überströmen der göttlichen Gnade auf die magische Handlung. Die Auslegung scheint nicht immer eindeutig gewesen zu sein, denn die Wurfergebnisse wurden als »raedels« oder »Rätsel« (englisch = »riddles«) bezeichnet. Der römische Historiker Tacitus beschrieb im ersten nachchristlichen Jahrhundert in seiner »Germania« auch das »Werfen der Runen«: Ein Buchenstab wurde vom Priester in mehrere gleich lange Stäbchen gebrochen und mit Runen beschriftet. Dann wurden diese »planlos, wie der Zufall es will« auf ein weißes Tuch (die weiße Farbe ist nach Cicero »vorwiegend Gott geziemend«) geworfen. Den Blick zum Himmel gerichtet, hob der Priester sodann 3 Stäbchen auf (auch die heilige Zahl ist mitentscheidend) und deutete aus ihrer Zusammensetzung die Zukunft.

In alten Volkskalendern entdeckt man hin und wieder Sprüche, in denen Buchen zur Wetterprognose benutzt werden. Dazu hieb man der Buche an Allerheiligen einen Span ab:

»Steht im November noch das Buchenholz im Saft,/ So wird der Regen stärker als der Sonne Kraft;/ Ist es aber starr und fest,/ Sich große Kälte erwarten läßt.«

Dieses als letztes Überbleibsel der Runenwahrsagerei zu deuten, wäre zu weit hergeholt. Dennoch ist es interessant zu wissen, daß gerade diesem Baum in seiner ältesten wie jüngsten Kulturgeschichte über Jahrtausende hinweg die Fähigkeit der Vorhersage zugesprochen wurde.

GESCHUNDENE DULDERIN

Dem Föster ist die Buche »Mutter des Waldes«. Ihr nährstoffreiches Laub verrottet zu guten Mull. Buchen produzieren in ihren ersten Lebensjahren fast nur Schattenblätter, die unter direkter Sonnenbestrahlung kümmern, und bedürfen deshalb ganz besonders dem Schutz der Mutterbäume. Aus diesem Grund werden die Altbäume nach einem Samenjahr (alle 5–6 Jahre) nicht wie bei der Eiche baldmöglichst gefällt, sondern zum Schutz der Jungbäume noch jahrelang stehengelassen. Mit ihren Herzwurzeln sind die Bäume fest im Boden verankert und nicht so sturmgefährdet wie die flachwurzelnden Fichten. Daß man sich bei Unwettern auch nicht an tiefwurzelnde Eichen halten soll, die vom Blitz häufig heimgesucht werden, weiß schon der Volksmund:

»Vor den Eichen sollst du weichen
Und die Weiden sollst du meiden.
Zu den Fichten flieh mitnichten,
Doch die Buchen mußt du suchen!«

Als »ausgebeutete Magd« oder »geschundene Dulderin« wird die Buche heute manchmal bezeichnet. Nicht zu Unrecht, denn flächenmäßig gesehen mußte sie im Laufe der letzten 2000 Jahre große Verluste hinnehmen. Die Zeiten der riesigen germanischen Buchenurwälder, die die Römer noch um die Zeitenwende erschaudern ließen, sind lange vorbei. Im heutigen deutschen Wirtschaftswald stellt die Rotbuche magere 17 Prozent. Dem Buchenholz mangelt es vor allem an Fäulnisresistenz und Elastizität, weshalb man es früher nicht wie das der Eiche zum Haus- oder Schiffsbau verwendete. Einzig bei Fachwerkhäusern war es zur Fertigung der Rahmen und Verstrebungen brauchbar. Die Schwerfälligkeit der Rotbuche, bei der niederwaldartigen Bewirtschaftungsform wie Eiche oder Weißbuche »aus dem Stock schlagen« zu können, besiegelte ihr stiefmütterliches Dasein im Wirtschaftswald des Mittelalters. Allerdings blieben viele Gegenstände für den Haushalt und die Landwirtschaft »buchen«: Zuber, Bottiche und Melkeimer, Bürsten, Löffel, Schüsseln, Rechen und nicht zuletzt Wäscheklammern. Manchmal begegnet man aber auch wunderschönen aus dem Stock geschlagenen Rotbuchen (z.B. am Rorberg/Spessart).

Blühender Zweig der Rotbuche mit den hängenden, männlichen Kätzchen.

SIE BRENNEN BUCHENES

Als Brennholz ist die Buche seit alters gefragt. Um den Heizwert von 7 m^3 Buchenholz zu erzeugen, braucht man 8 m^3 Eichenholz. Früher konnten es sich nur wohlhabende Leute leisten, Buchenscheite in Rauch aufgehen zu lassen. Noch in den fünfziger Jahren hieß es in der Pfalz von vermögenden Leuten: »Sie brennen Buchenes«. Doch Buchenholz wanderte nicht nur in private Öfen. Den weitaus größeren Teil verfeuerte man im Zeitalter vor der Steinkohle in jenen Gewerben, die einer großen Heizkraft bedurften, z.B. Glas- und Eisenhütten.

Eine ganz besondere Verwendung erfuhr das Holz der Buche in den ersten Nachkriegsjahren, als Kraftstoff

Zu den bekanntesten Naturdenkmälern Deutschlands zählt die Bavariabuche in Pöndorf (Bayern).

für Fahrzeuge schwer oder gar nicht zu bekommen war. Vor allem Lastwagen hatten auf der Ladefläche ein Öfchen stehen, welches ganz gewöhnlich beheizt wurde. In einem Aufsatz über dem Ofen wurden kleine Buchenholzstückchen unter Luftabschluß erhitzt (trockene Destillation). Das dabei entstandene Holzgas verwendete man als Treibstoff anstelle von Benzin.

Ein sozusagen »mythologisches Buchenscheit« kennt man in England und Schweden. Dort legte man an Weihnachten einen mächtigen Kloben Buchenholz ins Kaminfeuer. Die Asche dieses »Julblocks« (»Jul« heißt im Schwedischen Weihnachten) streute man nach Neujahr segenbringend auf die Felder.

Zum Feueranzünden ist der Buchen- oder Zunderschwamm (*Fomes fomentarius*) seit vorgeschichtlicher Zeit in Gebrauch. Dieser mehrjährige Porling bildet verkehrt-konsolenförmige Hüte, die bis 30 cm groß werden, und verursacht vor allem auf Buchen und Birken Weißfäule. Früher wurde die lockere Mittelschicht herausgetrennt, mehrmals gekocht, gewalkt, mit Salpeterlösung getränkt und getrocknet. Mit einem derart präparierten Schwamm, der sich durch auftreffende Funken einfach zum Glimmen bringen läßt, hat man früher in der Kirche das Osterfeuer entzündet.

Für Beleuchtungszwecke waren Buchenspäne im Mittelalter schon deshalb sehr begehrt, weil sie im Gegensatz zu dem sonst üblichen Kiefernholz nicht »spritzen«.

Vom Brennholz zur Edelbuche

Noch bis zur Mitte des 19. Jahrhunderts diente das meiste Holz der Buche zur Energieerzeugung. Seine industrielle Nutzung bahnte sich durch den mittelrheinischen Tischlermeister Michael Thonet an. 1842 wurde ihm vom Wiener Kanzler Metternich das Vorrecht eingeräumt, »Holz auf chemisch-mechanischem Wege in beliebige Formen und Schweifungen zu gießen«. Die Entwicklung dieses Patentes, Buchenholz unter starker Wasserdampf- und Hitzeeinwirkung in gefällige Formen zu biegen, war einmalig. Thonets bekanntestes Möbelstück, der Wienerstuhl Nr.14, wurde über 60 Millionen Mal in alle Welt verkauft. Als typisches Inventar des altösterreichischen Wiener Kaffeehauses war dieser auf eine weitere, nicht weniger bemerkenswerte Weise bahnbrechend. Um Transportkosten zu sparen, wurde das preisgünstige Möbel nämlich in 6 Einzelteilen verschickt. An Ort und Stelle montierten sich die Kunden mit einer Handvoll mitgelieferter Schrauben den Stuhl dann selbst zusammen. Das »Ikea-Prinzip« ist also mindestens 150 Jahre alt. Im Museum der Stadt Boppard am Rhein, Thonets Heimatort, kann man die interessantesten Bugholzmöbel des begabten Handwerkers besichtigen.

Nachdem man vor etwa 100 Jahren begann, Buchenholz mittels einer Teerölimprägnierung jahrzehntelang haltbar zu machen, ließ es sich auch für Bahnschwellen verwenden. Auch weitere Verwendungsmöglichkeiten, wie Parkettböden und Sperrholzplatten, taten sich auf. Doch in den sechziger Jahren des 20. Jahrhunderts, nach Jahrzehnten des Aufschwungs für das Buchenholzgeschäft, schienen die guten Zeiten endgültig vorbei. Das Erdöl trat seinen Siegeszug an und verdrängte die Buche zunehmend. Viele Haushaltsgegenstände wie Wäschewannen, Schüsseln, Kochlöffel oder Wäscheklammern, die vorher buchen waren, wurden nun billiger aus Plastik gefertigt. Auch eintönige Buchenfurniere waren »out« und wurden von schillernden Tropenhölzern abgelöst. Lediglich gefärbt, poliert und zur Imitation von Edelhölzern (v.a. Nußbaumholz) herangezogen, ließen sich mit dem ursprünglich leicht rötlichen Holz noch gute Geschäfte machen. Immerhin wird sie in den letzten Jahren von der Werbung als »Edelbuche« stark aufgewertet und auf eine Stufe mit alten Edellaubhölzern wie Ahorn, Esche oder Kirschbaum gestellt. In Schweden gibt es sogar eine Stiftung, »Pro Bok«, die bemüht ist, für die »Mutter des Waldes« einen fairen Holzpreis zu erzielen.

»Schau an ein Weib und lern wie sie tut ihr Leinen waschen/ mit warmem Wasser aufgeschütt und mischt mit Aschen...«. Vor dem Seifenzeitalter diente Buchenasche zur Herstellung der Waschlauge.

Buchenasche zum Wäschewaschen

Zu Urgroßmutters Zeiten war der sogenannte »Laugenständer« ebenso unentbehrlicher Bestandteil des bäuerlichen Haushaltes wie Milchtopf und Bratpfanne. Als einfaches hölzernes Gefäß diente er dazu, die an den Herdstellen anfallende Asche als Waschmittel zu sammeln. Weil Buchenholz und somit Buchenasche sehr viel Pottasche enthält, wurde es bevorzugt zur Laugenherstellung genutzt. Für die einfachste Art, Waschlauge zu bereiten, übergoß man die gesammelte Asche mit lauwarmem Wasser und rührte des öfteren um. Nach einigen Stunden siebte man die überstehende Flüssigkeit durch ein engmaschiges Tuch, und fertig war die Wasch- und Scheuerlauge. In großen Haushalten war das »Bäuchen«, wie sich das Wäschewaschen mit Buchenlauge nannte, langwierig und anstrengend. Immer wieder mußte die abgesiebte Waschlauge aufgekocht und erneut über die Asche geschüttet werden, bis diese völlig ausgelaugt war. Dieser Arbeitsgang dauerte bis zu 24 Stunden. Mit diesem Wissen wird auch folgender alte rheinische Spruch begreiflich: »Wenn ein Mädchen heiratet, dann soll es können bäuchen, kochen, backen und ein Mannshemd machen an einem Tag«, – also ein Ding der Unmöglichkeit schaffen. Die ausgelaugten Aschenreste wurden an der Sonne getrocknet und als Dünger aufs Feld gestreut. Sogar zur Glasfabrikation dienten sie gelegentlich noch. Allerdings war es nur »ordinäres, grünes Bouteillenglas«, das sich daraus herstellen ließ.

Daß die Nutzung der Asche aus Herd- und Ofenstellen in früheren Zeiten ein oftmals mißbrauchtes Privileg war, wird aus der Lüneburger Holzordnung aus dem Jahre 1618 deutlich. Dort nämlich steht, daß den Beamten fortan ihr bis dato gewährtes Anrecht auf die Aschennutzung entzogen werden müsse, weil »die Stubensitzer auf den Ämtern« die Scheite nur der Asche willen verheizten.

»Alles hat zwei Seiten. Nur die Buchecker hat deren drei«

In Mastjahren überanstrengt sich eine Buche beinahe, denn etwa zwei Drittel ihres Jahresgewinnes an assimiliertem Zucker steckt in ihren Früchten, den Bucheckern. Diese werden häufig von Eichhörnchen, Buchfinken, Eichelhähern und Schlafmäusen gehortet, und bleiben nur bei Bedeckung durch Laub oder Erde keimfähig. Viele Bucheckern im Herbst deuten auf einen strengen und harten Winter, deshalb sagen die Schweizer: »Viel Buech, viel Fluech«.

Trotzdem wurden die Buchenfrüchte allherbstlich dem Borstenvieh zum Fraß vorgeworfen. Daß sie sich zur Schweinemast mit den begehrten Eicheln nicht messen ließen, stellt Konrad von Megenberg 1482 in seinem »Buch der Natur« klar: »Des baumes Frucht macht nicht so keckes fleysch an dem schwein, als die aicheln«.

Aber nicht nur die Tiere ließen sich diese Baumfrüchte schmecken. In Ostgalizien wurden sie öffentlich gehandelt und konnten auf der Straße »für einen Kreuzer« erstanden werden. Weil Bucheckern unter anderem giftige Blausäure-Glykoside enthalten, dürfen pro Tag nicht mehr als eine Handvoll verspeist werden. Vor dem Verzehr größerer Mengen (v. a. in Notzeiten) wurden sie deshalb vorher in kochendem Wasser abgebrüht. Nicht nur völlig unbedenklich, sondern als mildes und haltbares Speiseöl geschätzt ist das Buchenöl, das in den Nüssen bis zu 25 Prozent enthalten ist. Die giftigen Inhaltsstoffe bleiben dabei wie beim Rhizinusöl im Preßkuchen zurück. Nach alten Angaben lassen sich aus einem Zentner Bucheckern »zwölf Pfund reines, zu Speisen gutes, und vier Pfund trübes Öl zum Brennen in den Ampeln« pressen.

Wirtschaftliche Bedeutung erlangte Buchenöl in den beiden Weltkriegen. 1916 wurde mittels eines Bundesratsbeschlusses sogar verboten, Bucheckern an Schweine zu verfüttern, denn alle gesammelten Früchte mußten direkt an den »Kriegsausschuß für Fette und Öle« zur Ölgewinnung geliefert werden. Die Nachkriegsjahre 1946 und 1947 waren mit einer Jahrhundertmast gesegnet. Damals zogen jung und alt in die Wälder, um zentnerweise Bucheckern zur Ölgewinnung zu sammeln. Heute ist Bucheckernöl nur mehr eine nostalgische Erinnerung an Großmutters Zeiten.

Ein umstrittenes Heilmittel

Die Buche hat noch nie zu den eigentlich heilenden Bäumen wie Linde oder Holunder gezählt. Gelegentlich wurden ihre Blätter als kühlende und lindernde Umschläge bei Geschwüren aufgelegt und sollten Zahnfleischentzündungen abheilen. »... wann Buchbaums Blätter man zerstoßt/ nimpts in den Mund/ das hitzig Zahnfleisch wird dadurch gar bald gesund ...«, steht in einem Kräuterbuch aus dem 16. Jahrhundert. Frische Buchenblätter lassen sich mit

Die Buchen - vor beinahe 3000 Jahren traten sie ihren Siegeszug an. Dem Menschen nützlich sind sie schon immer.

Zucker und Alkohol zu einem bekömmlichen Buchenlikör ansetzen. Trüben Wein und Essig versuchte man durch Einlegen von Buchenspänen zu läutern.

Ein früher angesehenes Heilmittel, den Buchenholzteer, gewann man durch trockene Destillation des Holzes. Zusammen mit Süßholzpulver und Glyzerin zu Kreosotpillen gedreht, wurde er in Apotheken häufig als Medikament gegen Magenstörungen verkauft. Inzwischen ist er als krebserregend in Verruf geraten und darf nurmehr äußerlich angewendet werden. Heute kann man Buchenholzteer als »Pix Fagi« kaufen, der gegen Gicht, Rheuma und Hautleiden helfen soll. In der Tierheilkunde streicht man ihn als Desinfektionsmittel auf verletzte Klauen von Ziegen und Schafen.

BERÜHMTE BUCHEN

DIE SCHÖNE BUCHE

Ganz verborgen im Wald
kenn' ich ein Plätzchen, da stehet
Eine Buche: man sieht schöner im
Bilde sie nicht ...

EDUARD MÖRIKE (1842)

Buchen werden schon als Greise bezeichnet, wenn sie 100 Jahre überschritten haben. Viel älter als 300 Jahre werden sie selten. Eine der bekanntesten Buchen Deutschlands mit einem wunderschönen, regelmäßigen Kronenaufbau ist die Bavariabuche in Pöndorf, nordöstlich von Ingolstadt. Als »Jahreszeitenbuche« findet man sie immer wieder in Zeitschriften und auf Postkarten darge-

Die »1000«-jährige Buche in Gutau (Mühlviertel, Österreich) zählt zu den eindrucksvollsten Naturdenkmäldern des Landes.

stellt. Eine weitere bemerkenswerte, etwa 300-jährige Buche im Tal der Wilden Gutach im Schwarzwald trägt den Balzerherrgott. Nach der örtlichen Überlieferung soll ein Hirtenknabe einen steinernen sogenannten Christuskopf, den »Balzerherrgott«, an den Stamm dieses Baumes gelegt haben. Auf wundersame Weise hatte die Rinde des Baumes den Herrgott solange umwallt, bis dieser fest in den Stamm eingewachsen war.

Es gibt auch Buchen, die keine großen »Hallen« bilden können. Die sogenannten Süntelbuchen *(Fagus sylvatica* forma *suenteliensis)* zeichnen sich dadurch aus, daß sie weder im Stamm noch in den Zweigen gerade zu wachsen vermögen. Die Kronen dieser bizarren, eigenartig verwinkelten Bäume sind wie ein Baldachin ineinander verwoben und geben eine perfekte Sommerlaube ab. Spontan traten sie erstmals im Süntel, einem Mittelgebirgszug im Weserbergland, auf. Heute werden sie vegetativ in Baumschulen vermehrt und gelegentlich in Parks gepflanzt. Die bekannteste deutsche Süntelbuche ist die »Kanzelbuche« in Sternenfels, im Kraichgau. Auch in Höxter-Beverungen an der Oberweser steht ein großes Exemplar.

Bei Blutbuchen überdeckt der Überschuß an roten Farbstoffen (Anthocyanen) das Blattgrün. Sie wurden erstmals 1680 am Irchel bei Zürich entdeckt und haben längst in Parks und Gärten Eingang gefunden.

Die Eberesche

»Wenn ich ein Stückchen Land besäße, ich würde mir ein kleines Wäldchen von Ebereschen pflanzen. Ein einziger der glühenden Bäume könnte schon das Glück eines Spätsommers ausmachen und verklären. Ja, die Eberesche leuchtet in den Dezember hinein, täglich etwas dunkler werdend und zweighängerischer. Bis die letzte Koralle an der Dolde wartet auf die Schwarzdrossel, die sie aufpickt ...«

Else Lasker-Schüler

Lichter Waldrand-bewohner

Die Eberesche (*Sorbus aucuparia*), ein Großstrauch oder bis 15 m hoch werdender Baum, erreicht ein Lebensalter von einem knappen Jahrhundert und ist in fast ganz Europa heimisch. Ihre weißen Blütendolden riechen nach Trimethylamin (fischartig, ähnlich der Weißdornblüte) und die unpaarig gefiederten Laubblätter nehmen im Herbst eine leuchtend gelbe bis tiefrote Farbe an. Verschiedenste Standorte sagen ihr zu. Anspruchslos und frosthart – sie steigt im Gebirge bis 2000 m hoch – findet die Eberesche mit ihren weitläufigen und flachen Wurzeln in den meisten Böden Halt. Sie liebt saure bis leicht kalkige, humusreiche und lockere Lehmböden und erträgt vorübergehende Überschwemmungen relativ gut. Lediglich auf nassen, schlecht durchlüfteten Standorten hat sie Probleme. Als nur in der Jugend schattentolerantes Pioniergehölz braucht sie viel Licht. Weil sie mit 10, höchstens 16 m im Vergleich zu anderen Waldbäumen nur eine relativ geringe Höhe erzielt, wird sie in geschlossenen Beständen stets an die Waldränder verdrängt. Für den Förster spielt sie als sogenannte Vorwaldbaumart die wichtigste Rolle, weil sie unerwünschten übermäßigen Unterwuchs wie Weidenröschen und Brombeersträucher von den sich verjüngenden Forstbäumen fernhält.

Da das Wurzelwerk der Eberesche Hausfundamente nicht gefährdet, läßt sie sich problemlos in die unmittelbare Nähe von Gebäuden pflanzen. Außerdem ist sie sehr tolerant gegenüber Abgasen. Ihre Hitzeempfindlichkeit macht sie jedoch als Stadtbaum nur bedingt geeignet.

Lustgebüsch für Vögel

Mit ihren korallroten Früchten zeigt sich die Eberesche im August von ihrer schönsten Seite. Daß sie unter anderem Vogelbeerbaum heißt, wird verständlich wenn man erfährt, daß ihre Beeren von nicht weniger als 63 verschiedenen Vogelarten und mehreren Säugern gerne gefressen werden. Früher wurde sie auch »als Lustgebüsch für Vögel« beschrieben, denn sie bietet nicht nur einen guten Futter-, sondern auch Nistplatz für mehrere Vogelarten. Daß sie als eines der besten Vogellockmittel galt, geht aus ihrem wissenschaftlichen Namen hervor: *Sorbus aucuparia*. Der Begriff »aucuparia« leitet sich nämlich vom lateinischen »aves capere« ab, was »Vögel fangen« bedeutet. Pierandrea Mattioli schreibt 1563 in seinem Kräuterbuch: »Diese Beeren halten die Bauern über den Winter zum Vogelstellen, denn die Drosseln haben ihre Nahrung daran.« Trauben aus Krammetskirschen, wie die Früchte auch genannt werden, wurden in zähe Roßhaarschlingen gelegt und diese an Weidenbügel befestigt. Vogelsteller bezeichneten solche Fallen als »Dohne«, die Jagdart nannte man »Dohnenstieg«. Angeblich sollten damit nur die sogenannten »Krammetsvögel«, also die Wacholderdrosseln gefangen werden. Inzwischen ist der Dohnenstieg längst verboten.

Im Gegensatz zu den hochherrschaftlichen Jagden zu Pferd auf Rot- und Schwarzwild zählte früher der Singvogelfang zum Vergnügen des kleinen Mannes. Bis ins 19. Jahrhundert hinein landeten Singvögel mariniert, gespickt oder gebraten feiertags

Für die früher allgemein beliebte Jagdart des »Dohnenstiegs« wurden zähe Roßhaarschlingen an hölzernen Bügeln befestigt. Sobald sich der Vogel auf die Stange setzte, und versuchte, die zur Anlockung aufgelegten Ebereschenfrüchte zu fressen, zog sich die Schlinge um den Hals des flatternden Vogels immer enger zusammen und erstickte ihn. Holzschnitt von 1653.

häufig in den deutschen Bratpfannen. Die steigende Nachfrage ließ bereits im 16. Jahrhudert die Vogelstellerei derart ausufern, daß viele Stimmen gegen diese Jagdart laut wurden. Der berühmteste Gegner war Martin Luther. Er prangerte wegen dieses Volkssports in der »... Schrift oder Klage der Vögel an D. Martinum Luthern über Wolfgang Sibinger seinen Diener« sogar seine eigenen Bediensteten an. Doch die unzähligen Verbote, welche man den Vogelstellern oder »Losgängern« auferlegte, fruchteten kaum. Inzwischen hat das Masthähnchen den Singvogel vom deutschen Speisezettel verdrängt, in Frankreich und Italien lassen es sich Feinschmeckerlokale jedoch nicht nehmen, auch heutzutage noch diesen zweifelhaften Leckerbissen anzubieten.

Woher der Name Eberesche kommt, ist noch nicht ganz geklärt. Aufgrund der unglaublich hohen Zahl von etwa 150 verschiedenen Volksnamen scheint sie sehr stark ins Leben der Menschen eingebunden gewesen zu sein. Einigen Stimmen zufolge geht die Vorsilbe »Eber« auf »aber« zurück und bedeutet »falsch«. Also Falsche Esche im Gegensatz zur Gemeinen Esche (*Fraxinus*), die ähnlich gefiederte Blätter besitzt. Andere, wahrscheinlichere Quellen meinen, die Früchte seien früher zur Ebermast verwendet worden. Denn schon im Althochdeutschen lautete der Name »Eberboum«, später »Eberasch« und ab 1600 dann Eberesche.

VOGELBEER-SPEZIALITÄTEN

Im Volk hält sich hartnäckig der Glaube, Vogelbeeren wären giftig, was nicht ganz stimmt. Täglich ein paar rohe Früchte gekaut, sind sie sogar dem Stuhlgang förderlich. Getrocknet hingegen gelten die Beeren als Hausmittel gegen den Durchfall (ebenso verhält es sich bei Heidel-

Im August reifen die korallroten Früchte der Eberesche. Sie können bis in den Dezember hinein am Baum bleiben.

beeren). Außerdem zählen sie zu den Geheimrezepten mancher Redner und Sänger. Sie wirken reizlindernd, halten die Stimmbänder geschmeidig, und verfügen über mehr Vitamin C als Zitronen. Daß größere Mengen, roh verzehrt, Magenbeschwerden hervorrufen können, weiß Hieronymus Bock in seinem Kräuterbuch im 16. Jahrhundert zu erzählen: »... sie sind eines seltsamen unlustige geschmacks/ so man deren zuviel isset/ mache sie unwillen.« Für diese Symptome verantwortlich ist die Parasorbinsäure in den Früchten. Weil diese durch Kochen zerstört wird, verarbeitet man die sehr gut gelierenden Beeren am besten zu Mus, Gelee oder Saft.

Eine »Voglbirlatwari«, also ein Vogelbeer-Latwerge (Fruchtmus), soll im Bayerischen Wald als Blutreinigungsmittel lokale Berühmtheit erlangt haben. Sie eignet sich hervorragend als Beilage zu Lamm oder Wild. Nach der Ernte im August werden die Beeren zum Entbittern über Nacht in verdünnten Essig gelegt, erhitzt, passiert und mit der gleichen Menge Zucker zu Gelee verkocht. Einen Haken allerdings haben Vogelbeerzubereitungen: Es ist der »unlustige Geschmack«, dieselben Bitterstoffe, die schon Bock anspricht. Sie lassen sich durch Kochen nicht vertreiben.

Deshalb ist es sinnvoll, die wilden Vogelbeeren den Vögeln zu überlassen, und sich vom Gärtner einige »Mährische« Ebereschenbäumchen zu holen. 1810 nämlich wurde im Altvatergebirge bei Spornhau (Tschechien) eine Varietät mit erheblich weniger Bitterstoffen in den Früchten entdeckt. Diese Mährische Eberesche (*Sorbus aucuparia var. moravica* bzw. *edulis*) hat sich für den Gartenfreund in rauheren Gebirgslagen zu einem wichtigen Obstbaum entwickelt.

Vogelbeeren als richtiges Obst einzustufen, ist keine neue Idee. Früher genügte sogar die unveredelte Form, die, unter anderem wegen ihrer Unempfindlichkeit gegen Wind und Schneedruck, bereits von Kaiserin Maria Theresia empfohlen wurde. Obstbäume sollten gepflanzt werden, »in kalten Gegenden die rothe Vogelbeere«, hatte die Herrscherin 1779 angeordnet.

Der Speierling aus der »Flora Austriaca« (1773-1778) von Nikolaus Jacquin. Zweige und Blätter des Speierlings sind denen der Eberesche ähnlich. An den Früchten lassen sich die Sorbus-*Arten gut unterscheiden.*

Daß man in Tirol die Eberesche auch unter dem Namen Mostbeere kennt, deutet auf eine frühere Verarbeitung der Früchte zu einem alkoholischen Getränk hin. Die wissenschaftliche Bezeichnung des Baumes, nämlich *Sorbus* (lat. »sorbere« = schlürfen), weist ebenfalls in diese Richtung. Der tschechische Ebereschenlikör, Jarcebinka, ist eine Spezialität, die sich daheim einfach zubereiten läßt: 400 g Beeren zerstampfen (ohne die bitteren Kerne zu zerstören) und in einem nichtmetallenen Gefäß leicht zugedeckt etwa 1 Woche in der Wärme stehenlassen. Nach dem Auspressen wird die gegorene Flüssigkeit mit 70 prozentigem Kornschnaps auf das doppelte Volumen aufgefüllt. Den Preßrückstand in einem halben Liter Kornschnaps unter öfterem Schütteln 2 Wochen ruhen lassen, auspressen und zum ersten Auszug geben. Zuletzt mit einem Viertel Liter Zuckersirup süßen und mindestens ein halbes Jahr lagern.

Unsere Ahnen ließen Ebereschenblätter zusammen mit Gagelblättern und Eichenrinde zu einem urtümlichen Kräuterbier vergären. Später wurde dieser Brausud mit bitteren und aromatischen Gewürzen wie Wacholderbeeren, Wermut, Salbei und Benediktenkraut zu einem regelrechten »Heilbier« aufgewertet. Die Blätter, die zerrieben leicht nach Marzipan riechen, und die Blüten mit ihrem starken, unangenehmen Duft brüht man mancherorts noch heute zu einem Tee gegen Husten, Bronchitis und Lungenentzündung auf.

Inzwischen veraltet ist die Gewinnung von Sorbit, einem Diabetikersüßstoff, aus den Früchten. In der Färberei benutzte man die Borke, um Wolle braun oder rot zu färben. Das harte, dichte Holz wurde von Drechslern und Werkzeugmachern verwendet.

Quickbaum und Lebensrute

Die keltischen Druiden glaubten, die Kraft des Baumes könne Fluch und Unglück fernhalten, und umpflanzten ihre heiligen Opfersteine und Kultstätten mit Ebereschen.

Auch in der germanischen Mythologie galt sie als glücksbringender Baum. Sie war dem Gewittergott Donar (Thor) geweiht. Nach der jüngeren Edda soll sich Thor einst aus einem wildreißenden Fluß gerettet haben, indem er ein Ebereschenbäumchen zu fassen bekam, und sich daran an Land zog. Die nordische Redeweise, daß die Eberesche der Schutz Thors (»Thorsbjörg«) sei, bezieht sich auf diese Begebenheit. Schließlich frißt Thors Lieblingstier, die Ziege, das Ebereschenlaub besonders gerne.

Das Wissen um die lebensfrohe Kraft des Baumes scheint sich bis in unser Jahrhundert erhalten zu haben, denn im Niederdeutschen heißt die Eberesche auch »Quitschenbaum« oder »Quitschbeer«, worin »queck« (= lebendig, frisch, munter) steckt (vgl. Quecksilber = bewegliches Silber). Der Quickbaum war also der erquickende, erneuernde Baum, und als »Lebensrute« verwendete man ihn auch. Uralt ist der Brauch des Schlages mit der Lebensrute um die Osterzeit, an Weihnachten oder an Neujahr: Mit zusammengebundenen Zweigen der Eberesche (aber auch aus Wacholder, Hasel oder Birke) zogen die Kinder von Haus zu Haus und schlugen jedermann mit der Rute. Man nannte das »pfeffern«. Dabei sagten sie einen bestimmten Spruch, den »Pfefferspruch« auf und baten um eine Gabe. Dieser Schlag mit der Lebensrute beinhaltete ursprünglich einen Fruchtbarkeitszauber. Vor allem in protestantischen Gegenden, die den Palmbusch nicht kennen, wurde dieses Ritual noch lange geübt. Im katholischen Raum ist er längst in den christlichen Palmbräuchen aufgegangen.

Auch im angelsächsischen Raum besaß die Eberesche mythologische Bedeutung. Dort wird sie auch »the witch« (Hexe) genannt, denn auch aus Ebereschenzweigen waren die »Hexenzauberstäbe« zum Aufspüren von Erzen geschnitten.

In einem Gedicht von Gottfried Benn wird das Reifen der Früchte zur Metapher menschlichen Seins:

Ebereschen – dies Jahr
und Jahre immerzu
in fahlen Tönen erst
und dann in roten
gefärbt, gefüllt, gereift,
zu Gott geboten –
wo aber fülltest, färbtest, reiftest du?

Vogelbeer-Geschwister

Die Gattung *Sorbus*, zu der der Vogelbeerbaum gehört, hat eine besonders bemerkenswerte Eigenschaft entwickelt, nämlich die Fähigkeit, konstante Hybriden zu bilden. Diese Bastarde können ohne Befruchtung keimfähige Samen erzeugen, sich also in ihrer genetischen Zusammensetzung erhalten und sogar vermehren. Ihre Nachkommen sind alle gleich. Zu diesen erbfest gewordenen Hybriden gehören u.a. die Schwedische Mehlbeere (*Sorbus intermedia*) und die Breitblättrige Mehlbeere (*Sorbus latifolia*).

Die meisten bei uns beheimateten *Sorbus*-Arten können zwar, abgesehen vom Speierling (s.u.), miteinander Bastarde erzeugen, diese bringen aber keine fruchtbaren Samen hervor. Insgesamt gesehen bildet die Gattung *Sorbus* eine verworrene Mischung von reinen Arten und unterschiedlichen Hybriden, die zu definieren auch dem Fachmann Schwierigkeiten bereitet.

Mitteleuropas seltensten Baum, den **Speierling** (*Sorbus domestica*), österreichisch Arschitzenbaum, findet man nur in klimabegünstigten Winzergegenden wie dem Rhein- und Moseltal, in Niederösterreich und dem Burgenland. Ursprünglich wahrscheinlich nur in Südeuropa heimisch, ist er bei uns seit langem in sommerwarmen und -trockenen Gegenden eingebürgert. Darauf, daß er im Mittelalter ein bedeutendes Kulturgehölz war, weist seine Artbezeichnung »domestica« hin. Sie bedeutet »heimisch, zum Haus gehörend«, domestiziert also. Die etwa 3cm langen, rötlichen, anfangs sehr harten und herben Früchte, die Sperbeln, sind erst im überreifen Zustand, nach den ersten Nachtfrösten, genießbar. Früher schüttelte man sie vor allem in der Gegend von Frankfurt/Main von den Bäumen und setzte sie zur Klärung und Haltbarmachung dem Apfelwein zu. Der Name »Speierling« beschreibt den Geschmack der Frucht treffend, trotzdem aß man sie. Im »Schulmeister von Illingen« berichtet der Autor Christian Dillmann aus der Jugendzeit seines Vaters. Dieser, vom württembergischen Herzog als Untertan zu drückenden Jagdfrondiensten herangezogen, lebte mit seinen Gefährten als Treiber tagelang von Speierlingsfrüchten und Wilden Birnen. Speierlingholz, das härteste europäische Laubholz, wurde zu Weinpressen, dem Joch von Zugtieren und besonders beanspruchten Instrumententeilen wie Dudelsackpfeifen verarbeitet.

Die Früchte der Elsbeere werden wie jene des Speierlings erst nach den ersten Nachtfrösten genießbar.

In den Blättern läßt sich der Speierling kaum von der Eberesche unterscheiden. Die Knospen im Winter aber sind im Gegnsatz zu denen der Eberesche kahl, die Rinde verkorkt früh und ähnelt der des Birnbaums. Ebereschenrinde bleibt auch in späteren Jahren meist glatt.

Auch die **Mehlbeere** (*Sorbus aria*) liefert genießbare, jedoch kleinere rote Früchte. Man erkennt den bis 20m hoch werdenden, im Hügel- und Bergland verbreiteten Baum leicht anhand der gesägten, unterseits weißfilzigen Blätter, die im Frühjahr tulpenblattartig hochstehen. Mehlbeerfrüchte gelten als alte Sammel- und Notnahrung. Im Ofen getrocknet und zerhackt, verbuk man sie vor allem in Gebirgsgegenden mit Mehl vermischt zu einem süßlichen Brot, das als Leckerbissen geschätzt wurde. Darauf bezieht sich der Name Mehlbeere. Im ersten Weltkrieg wurden viele Säuglinge mit einem Brei aus gemahlenen, in Wasser oder Milch aufgekochten Früchten ernährt.

Ähnlich der Mehlbeere bevorzugt auch die **Elsbeere** (*Sorbus torminalis*) wärmeliebende, lichte Laubwälder mit leicht kalkhaltigen Böden. Die ahornartig gelappten Blätter nehmen eine bunte Herbstfärbung an. Wie die Speierlingsfrüchte müssen die Adlasbeeren, so heißen sie im Österreichischen, den ersten Frost abwarten, bevor sie genießbar sind. Dann allerdings nützte man sie als Heilmittel gegen Durchfall und Ruhr, worauf die Artbezeichnung hinweist (lat.»tormina« = Ruhr). Das wertvollste am Elsbeerbaum ist sein hartes, schweres, rötlichgelbes Holz, das unter der Bezeichnung »Schweizer Birnbaum« zu den teuersten Hölzern überhaupt gehört. Cirka 15 000 DM pro Festmeter brachte 1996 ein niedersächsischer Elsbeerstamm. Die makelloseste Elsbeere der Welt, die »schöne Elze« soll sich in Bayern im Würzburger Steinbachtal befinden. Ihr Stamm ragt 16 m astfrei in die Höhe.

Die Edelkastanie

MARONI

Jetzt ist's Zeit, wenn du nach Hause gehst, daß du etwas bei den kleinen Öfen stehst,
daß du schaust, wie dort die Funken sprühn und Kastanien auf dem Schüttelroste glühen.

RUDOLF STIBILL

BAUM DES SÜDENS

Die Edelkastanie (*Castanea sativa*), auch »Kestenbaum« oder »Keste« genannt, ist ein Baum des Südens. Ihre natürliche Verbreitung erstreckt sich von der französischen Mittelmeerküste über die Schweiz, Italien, Österreich und den Balkan bis zum Kaukasus. Ab welchem Breitengrad der Mensch zur Verbreitung dieses wärmeliebenden Baumes die Hand im Spiel hat, ist nur mehr schwer nachzuvollziehen.

Man nimmt an, daß bereits griechische Kolonisten Kestenbäume in der Gegend von Marseille anpflanzten. Vielleicht fand sie sogar schon damals von Südfrankreich aus den Weg ins Elsaß, den Pfälzer Wald und den Schwarzwald, wo heute nennenswerte Bestände existieren. Aufgrund bronzezeitlicher Funde weiß man, daß die Keste bereits am nördlichen Alpenraum gedieh, als die Römer kamen. Diese Eroberer haben den Kastanienanbau zwar forciert, ihn aber nicht eingebürgert.

Ausgedehnte natürliche Kastanienwälder gibt es im Appennin. Vorkommen auf der Iberischen Halbinsel und in Frankreich hingegen sind nicht ursprünglich.

An optimalen Standorten zählt die Kastanie zu den Schattenbäumen. Mit dem rauheren Klima gegen Norden und abnehmender Bodenqualität steigt das Lichtbedürfnis, vor allem der Jungpflanzen. Am häufigsten kommt sie in sommertrockenen, lichten Laubmischwäldern milder Klimalagen mit nährstoffreichen, tiefgründigen Böden vor. Kalk und Bodennässe meidet die zu den Dunkelkeimern zählende Kastanie.

Die Bäume können eine Höhe von 35 m erreichen, und ein Alter von mehreren hundert Jahren ist nicht ungewöhnlich. Im Freistand blühen Kestenbäume mit 20–30 Jahren, im geschlossenen Bestand einige Jahrzehnte später. Die Blüten riechen ähnlich denen von Weißdorn und Eberesche unangenehm nach Trimethylamin. Als Bestäuber fungieren Bienen, Ameisen und Käfer. Bei uns bringt sie wie der Wein nur in wärmeren Gegenden Früchte, wie folgender altpfälzische Spruch besagt: »Wann's Keschde gibt, gibt's

Die männlichen Blütenkätzchen der Edelkastanie werden bis zu 20 cm lang.

auch Woi«. In kälteren Regionen, wo die Früchte nicht mehr vollständig ausreifen, fehlt die natürliche Verjüngung.

Zahme und wilde Kastanien

Verbreitet werden Edelkastanien vor allem durch Eichhörnchen, Mäuse, Siebenschläfer, Krähen und Häher. Die Nagetiere legen Vorratslager in der Erde an, und wenn das Versteck vergessen wird, keimen die Samen im darauffolgenden Frühjahr. Die harten, glänzenden und stachelig gezähnten Blätter erinnern an die Belaubung der Hartlaubgehölze des Mittelmeergebietes und deren Anpassung an das dortige Klima. Sie werden bis 18 cm lang, bei einer Breite von 6 cm. Auffällig ist, daß die Stämme vieler Kestenbäume entgegen dem Uhrzeigersinn drehwüchsig sind. Noch im vorigen Jahrhundert unterschied man den Kestenbaum als »Zahme Kastanie« von der »Wilden Kastanie« (Roßkastanie).

Man könnte meinen, die Eßkastanie wäre die edlere Form, eine kostbare Auslese der primitiven, bitteren **Roßkastanie** sozusagen. Dem aber ist nicht so. Mit der Roßkastanie hat die Edelkastanie außer der Form der Früchte nämlich nichts gemein. Während die Roßkastanie verwandtschaftlich mit den Rosengewächsen in Verbindung gebracht wird, zählt die Edelkastanie samt Eiche und Buche zur Familie der Buchengewächse. Im asiatischen und nordwestamerikanischen Raum existieren »Trittsteine«, also Übergangsformen zwischen Eichen und Eßkastanien, nämlich *Castanopsis* und *Lithocarpus*.

Die Araber bezeichneten die Frucht der Eßkastanie, die Marone, als »Schah balluth«, das heißt »Fürst der Eicheln«. Für die alten Griechen war sie die »Eichel des Zeus«. Sie tauften den Baum auch »Kastanon« nach der Stadt Kastana im Pontus (historische Landschaft an der kleinasiatischen Küste des Schwarzen Meeres), wo er in großem Stil kultiviert worden sein soll. Die Römer latinisierten die alte griechische Bezeichnung zu Castana. Das Epitheton sativa, welches viele eßbare Pflanzen (Salat beispielsweise heißt *Lactuca sativa)* in ihrem wissenschaftlichen Namen tragen, bezieht sich auf die Genießbarkeit der Früchte. Es kommt aus dem Lateinischen und heißt sättigen.

Kost der Armen

Bereits die »Capitulare de villis« (Reichsgüterverordnung) Karls, des Großen empfiehlt Kestenbäume gemeinsam mit anderen Südländern wie Maulbeer-, Mandel- und Feigenbäumen zum Anbau in den königlichen Pfalzen. Auch der Grundriß des Klosters St. Gallen aus dem Jahre 820 sieht einen »castenarius«, also einen Kastanienhain, vor. Karl Kasthofer wagt 1828 in seinem Buch über den Wald sogar den Vergleich zwischen Kestenbaum und der Kartoffelstaude als Nahrungslieferanten. Nicht zu Unrecht, denn bis zum 17. Jahrhundert war die Kastanie in wärmebegünstigten Regionen ein regelrechtes Volksnahrungsmittel.

Mit einem Stärkeanteil von 43 Prozent sicherten die Früchte als Bestandteil der »cucina povera«, der Armenkost, bei Mißernten das Überleben der notleidenden Bevölkerung. »Ein Baum pro Kopf« rechneten früher die Kleinbauern der italienischen und schweizerischen Alpensüdtäler wie auch der

Balkanländer. Jährlich konnten pro Baum 100 – 200 kg Maronen geerntet werden, der Bedarf einer Person lag zwischen 150 und 200 kg. Ihre Wertschätzung als Nahrungsbaum kommt in einer Luganer Verfügung aus dem Jahre 1778 zum Ausdruck, die das Fällen von Kastanienbäumen bei einer Strafe von 100 Talern untersagte. Wie mit anderen Grundnahrungsmitteln auch, wurde mit Kastanien gehandelt und so manche Abgabe bezahlt. 1693 beispielsweise mußte Küßnacht wöchentlich 30 Sack Kastanien nach Schwyz liefern. Schließlich ist der Baum Gegenstand alter schweizerischer Rechtsgebräuche, die teilweise bis heute Gültigkeit haben. Nach dem »jus plantandi« sollte in zu dicht besiedelten Gebieten der Schweiz das Überleben mittelloser Familien gesichert werden, indem man sie zu Baumbesitzern machte. Jeder durfte auf öffentlichem Grund Kastanienbäume pflanzen, so viele er brauchte. Diese gehörten dem Pflanzer und später seinen Erben. Erst mit dem Absterben des Baumes erlosch das Recht auf Nutzung.

Die sich im 18. Jahrhundert anbahnende landwirtschaftliche Revolution besiegelte den Untergang alter Fruchtbäume wie Eiche und Kastanie. Mit der intensivierten Feldbestellung gewann die um einiges produktivere Kartoffel das Rennen. Früher ausgedehnte Kastanienhaine, sogenannte Selven, sind in Bruchstücken in manchen Alpensüdtälern erhalten geblieben. Einer der schönsten von ihnen liegt im Bergell (Schweiz). Von den 120 ha umfassenden Bestand in den zwanziger Jahren steht heute allerdings nur noch knapp die Hälfte.

Schon im November mit seinen kalten Abenden beginnt in den Städten die Zeit der heißen Kastanien. Sie endet erst im neuen Jahr.

Wer holt die Kastanien aus dem Feuer?

Die im Oktober erntereifen Edelkastanien bleiben unter Laubhaufen rund ein halbes Jahr frisch, laufen jedoch Gefahr, von Würmern befallen zu werden. Eine erprobte und früher häufig angewandte Konservierungsmethode besteht im 9-tägigen Wässern der Maronen (Wasser täglich wechseln). Anschließend räuchert man sie einige Wochen in eigens dafür errichteten Dörrhäuschen, die in ihrer typischen Ausprägung noch heute gelegentlich am Balkan und im Tessin in Verwendung sind. Je langsamer dieser Prozeß vonstatten geht, desto haltbarer werden die Früchte. Nach dem Trocknen füllt man die Kastanien in Jutesäcke und schlägt diese solange über einen Hackstock, bis sich die Schale löst. Kühl und trocken aufbewahrt können sie 2-3 Jahre gelagert werden. Je nach Bedarf wurden diese »Dörrfrüchte« früher gemahlen und zusammen mit Roggenmehl zum sogenannten »Baumbrot«, wie es in Kalabrien und Korsika genannt wird, verbacken.

Aufgrund der zahlreichen angepflanzten Auslesen ist das Zuchtformensortiment inzwischen unüberschaubar geworden. In Frankreich werden 300 Kastaniensorten unterschieden, von denen sich aber nur wenige auf dem Markt durchsetzen können. Neben der wirtschaftlich bedeutendsten süßen Marone nimmt die widerstandsfähige, ertragreiche Magretta im Anbau einen hohen Stellenwert ein. Häufiger begegnet man auch der Tortione, einer frühen und wenig haltbaren Sorte, sowie der spät reifenden und haltbarere Verdesa, deren Aroma allerdings zu wünschen übrig läßt.

Ihre einstige Wertschätzung als Brotfrucht hat die Eßkastanie längst eingebüßt. Das Feld behaupten konnte sie einzig in den Fußgängerzonen der mitteleuropäischen Städte, wo die Maronibrater mit ihren kleinen Holzkohleöfen in der Vorweihnachtszeit nicht mehr wegzudenken sind. Schon im November mit seinen kalten frühwinterlichen Abenden beginnt die Zeit der heißen Kastanien, und sie endet erst im neuen Jahr. Übrigens sind Eßkastanien in Japan die klassische Neujahrsspeise. Sie werden dort »Kachiguri« genannt, was »Sieg im Kampf« heißt. Bei uns schätzen Feinschmecker die Frucht als Füllung in der Martinsgans oder als Beilage zu

Edelkastanien fruchten lediglich in wintermilden Weingegenden. Stich von 1702.

Wild. In Kastanienregionen wie der Ardèche (Südfrankreich), wo mittlerweile jährlich 6000 Tonnen Kastanienfrüchte geerntet werden, kennt man noch einfache, aber köstliche Maronengerichte. Hier das Rezept für eine Kastaniensuppe:

500 g von geschälten Kastanien in 1 Liter Brühe 10 Minuten kochen. Anschließend das Ganze pürieren, 150 g Sahne oder Rahm sowie etwas Kräutersalz und ca. 1 TL Kurkuma dazugeben. Aufkochen und mit frischer Sahne und Majoran garniert servieren.

Ganze Kastanien lassen sich gut einfrieren, wenn man sie vorher einschneidet. Die noch tiefgekühlten Früchte kommen gleich ins kochende Wasser oder in den Ofen.

An dieser Stelle sei auf die verbreitete Redensart verwiesen, für jemanden die Kastanien aus dem Feuer zu holen, also einem anderen eine unangenehme Aufgabe abzunehmen.

Diese geht auf den preußischen Staatsmann Otto von Bismarck zurück, der seine politische Strategie mit den Worten definierte: »Wenn andere Leute sich dazu hergeben, die Kastanien für einen aus dem Feuer zu holen, warum soll man das ihnen nicht gerne überlassen?«

Für Rebstickel und Gerberlohe

Kastanienwildlinge mit ihren kleineren Früchten und schlankeren, festeren Blättern geben im Gegensatz zu den Kulturformen erstklassiges Nutzholz ab. In seiner Qualität und Widerstandsfähigkeit gegenüber Feuchtigkeit ähnelt es dem der nahe verwandten Eiche und wird wie dieses für Faßdauben und im Schiffsbau verwendet. Auch Furniere lassen sich daraus schneiden. Das harte und zähe Holz neigt allerdings zu Kernrissigkeit, weil es auch nach längerer Trocknungszeit nicht zur Ruhe kommt. In der Wuchskraft übertrifft die Edelkastanie die Eiche bei weitem. 80-jährig kann sie 60 cm Durchmesser in Brusthöhe erreichen, wozu die Eiche bei ähnlichen Standortverhältnissen etwa 200 Jahre braucht.

Ähnlich wie Hainbuche und Eiche wurde auch die Edelkastanie vor allem in Weingegenden niederwaldartig bewirtschaftet. Nach einigen Jahren wurden die Stämme knapp über dem Boden abgeschnitten (»auf den Stock gesetzt«) und abtransportiert. Der in der Erde zurückbleibende Wurzelstock trieb, wenn er gesund war, über Jahrhunderte hinweg nach dem Schnitt immer wieder kräftig aus, und ersparte so dem Bauern die Neuanpflanzung von Bäumen. Für schwache Sortimente wie Rebstickel oder Brennholz setzte man die Kestenbäume im Umtrieb von 8–15 Jahren auf den Stock. Brauchte man Holz als Baumaterial, für Leitungsstangen oder Faßdauben, ließ man die Stockloden 25–30 Jahre wachsen.

Bis in unser Jahrhundert hinein verwendete man Edelkastanienholz außerdem zur Erzeugung von Tanninextrakt, um Leder zu gerben. An Gerbstoffen liefert es die 7-fache Menge der Eiche.

In der Heilkunde findet der Baum gelegentliche Verwendung. Die Wirksamkeit des aus den Blättern zubereiteten Tees gegen Bronchitis und Keuchhusten ist inzwischen nachgewiesen. Die Kastanien gelten als stopfendes Mittel.

Eine verheerende Pilzepidemie

In den vierziger Jahren des 20. Jahrhunderts machte der sogenannte Kastanienrindenkrebs Schlagzeilen. Bis dahin hatte der in Ostasien auf Verwandten der Edelkastanie parasitierende Erreger dieser Krankheit, der Schlauchpilz *Endothia parasitica* keinen Schaden angerichtet. 1904 jedoch befiel er erstmals die nordamerikanische *Castanea dentata.* Der Pilz dringt an wunden Stellen in das Rindengewebe ein und bringt die Zellen durch giftige Ausscheidungen zum Absterben. Zählte der Baum noch zu Beginn des 20. Jahrhunderts zu den bedeutenden Waldbäumen des atlantischen Nordamerika, mußte er 1940 von der Liste der amerikanischen Forstbäume gestrichen werden. Über eine Million Hektar Waldfläche war von diesem Pilz dahingerafft worden. Als dieselbe Epidemie kurz vor dem 2. Weltkrieg in Genua auftauchte, fürchtete man auch um unsere europäische Edelkastanie. Zum Glück ist diese nicht so anfällig für den Rindenkrebs und kann außderdem dank ihrer enormen Ausschlagskraft manche Ausfälle teilweise wieder wettmachen. Trotzdem sind innerhalb von 20 Jahren etwa die Hälfte der Bäume bei uns abgestorben. In Nordamerika wurden inzwischen resistentere Arten aus Japan und China eingebürgert.

Kolossale Baummasse

Die mächtigste Baummasse Europas, eine bizarre Edelkastanie, war noch voriges Jahrhundert an den Osthängen des Ätna zu bestauen. Einschließlich aller Fragmente soll sie den stolzen Umfang von 61,2 m besessen haben. Diese Maße erscheinen übertrieben, doch zählen Edelkastanien zu den dicksten Bäumen der Alten Welt. Am Ätna existieren noch Exemplare mit über 6 m Stammdurchmesser.

Nach dem Mythos war der oben genannte Gigant bereits ein stattlicher Baum, als Platon im nachbarlichen Syrakus weilte. Im allgemeinen werden Eßkastanien nicht viel älter als ein halbes Jahrtausend.

Der Maronenmethusalem am Ätna hat das 20. Jahrhundert nicht mehr erlebt. Die vielen Kastaniensammler bescherten ihm ein trauriges Ende, indem sie seine Äste absägten, um die an jüngeren Bäumen geernteten Früchte im Feuer zu rösten.

Edelkastanien zählen zu den dicksten altweltlichen Bäumen. Das berühmteste (inzwischen zerstörte) Exemplar gedieh auf dem Ätna und soll einen Stammumfang von unglaublichen 61 m besessen haben.

Der Efeu

»Die ewige Natur mit starken Armen
Breitet den Efeu aus auf alten Mauern,
Als hätte mit den Burgen sie Erbarmen,
Die vor der Macht der Zeit zusammenschauern.«

Alexander Graf von Württemberg (1837)

Exot im deutschen Wald

Der Efeu (*Hedera helix*) ist exotisch; er fällt in verschiedenster Hinsicht aus dem Rahmen. Als einziger mitteleuropäischer Wurzelkletterer vermag er mit Hilfe von nur kleinen Haftwurzeln bis zu 20 m hohe Bäume und Felsen zu erklimmen. Er erwürgt seinen Wirt zwar nicht, kann ihn aber durch Lichtkonkurrenz derart schädigen, daß dieser schließlich eingeht, sozusagen weggedunkelt wird. Da dieser Kampf um das für Pflanzen lebensnotwendige Licht in tropischen Regenwäldern besonders ausgeprägt ist, verwundert es nicht, daß unser Efeu der einzige mitteleuropäische Vertreter einer vorwiegend tropisch verbreiteten Pflanzenfamilie, der Araliengewächse ist. Seine Sprosse sind von zweierlei Gestalt: Während die einen kriechen und klettern, treiben die anderen Blüten. Kriech- und Klettersprosse tragen gelappte, im Grundriß dreieckige bis fünfeckige Blätter, die Blütensprosse hingegen ganzrandiges, beinahe herzförmiges Laub. Efeu in extrem schattigen Lagen kommt nie zum Blühen, bildet also nur Kriechsprosse aus. Interessant in diesem Zusammenhang ist, daß ein Efeustock, der aus einem Blütensproßsteckling hervorgegangen ist, seinen aufrechten Wuchstyp beibehält und niemals Kriechsprosse bilden kann.

Auch die Blütezeit des Efeus, September bis Oktober, weicht von der Norm ab. Er produziert derart reichlich Nektar, daß in den Blüten manchmal auskristallisierter Zucker entsteht. Die Früchte reifen von Februar bis April und werden von Amseln und Drosseln verbreitet. Für den Menschen und manche Tiere wie beispielsweise Pferde sind die Beeren stark giftig. Efeuholz wurde früher kaum verwendet, es diente nur gelegentlich als Buchsbaumersatz für Holzschnitte und Einlegearbeiten.

Der Efeu ist die richtige Wahl, will man eine schattige Mauer oder Hauswand in Nordlage begrünen. In Buchen- und Eichenwäldern feuchter und wintermilder Lagen ist die schat-

Der Efeu erstickt seinen Wirt zwar nicht, kann ihn aber durch Lichtkonkurrenz derart schädigen, daß dieser schließlich eingeht, sozusagen weggedunkelt wird.

tenfeste Pflanze nämlich daheim und kann dort gut und gern ein Alter von 100 Jahren erreichen.

Bemerkenswert ist, daß der Efeu als ein typisches Gewächs der Alten Welt, das in Amerika nicht natürlich vorkommt, in den USA seine leidenschaftlichsten Bekenner gefunden hat. In Mont Vernon, im Bundesstaat Virginia, sitzt die American Ivy Society (Amerikanische Efeu-Gesellschaft), die verbindlich über die Zulassung und die Benennungen neuer Züchtungen auch in Europa entscheidet.

Dionysische Ekstase

Im Althochdeutschen hieß der Efeu noch »ebah«, später »Ebheu«, dann »Epheu«. Dabei wurde die letzte Silbe nicht nur als »Heu« ausgesprochen, sondern auch so verstanden. Welche Bedeutung diesem »Ep-Heu« zukam, ist allerdings nicht geklärt. Das lateinische Epitheton »helix« bedeutet übersetzt »windend«.

Im alten Ägypten galt der Efeu als die Pflanze des Vegetationsgottes Osiris, im antiken Griechenland war er mit der Weinrebe dem Dionysos, in Rom dem Bacchus geweiht. Daß die efeuumrankten Bacchus- und Dionysosstatuen das Blut in weintrunkene Wallung brachten, erwähnt Sophokles: »O sehet, es erregt mir den Geist der Efeu, der zum bacchischen Lusttaumel mich entrückt«. Dionysos' Begleiterinnen, die Mänaden, waren mit Efeu bekränzt, ihre Thyrsusstäbe mit Efeu umwunden. Weil Efeublätter aber nicht nur Ausgelassenheit nährten, sondern auch die vom Alkohol erhitzte Stirn zu kühlen vermochten, trug man Efeukränze während der Gelage.

Als Bestandteil eines Geheimrezeptes gegen die Ausfallserscheinungen nach einer durchzechten Nacht erfreute sich der Efeu auch Jahrhunderte später noch großer Beliebtheit. Hieronymus Bock verrät es in seinem Kräuterbuch: »Efeublätter gestoßen mit Essig und ein wenig Rosenwasser dazu genommen, ist ein köstlich Arznei für das grausam Hauptweh«.

Dionysosverehrer glaubten, reichliches Efeuvorkommen an einem Ort wäre ein sicheres Zeichen für die Anwesenheit des Gottes. Als die Krieger Alexanders des Großen den heiligen Berg der eroberten indischen Stadt Nysa von Efeu umwuchert sahen, weinten sie vor Glück, da sie glaubten, Dionysos könne nicht weit, und mithin ihre Heimat nicht fern sein.

Der dionysische Kult erfreute sich in der griechischen Welt einer derartigen Beliebtheit, daß auch unterjochte Völker genötigt wurden, dem trunkenen Weingott zu huldigen. Im 2. Buch der Makkabäer berichtet Jason von Zyrene, wie es den Juden in ihrer von Griechen besetzten Stadt Jerusalem erging: »... am Fest der Dionysien zwang man sie, zu Ehren des Dionysos mit Efeu bekränzt in der Prozession mitzugehen« (2 Makk. 6,7). Im 3. (apokryphen) Makkabäerbuch wird sogar betont, daß man den Juden gegen ihren Willen ein Efeublatt auf den Körper tätowierte.

Das Wirtshausschild früherer Zeiten bestand nach altrömischer Sitte aus einem Efeukranz, dem Attribut des römischen Weingottes Bacchus. Holzschnitt von Ludwig Richter (19. Jahrhundert).

Wie viele andere immergrüne Gehölze steht auch der Efeu für ewiges Leben. Im Christentum war dies innerhalb kurzer Zeit so fest verankert, daß die ersten Christen ihre Verstorbenen auf Efeu, Andersgläubige dagegen auf Zypressenzweige betteten.

Heute schätzt der Friedhofsgärtner die Pflanze zwar als pflegeleichten, immergrünen Grab- und Bodendecker, vom ursprünglichen Efeukult mit seinem reichen Symbolgehalt ist jedoch so gut wie nichts übriggeblieben. Karl Ritter von Perger bedauert ihn deshalb im 19. Jahrhundert »als eine gefallene Größe«.

Symbol der Treue

Als der Kult des Weingottes mit der Zeit immer schamloser und brutaler wurde, begannen sich viele Griechen davon abzuwenden. Efeu wurde zur unreinen Pflanze erklärt und aus manchem Tempel, wie dem der sittsamen Ehegöttin Hera, verbannt.

Dem entgegengesetzt besitzt die Efeupflanze – trotz der ihr anhaftenden dionysischen Maßlosigkeit – einen weiteren Symbolwert. Weil Efeu sich nur dann zu seiner vollen Größe entfalten kann, wenn er sich an einer anderen Pflanze festhält, ist er auch Sinnbild der Freundschaft und Zuverlässigkeit. Um den Treuegedanken zu bekräftigen, erhielt ein Brautpaar im alten Griechenland stets einen Efeuzweig.

Eine schöne Überlieferung zu diesem Thema betrifft Tristan und Isolde. König Marke ließ die beiden Liebenden an zwei verschiedenen Seiten der Kirche begraben, um sie auch im Tode noch zu trennen. Da begannen aus deren Gräbern Efeustöcke so hoch zu ranken, bis sie sich über dem Dach begegneten und sich dort vereinigten.

Erstklassige Ware bedarf keiner Reklame

Im Altertum stellte man Weinbecher aus Efeuholz her, weil man glaubte, es besäße die Fähigkeit, verwässerten Wein zu entlarven. Ein anderer Aspekt der altrömischen Efeuverehrung konnte sich einige Jahrhunderte in die neuere Zeit hinüberretten: der Bezug zum Gott Bacchus und damit feucht-fröhlichen Gelagen. Im nachrömischen Britannien gehörte der Efeu obligatorisch zu jedem Gasthaus, zumindest als Busch oder Kranz. Noch heute erinnert ein englischer Spruch an diese alte Gepflogenheit: »Good wine needs no bush«, (gute Ware braucht keine Reklame).

Wie es kam, daß der Efeu als Emblem der italienischen Republikanischen Partei herhalten muß, bleibt unbeantwortet.

In Südfrankreich und in der Levante gewann man durch Einschneiden des Efeustammes eine Art Gummiharz (Gummiresina hederae), das als Räuchermittel, als Plombiermasse der Zähne und als Aphrodisiakum eingesetzt wurde. Auf die vermeintlich empfängnisverhütende und sogar abtreibende Wirkung der Pflanze geht Otto Brunfels in seinem »Contrafayt Kreuterbuch« (1532) ein: »Alle frommen Frauen sollen sich hüten, von diesem Safte gekochte oder gebrannte Wasser zu sich zu nehmen. Den Schleppsäcken und den Schapeljungfrauen [Prostituierten] soll man solch Geheimnis nicht offenbaren..«. In der modernen Phytotherapie gewinnen Efeublätter, zu Fertigpräparaten verarbeitet, bei Atemwegserkrankungen an Bedeutung. Efeublättertee (täglich ein halber Teelöffel Blätter als Kaltauszug) wirkt als reinigendes und lösendes Mittel bei chronischem Katarrh, Bronchitis und Keuchhusten. Allerdings muß die Dosierung genau eingehalten werden, weil die Blätter in größeren Mengen für den Menschen giftig sind! Keinesfalls verzehrt werden dürfen die stark giftigen Beeren. Frische, nach dem Zerreiben leicht balsamisch duftende Blätter wurden früher, mit Soda zusammen gekocht, zum Wäschewaschen verwendet.

»Beständig kriecht es
durch den Wald
Mit langen, grünen Trieben,
An jedem Baume macht es halt,
An manchem ist's geblieben;
Bis hoch hinauf zum Wipfel fast
Mit ungezählten Sprossen
Hat es den Stamm und jeden Ast
Ins grüne Netz geschlossen.
Der Efeu ist's! Sein Laub so blank
Zeigt vielerlei Gestalten.
Erst spät im Jahr wird sein Gerank
Den Blütenschmuck entfalten ...«

Bischof Mant

Erst im September, wenn die meisten Pflanzen hierzulande ihre Samenreife bereits abgeschlossen haben, beginnt der Efeu zu blühen. Die Blätter an Blütentrieben sind herzförmig, im Gegensatz zu den typischen 3-5lappigen Blättern der vegetativen Triebe.

Die Eibe

»Die Eibe schlägt an die Scheibe.
Ein Funkeln Im Dunkeln
Wie Götzenzeit, wie Heidentraum
Blickt ins Fenster der Eibenbaum.«

THEODOR FONTANE

Fremdartiges Aussehen

Die Eibe (*Taxus baccata*) ist ein eigenartiger Baum. Als einziger europäischer Vertreter einer mit den übrigen Nadelbäumen nicht verwandten Gruppe (Unterklasse Taxidae) erweckt sie bei genauerem Hinsehen den Eindruck von Exotentum. Der bis 10 m (maximal 18 m) hoch werdende Baum entwickelt sich mehrstämmig, wobei die Einzelstämme später miteinander verwachsen können und eine Altersbestimmung erschweren. Die etwas fremdartige Wirkung wird dadurch erhöht, daß die Eibe als einziger heimischer Nadelbaum keine Zapfen trägt. Die dunklen Samen sind zur Reifezeit von einem saftigen, durch Karotinoide lebhaft rot gefärbten Samenmantel umgeben. Diese Besonderheit veranlaßte Linné, ihr den Artnamen *baccata*, also »beerentragend« zu geben. Blühreif wird sie, abhängig vom Standort, mit 15–30 Jahren. Die Samen, welche sich bei der zweihäusigen Eibe nur an weiblichen Bäumen entwickeln, treiben aufgrund einer Keimhemmung erst nach 2–4 Jahren aus. Auch im Holz weicht die Eibe vom Bauplan der übrigen Koniferen ab: Es besitzt keine Harzkanäle. Die biegsamen, ledrigen, oberseits glänzend dunkelgrünen Nadeln erinnern entfernt an Tannennadeln, können aber bis 8 Jahre alt werden.

In Form getrimmt

Innerhalb Europas besetzt die Eibe mehrere Teilareale. Spontan ist sie besonders im Alpenvorland und Gebirge (bis 1600 m im Wallis) im Unterstand reicher Laubmischwälder häufiger zu finden. Obwohl der Baum als Tiefwurzler auch auf Steilhängen siedelt, werden frische, vor allem basische, tiefgründige Böden bevorzugt. Eiben sind Schattenbäume. Sie kommen mit 4mal weniger Licht aus als die äußerst lichtbedürftigen Waldkiefern; dessen ungeachtet ermöglicht mäßiger Lichtgenuß optimales Wachstum. Heute sind Eibenbestände in erster Linie durch Kahlschläge gefährdet, weil dem Nadelkleid die plötzliche Umstellung von Schatten auf Besonnung nicht gut bekommt. Bäume, die von Anfang an pralle Sonne gewöhnt sind, vertragen diese relativ gut.

Aufgrund seiner ungeschwächten Ausschlagskraft wurde der Eibenbaum im frühen 18. Jahrhundert zum beliebtesten Objekt für den Formschnitt und Modebaum des Rokoko. Mit der Heckenschere zu streng geometrischen Beeteinfassungen, Labyrinthen oder dekorativen Figuren getrimmt durfte er zu Zeiten Ludwig XV. in keinem Schloßpark fehlen. Dazu schrieb Joseph von Eichendorff in seinen »Zeitliedern« folgendes:

»Prinz Rokoko, hast die Gassen
Abgezirkelt fein mit Bäumen
Und die Bäume scheren lassen,
Daß sie nicht vom Wald
mehr träumen ...«

Längst hat die Eibenmanie nachgelassen, doch bleibt die Neigung der Gärtner zu diesem Baum ungetrübt. Inzwischen zeitlos geworden, setzt man ihm mit der Heckenschere nicht mehr so häufig zu wie früher. Die Eibe wird heute in Gärten und Parks in über 80 Formen gepflanzt.

Zu geometrischen Formen zurechtgestutzt, wurde die Eibe im frühen 18. Jahrhundert zum Modebaum des Rokoko.

DER VERBOTENE BAUM

Das »Sonderbahre Kräuterbuch« (»*Curioser Botanicus*«) aus dem Jahre 1730 berichtet, »daß der gantze Baum giftig, ja auch der Schatten desselben schädlich sey ...«. Als einziger giftiger Baum Europas zählt die Eibe zu den wenigen giftigen Nadelbäumen überhaupt. Alle Pflanzenteile mit Außnahme des rote Samenmantels (Arillus) enthalten die Alkaloide Taxin und Ephedrin. Wird der Samen selbst unzerkaut wieder-ausgespuckt, kann man den süßlichen, schleimigen Arillus bedenkenlos essen.

Schon der griechische Philosoph Theophrast (gest. 287 v.Chr.), Nachfolger des Aristoteles, wußte um die Gefährlichkeit des Baumes. Nicht von ungefähr war er in der griechischen Mythologie den Rachegöttinnen oder Erinnyen geweiht, die Frevel mit Eibengift vergolten. Schließlich wird von der hellenischen Jagdgöttin Artemis berichtet, sie habe sich an den Töchtern der Niobe mit Eibengiftpfeilen gerächt. Niobe, die Gemahlin eines thebanischen Königs, hatte nämlich in ihrer Vermessenheit Artemis' Mutter gegenüber mit ihrem Kindersegen geprahlt. Auch die Giftpfeile der Kelten waren mit Eibenblätterabsud getränkt. Von Cäsar erfahren wir in seinem »Gallischen Krieg«, daß ein Häuptling des germanischen Volkes der Eburonen mit Eibengift Selbstmord beging, als die römischen Eroberer nicht mehr aufzuhalten waren.

Das Alkaloid Taxin besitzt eine stärkere Wirkung als die Digitalisglykoside des Roten Fingerhutes und wurde früher sogar als *Digitalis*-Ersatz gebraucht. Nachdem es am Anfang die Herzfrequenz beschleunigt, führt es schließlich zu Erschlaffung und Stillstand des Herzmuskels. Die für den Menschen tödliche Dosis liegt bei 50–100 g Nadeln. Der Tod im Koma tritt manchmal bereits nach 1,5 Stunden ein.

Die einstige Verwendung von Eibenabsud als Abortivum hat dem Baum aufgrund der für die Mütter oftmals letal verlaufenen Vergiftungen den siebenbürgischen Volksnamen »verbodä Bum« (verbotener Baum) eingebracht. In der Schweiz benutzte man eine Abkochung der Nadeln, um Insektenbefall des Viehbestandes zu bekämpfen.

Tödliches Gift oder Heilmittel der Zukunft?

Auf Pferde wirkt Taxin ebenfalls außerordentlich stark, denn frißt ein Pferd 1 Pfund Eibennadeln, geht es innerhalb von Stunden ein. Die ausgedehnten Fraßschäden an den Eibenbeständen in Bolotana in Sardinien können nur durch Wiederkäuer verursacht sein. Rindern und Ziegen nämlich schadet Taxin nicht besonders, zumal dann, wenn sie daran gewöhnt sind. Im Pleßwald wurden Eiben vergangenes Jahrhundert sogar als Winterfutter geschneitelt, eine Methode, die in Pakistan noch heute üblich ist. Für Rehe, Hasen und Wildschweine sind Eibennadeln gar eine Delikatesse. Analysen von Rehmägen zeigen, daß Eibengrün stimulierend auf diese Tiere wirkt, ähnlich der Tabakwirkung auf den Menschen.

In den USA wird Taxol, ein Stoff, der vor allem in der Rinde der Pazifischen Eibe (*Taxus brevifolia*) vorkommt, als Zellteilungsgift (Cytostatikum) eingesetzt. Wenn bei der Behandlung von Eierstockkrebs die Primärtherapie versagt, zeigt Taxol erstaunliche Wirkungen. Um 1 kg Taxol zu gewinnen, müssen allerdings etwa 3 000 Pazifische Eiben ihr Leben lassen. Weil die amerikanischen Eiben den steigenden Bedarf ohnehin nicht decken können, sucht man aus Blättern und Rinde unserer einheimischen Eibe eine taxolähnliche Substanz zu extrahieren.

Eibe und Krieg

Im Oktober 1523 lud die Stadt Winterthur in der Schweiz mit folgendem Wortlaut zu einem Schützenfest: »Ein messif und Verkündigung eines Schiessens mit dem Iben oder Bogen«. Geschossen wurde bis ins 16. Jahrhundert hauptsächlich mit eibenen Waffen. Nicht nur auf der Pirsch oder dem Schützenfest, sondern vor allem im Kampf gegen den Feind. In der Zeit vor dem Aufkommen der ersten urtümlichen Feuerwaffen sah der gewöhnliche Mann daher zwischen Eibe und Krieg noch einen unmittelbaren Zusammenhang. Tatsächlich gab es kein besseres Holz für Bogen oder Armbrust: »Aus des paums holz machten die alten haiden hie vor pogen und armprost«, bestätigt Konrad von Megenberg im 14. Jahrhundert in seinem Buch der Natur. Auch für Wurfspieße, Speere und Pfeile war Eibenholz aufgrund seiner Widerstandsfähigkeit, Härte und gleichzeitigen Elastizität gesucht. Bei Verden in Niedersachsen entdeckte man, in einer Mergelgrube gut konserviert, einen etwa 150 000 Jahre alten Eibenspeer, der in den Rippen eines Mammuts steckte. Auch der älteste bekannte Speer eines Neandertalers aus Südengland besteht aus Eibe.

Das Geheimnis des Robin Hood

Die althochdeutsche Bezeichnung »iwa« bedeutete nicht nur Eibe, sondern auch Bogen und Armbrust. Die Römer nannten die Eibe »Taxus«, was sich wahrscheinlich von lat. »taxare {= strafen) ableitet, andererseits eng ans griechische »toxon« anlehnt, was Bogen bedeutet. Wen wundert es da noch, daß man Eiben gehäuft um Burgen herum antrifft? Sie sind gleichsam als langsam wachsende Waffenkammern angelegt worden. Eibene Kampfbögen mit einer Abmessung von 1,8 - 2 m, je nach Größe des Schützen, gehörten zu den wichtigsten Kriegswaffen des mittelalterlichen Englands. Damals sollte jeder freie Einwohner, mit

Ausnahme der Richter und der Geistlichkeit, seinen Eibenbogen samt zugehörigen Pfeilen stets in Schußbereitschaft halten. Um die Fertigkeit und Gewandtheit im Bogenschießen nicht erlahmen zu lassen, forderte König Edward III. anno 1369 sogar: »Hiermit befehlen Wir, daß jeder Mann von Leibes Gesundheit in der Stadt London zur Mußezeit und an den Feiertagen Bogen und Pfeil benütze und die Kunst des Schießens erlerne und übe«. Auch im frühneuzeitlichen Frankreich, in Burgund und dem Heiligen Römischen Reich zählten sie zum Rüstzeug der Söldner.

Der extrem hohe Bedarf an Eibenbogen führte in England und Schottland zu Beginn des 16. Jahrhunderts beinahe zur Ausrottung der ausgedehnten Eibenbestände, obwohl der frostempfindliche Baum im dortigen ozeanisch-milden Inselklima optimale Lebensbedingungen findet. Plötzlich war das Inselreich gezwungen, die Eibe, einstmals Grundfeste britischer Macht, vom Kontinent zu importieren. Weil der Bogenpreis in England aufgrund staatlicher Verfügungen extrem niedrig gehalten wurde, hatten die Kaufleute wegen der geringen Gewinnspanne kein Interesse, mit Eibenbögen zu handeln. Schließlich beschloß das Parlament 1492 rigoros, die Kaufleute müßten mit jeder Tonne Ware 4 Eibenbögen einführen. Die größten Lieferungen kamen aus den Alpen, aber auch Polen und Spanien waren bedeutende Exporteure. Daß der Eibenbaum im Alpenraum früher viel häufiger vorkam als heute, bezeugen Namen wie Eibenkogel, Eibenberg oder Eibengraben.

Zwei Eibenstämme sind durch einen Ast miteinander verwachsen. Fotografiert in Bingen am Rhein.

Bogenschützen aus England

Zu Zeiten Kaiser Maximilians I. (1459-1519) konnte man Eiben, die heute rar und geschützt sind, noch häufig in den Wäldern antreffen. Der Kaiser selbst war als kühner Bogenschütze bekannt, seine liebste Sport- und Jagdwaffe war der englische Langbogen. Bei der Modernisierung des Militärs ließ Maximilian die frisch rekrutierten »Landsknechte« mit Arkebuse (Handfeuerwaffe), Armbrust und dem englischen Kampfbogen ausrüsten. Für die Niederwerfung der rebellierenden flämischen Städte 1489 hatte er sogar 3300 Bogenschützen direkt aus England angeworben. Die große Stärke eines Bogenschützen lag in seiner

Die alte Eibe in Erdmannsdorf (Mühlviertel, Österreich) steht als Naturdenkmal unter Schutz.

Schnelligkeit. Geübte Bogenschützen waren Söldnern mit den plumpen, im Anfang ihrer Entwicklung stehenden Handfeuerwaffen, weit überlegen. Zeitweise war die Eibe sogar mit einem Exportverbot belegt, vor allem donauabwärts. Den Türken, Erzfeind nicht nur der Habsburger, sondern des gesamten Christentums, wollte man die besten Waffen nicht direkt in die Hände spielen.

Quer durch Europa

Unter Karl V., dem Nachfolger Maximilians, wendete sich das Blatt gegen die Eibe. Wegen verschwenderischer Hofhaltung und kriegerischer Außenpolitik sah sich Karl V. gezwungen, neue Fiskaleinkommen zu schaffen. Die ersten Eibenausfuhrmonopole in Richtung England wurden im Jahr 1521 an zwei Kaufleute aus Steyer vergeben. Pro 1000 Stück geschnittene Eibenbögen hatte man 5 Gulden Kammerzins an die kaiserliche Behörde in Wien abzuliefern. Der Eibenhandel muß eine profitable Angelegenheit gewesen sein, denn knapp 2 Jahre später waren die beiden Kaufleute schon aus dem Rennen. Ein Wiener Bürger hatte sie um das 20-fache überboten. Einheimische angeworbene »Bogenschneider« mußten vom Frühsommer bis zum Herbst eine vereinbarte Menge zurechtgeschnittener Eibenstecken abliefern. Dazu wurden aus einem massiven Eibenstamm 2m lange Bögen mit einem Durchmesser von etwa 6 cm herausgeschält. Qualitativ hochwertiges Bogenholz mit optimaler Spannungsfähigkeit durfte nur vom äußeren Teil des Stammes genommen werden, mit Proportionen von Splintholz zu Kernholz 1:3. Weil die Bögen oft verkehrt geschnitten waren, landeten sie als Ausschußware in den Herdstellen der Bauern.

Diese unsachgemäße und verschwenderische Handhabung, überhaupt die Verschacherung des langsam wachsenden, kostbaren Rohstoffes rief die zuständigen Herren in Innsbruck auf den Plan. Eine Bittschrift an Ferdinand von Österreich, den Bruder des Kaisers, um Schonung der ausgebeuteten Eibenbestände fand kein Gehör. Die meisten Bogenbündel wurden auf sogenannten »Zillen« (speziell angefertigte Boote) donauaufwärts nach Regensburg verfrachtet. Von dort gelangten sie auf dem Landweg nach Nürnberg, das wichtigste Handels-

Bis zur Mitte des 16. Jahrhunderts wurde am liebsten mit Eibenbögen geschossen. Aus dem »Weißkunig« Kaiser Maximilian I (1514-1516).

zentrum für alpines Bogenholz. Von Nürnberg ging es auf dem Wasserweg weiter nach Antwerpen.

Bis das Holz schließlich seinen Bestimmungsort England erreichte, waren dem Monopolhalter gewaltige Nebenausgaben erwachsen, denn neben der Abgabe an die Wiener Hofkammer mußten gewisse Summen für Abholzen, Lagerung, Transport und Zölle entrichtet werden. Nicht zu vergessen die »Verehrungen« (Schmiergelder), die in den Rechenbüchern mit peinlicher Genauigkeit festgehalten wurden, wie zum Beispiel 1589 Konfekt und Marzipan um 3 Gulden für den Viztum von Linz. Innerhalb weniger Jahrzehnte, nämlich in den Jahren zwischen 1521 und 1567 wurden aus bayerischen und österreichischen Landen schätzungsweise 600 000 bis 1 Million Eibenbögen ausgeführt. 1568 sah sich Herzog Albrecht gezwungen, den Kaiserlichen Rat in Nürnberg darüber in Kenntnis zu setzen, daß sich in Bayern keine hiebreife Eibe mehr fände. Interessanterweise fiel die Ausrottung der schlagbaren alpinen Eibenbestände zeitgleich damit zusammen, daß Englands Bedarf an Bogenholz sich verringerte. Zählte der Langbogen unter König Heinrich VIII. noch zur typischen Ausrüstung, dominierten unter Königin Elisabeth I. bereits Feuerwaffen die Kriegsführung. Die Eibe hatte endlich für militärische Zwecke ausgedient.

Eiben- statt Bronzezeit

Schon im alten Ägypten fertigte man Särge und Büsten aus Eibenholz. Am Mondsee in Oberösterreich wurden in einer bronzezeitlichen Ufersiedlung derart viele erhaltene eibene Gegenstände ausgegraben, daß die Forscher die damalige Entwicklungsstufe als »Eibenkultur« bezeichnen. Zu vielen Gegenständen des täglichen Lebens wie Axtholmen, Kämmen und Webschiffchen, aber auch »unnütz klein dingen« wurde ihr Holz verarbeitet. Weite Verbreitung fand es bei der Herstellung von Faßpipen. Außerdem fertigte man bis in unser Jahrhundert hinein Peitschenstöcke aus dem wegen seiner Elastizität beliebten Eibenholz. Dafür wurden die jungen, gerade gewachsenen »Eitannen« abgehackt, sobald sie Daumendicke erreicht hatten. Wie die Wanderstöcke aus Weißdornholz sollen sie sich im Winter – im Vergleich zu anderen Hölzern – weniger kalt anfühlen. In späterer Zeit waren es die Ebenisten oder Kunsttischler, welche das mit Eisensalz schwarz gebeizte Holz als »Deutsches Ebenholz« zu Furnieren und Intarsien verarbeiteten. Auch Papiermesser, Strumpfkugeln, Nadelbüchsen oder Zahnstocher gehörten zu beliebten eibenen Kleinigkeiten.

Neben dem Buchsbaum zählt die Eibe zu den härtesten heimischen Hölzern. Weil sie zudem noch fäulnisresistenter als Eichenholz ist, wurde sie in sogenannten »Eibengegenden« zu Sohlen genommen. Sohlbalken liegen dem Steinsockel eines Hauses direkt auf und laufen am ehesten Gefahr, zu faulen. Beim Abtragen einer Fachwerkkapelle aus dem 17. Jahrhundert im Pleßwald bei Göttingen waren fast 9 m lange und 25 cm dicke eibene Sohlbalken aufgetaucht. Auch als Rebstickel sollen Eibenstecken denen der Eiche überlegen sein. Angeblich halten sie 100 Jahre lang, jedenfalls überdauern sie mindestens 3–4 tannene. Im Züricher Oberland band man auch Stubenbesen gelegentlich aus Eibenreisern. Weil sich die biegsamen Äste dem Boden leicht anschmiegen, und die Nadeln lange nicht abfallen, zog man sie den fichtenen vor.

Das geschätzteste Holz des Bogners zum Bau von Armbrust und Bogen war dasjenige der Eibe. Ein Bogner in seiner Werkstatt. Kupferstich aus Christoph Weigel, Abbildung der gemeinnützigen Hauptstände (Regensburg 1698).

VON ZAUBER UMGEBEN

Nähert man sich der Eibe von der mythologischen Seite, so fällt auf, daß sie von den meisten Kulturen als heilig verehrt wurde. Das althochdeutsche Wort für Eibe, »iwa«, hängt vermutlich mit »ewa«, der Ewigkeit zusammen. Das ewige Leben wird durch die immergrünen Nadeln symbolisiert, die sich nicht um den Wechsel der Jahreszeiten zu kümmern scheinen. Doch bekanntlich ist der Tod untrennbar mit dem Leben verbunden. So auch bei der Eibe. Im Mittelalter war man der Ansicht, der Todeshauch umhülle einen unter einer Eibe Ruhenden. Annette von Droste-Hülshoff dichtete:

»Man sagt, daß Schlaf,
ein schlimmer,
Dir aus den Nadeln raucht-
Ach! Wacher war ich nimmer,
Als rings von Dir umhaucht.«

Im Mittelalter pflanzte man Eiben gerne auf Leichenfelder, weshalb sich an solchen Orten, vor allem in alten Keltenländern wie England, Irland und der Bretagne, wunderbare Exemplare befinden. Als Symbol der Totenruhe sollten Eiben vor Hexen schützen. Shakespeare erwähnt die Sitte, Eibenzweige (»yew«) ins Leichentuch zu stecken: »My shroud of white, stuck all with yew/ O prepare it/ My part of death, no one so true/ Did share it«. Beim Begräbnis trugen die Alten Eibenkränze. Bei ihm, dem nächtlichsten und ältesten aller Bäume, fühlten sie sich vom Schauer des Todes angerührt. Schon in den »Metamorphosen« des römischen Dichters Ovid jagen mit eibenen Fackeln bewaffnete Furien (Rachegöttinnen), die toten Seelen durch die Allee aus Eiben:

»Abwärts senkt sich der Weg,
von trauernden Eiben umdüstert,
führt er durch Schweigen stumm
zu den unterirdischen Sitzen.«

Als Götterbaum galt die Eibe auch in der germanischen Mythologie. Wie in der Edda nachzulesen ist, war der Markt der Götterstadt Asgard (Wohnsitz der Asen) mit »Iwen« (Eiben) besetzt. Im germanischen Norden war sie der Baum von Ullr, »dem Herrlichen«, dem Wintergott und Stiefsohn des Thor, der in Ydalir, dem Eibental zu Hause war. Als gewaltiger Bogenschütze durcheilte dieser auf Schneeschuhen sein Reich. Die Germanen besaßen wie die keltischen Druiden ein magisches Alphabet. Eines der Runensinnbilder widmeten sie der Eibe. »Ihwaz«

nannten sie Rune wie Baum, und beiden wurden große Heilkräfte zugesprochen. Krankheit und Unheil können von der Eibe und ihrem Zeichen abgewehrt werden. Sie galt als Schutzmittel gegen Zauber und böse Geister. Trug jemand ein Stückchen Eibenholz am bloßen Leib, dann vermochte keine finstere Gewalt ihm etwas anzutun, denn: »Vor den Eiben kein Zauber kann bleiben.«

Daß im Baum dennoch geheime und dunkle, zukunftsdeutende Kräfte walten, wird in Shakespeares »Macbeth« deutlich. Dort sind es »Eibenzweige, abgerissen bei des Mondes Finsternissen«, die von Hexen neben Wassermolchaugen und Eidechsenbeinen einem wahrheitskündenden Zaubergebräu beigemischt werden. Dieselbe Thematik spricht Max Dauthendey in seiner »Ballade vom Balzer auf der Balz« an: »...schlief ein dann unterm Eibenbaum, wahrsagend wirkt der oft im Traum«.

Hildegard von Bingen beeindruckten die düsteren Prophezeiungen dieses Baumes anscheinend nicht sonderlich. Sie schreibt: »De Ybenbaum ist ein Sinnbild der Fröhlichkeit«, und rät sogar, den Rauch seines Holzes gegen Schnupfen und Husten einzuatmen.

Zeugen einer alten Zeit

Ältere Eibenbestände sind in Deutschland rar. Eichsfeld in Thüringen ist mit etwa 4000 Bäumen bestückt, Paterzell in Oberbayern mit cirka 2 500. Ein weiterer bedeutsamer Bestand bei Dermbach in der Vorderrhön nennt sich der »Ibengarten«, und als großes Eibenvorkommen außerhalb Deutschlands verdient der Bakonyer Wald im slowakischen Erzgebirge Erwähnung. Die älteste bekannte Eibe steht in Fortingall in Schottland. Sie wird auf 3 000 Jahre geschätzt, ein Alter, das wohl um etliche hundert Jahre zu hoch angesetzt ist. Vom Stammumfang lassen sich nämlich aufgrund der späteren Verwachsungen einzelner Eibenstämme keine Rückschlüsse auf das Alter des Baumes ziehen.

Knappe 2 000 Jahrringe soll die Hintersteiner Eibe, der angeblich älteste Baum Deutschlands, zählen. In der Gemeinde Hindelang (Oberallgäu) ragt der Eibenveteran etwa 18 m empor. Einige Kilometer nordwestlich von Oberstdorf, auf der Balderschwanger Alpe, steht eine weitere uralte Eibe, deren 2 Stammteile eine gemeinsame Krone bilden.

Als Kuriosum sei zuletzt erwähnt, daß der wahrscheinlich älteste Baum, der jemals erfolgreich verpflanzt wurde, eiben ist. 1907 setzte man in Frankfurt nach mehrjähriger Vorbereitungszeit eine vor dem dreißigjährigen Krieg gepflanzte, also über 300jährige Eibe um. Allein der Transport dauerte volle 17 Tage.

Eibenallee im Schloßpark de Wiersse im Gelderland (Niederlande).

Die Eiche

»Ein gefräßiges Schwein mästete sich unter einer hohen Eiche mit der herabfallenden Frucht. Indem es die eine Eichel zerbiß, verschluckte es bereits eine andere mit dem Auge. Undankbares Vieh! rief endlich der Eichbaum herab. Du nährst dich von meinen Früchten, ohne einen einzigen dankbaren Blick auf mich in die Höhe zu richten. Das Schwein hielt einen Augenblick inne und grunzte zur Antwort: Meine dankbaren Blicke sollten nicht außen bleiben, wenn ich nur wüßte, daß du deine Eicheln nur meinetwegen hättest fallen lassen.«

GOTTHOLD EPHRAIM LESSING

DIE BAUMPERSÖNLICHKEIT

Mit durchschnittlich 700 bis 800 Jahren erreichen Eichen (*Quercus sp.*) ein höheres Alter als die meisten anderen Bäume. Es gibt sogar über 1000 -jährige Methusalems, wie die Eichen in Ivenack (Mecklenburg), von denen die älteste auf 1200 Jahre geschätzt wird. Als letzte Reste eines früheren Hudewaldes aus der Zeit Karls des Großen haben sie bis heute überlebt. Wie erstarrte Zeugen einer alten Zeit stehen ihre toten, zackigen Äste ab, und eine Wunde im Geäst wird nie, wie etwa bei der Linde, innerhalb weniger Jahre von der Krone geschlossen. Oft bricht ein Sturm erst nach Jahrzehnten das abgestorbene Holz und hinterläßt ein Loch.

Weil sie im Vergleich zum Menschenleben beinahe auf die Ewigkeit ausgerichtet sind, stellt man sich als Forstmann auf andere zeitliche Dimensionen ein, denn bis eine Eiche bestmöglich verkauft werden kann, braucht sie mindestens 200 Jahre. Ein Eichenpflanzer denkt also nicht an sich selbst, auch nicht an seine Kinder oder Enkel, sondern er glaubt an die Zukunft.

Die beiden in Mitteleuropa allgemein verbreiteten Arten Stieleiche (*Quercus robur*) und Traubeneiche (*Quercus petraea*) blühen das erste Mal mit etwa 50 Jahren, im dichten Waldbestand 30 Jahre später. Vergleicht man ihre unscheinbaren männlichen Blüten mit denen der Edelkastanie und Buche, fällt sofort die Zugehörigkeit zu den »Kätzchenblühern« ins Auge. Alle drei Gattungen zählen zu den Buchengewächsen. Ein typisches Merkmal dieser Familie ist der Fruchtbecher (Cupula), der bei Eßkastanie und Buche als stacheliges Gebilde die Frucht völlig einhüllt. Die Eichel hingegen sitzt der Cupula nur auf. Die Früchte der Stieleiche werden von einem langen Stiel getragen (Name!), ihre gebuchteten Blätter hingegen sind kaum gestielt. Genau umgekehrt ist es bei der Traubeneiche, mit sitzenden Früchten und viel länger gestielten Blättern. Weil Stiel- und Traubeneiche häufig bastardieren, werden die Merkmale manchmal stark verwischt.

Im deutschsprachigen Raum kommen noch weitere Arten, wie Zerr- Flaum- und Steineiche vor. Diese sind allerdings lokal begrenzt und haben in Mitteleuropa keinerlei forstwirtschaftliche Bedeutung. Ein bei uns häufig gepflanzter Forst- und Zierbaum ist die nordamerikanische Roteiche (*Quercus rubra*), mit bis zu 20 cm langen Blättern.

Mit seiner tiefreichenden Pfahlwurzel ist der Eichbaum so fest in der Erde verankert, daß er sich von einem Unwetter eher abbrechen denn samt Wurzel ausreißen läßt. Im Gegensatz zu manch anderen Bäumen: Fichten beispielsweise, die mit ihren tellerförmigen Flachwurzeln am Boden liegen, zählen zu den ersten Sturmopfern, und auch die herzwurzeligen Buchen sind nicht vor Aushub durch den Sturm sicher.

Ab einem Alter von etwa 100 Jahren hat sich der Baum zu dem ausgewachsen, was wir als »typische Eiche« bezeichnen. Die am Astende gehäuft und spiralig liegenden Knospen sorgen dafür, daß der dreidimensionale Raum maximal genutzt wird. Hier deutet sich eine vom Volk intuitiv erfaßte Verbindung zwischen Morphologie und Mythologie an: Die besondere, knorrig ausgeformte Gestalt der Eiche symbolisiert die Wahrheit, denn auch die Wahrheit sollte, ähnlich wie das stark verzweigte Geäst, jeden Aspekt aussondieren. Ihr Wert ist umso höher, je umfassender sie die Welt beschreiben kann. Ähnliche Attribute werden »weisen Menschen« zuerkannt, die

In früheren Zeiten schätzte man die uralten Eichenhudewälder zum Masteintrieb des Viehs. Stich aus dem 19. Jahrhundert.

stets alt und mit einer »knorrigen« Physiognomie dargestellt werden.

Der Sämling wächst also in einen für die Eiche vorgeformten, gleichsam goldenen Rahmen hinein. Nebenbei bietet dieser Laubbaum vielen Tieren eine ökologische Nische, wie die folgenden Namensgebungen belegen: Eichelhäher, Eichhörnchen, Eichengallwespe, Eichenbock. Familiennamen wie Eichendorff, Eichinger, Eichler, Eichner, Eickmeier oder Aichmann zeugen von der Beliebtheit dieses Baumes. Als landschaftsprägendes Element hat sie sich zudem in etwa 1400 deutschen Ortsnamen verewigt: Eich, Eichenburg, Eichholt, Eicherod, Eickelborn, Schöneich, Eichstätt ...

EIN »BÄREND BOM«

Daß der Wert dieses Baumes in früheren Jahrhunderten weniger im Holz als in seinen Früchten lag, erscheint uns modernen Menschen unverständlich. »Auf den Eichen wachsen die besten Schinken«, ein gebräuchlicher Spruch des Mittelalters, erinnert uns daran, daß sie – ebenso wie die Buche – ein »bärend bom«, ein gebärender, also fruchttragender Baum ist. Mit Eicheln gemästete Schweine lieferten nämlich kerniges Fleisch und festen Speck, wohingegen Geräuchertes von Schweinen aus Buchenmast tranig schmeckte.

Bereits die Kelten kannten den Masteintrieb in den Wald, und die Germanen sollen sogar Schweineschinken nach Rom geliefert haben. In isolierten ländlichen Gebieten gab es die Schweinemast bis fast ins 20. Jahrhundert. Spanische Berichte aus dem Jahre 1894 legen nahe, daß die zahllosen Schweineherden, die von den Früchten der Steineiche lebten, die Quelle des Wohlstandes der dortigen Bauernbevölkerung bildeten. Im französischen Forstgesetz sollen sich sogar bis ins Jahr 1961 – allerdings als bürokratische Kuriosität – detaillierte Bestimmungen über die Schweinemast erhalten haben.

Ursprünglich wurde der Waldwert nicht in Holz, sondern in Schweinen angegeben. Als William der Eroberer 1066 nach der Schlacht von Hastings Südengland in Besitz nahm, teilte er das neu gewonnene Land unter seinen Leuten nach der Anzahl der Schweine auf, die in den Wäldern gemästet werden konnten. Die wirtschaftliche Bedeutung der Mast wird auch daraus ersichtlich, daß das Mastgeld als eine der ersten Steuern in den frühen Weistümern auftaucht und daß vielerorts nicht einmal Kinder ohne Bewilligung Eicheln einsammeln durften.

Welchen Stellenwert die Masteinnahmen genossen, ist in der heutigen Zeit, in der man vom Wald nur mehr am Holz verdient, schwer nachvollziehbar. Auf der Suche nach konkreten Zahlen wird man in klösterlichen

Bei der Loh- oder Rotgerberei (im Gegensatz zur Weißgerberei mit Tonerdesalzen) wurden Tierhäute zu Fellen gegerbt, indem man sie wochenlang der zusammenziehenden Wirkung von gerbstoffreichem Eichenrindenabsud aussetzte.

Seit dem 2. Weltkrieg aufgelassener Eichen-Niederwald, der auf nährstoffarmen Böden zum Krüppelwald degradiert. Fotografiert am Mittelrhein.

Urkundenbüchern, Gemeinde- oder Waldbüchern fündig. Der Lauenförder Forst des Sollinger Waldes beispielsweise brachte im 16. Jahrhundert 1110 Reichsthaler aus Mast und nur 44 Reichsthaler aus Holz ein. Bis ins 18. Jahrhundert hinein existierten eine Menge Vorschriften, die den Schweineeintrieb regelten. Ebenso gewaltig war die Zahl der Prozesse, welche die Eichelnutzung betrafen. Jedes Jahr im Herbst fand sich eine Ratsdelegation aus Beamten nebst »Centgräfen, Schultheißen« und »Vorstehern der Dorffschaften« im lichten Eichen-Weidewald ein, um den Fruchtbehang festzustellen. Dementsprechend wurden dann die Rechte verteilt.

In ergiebigen Jahren war jeder bemüht, sich mit Jungschweinen einzudecken, um gegen Bezahlung des Dechel- oder Mastgeldes seine Schweine in den Wald zu treiben. Meist hütete ein Schweinehirt, der von den jeweiligen Bauern anteilig bezahlt wurde, die Tiere den ganzen Tag und lieferte sie am Abend wieder daheim ab. Wie in alten Chroniken immer wieder zu lesen ist, wurde ein Mastjahr als »Gnade Gottes« empfunden, denn es sicherte die Ernährung der Familie für längere Zeit.

In unserem Jahrhundert ist die Eichelmast in Mitteleuropa beinahe vergessen. Während der Weltkriege allerdings erlebte sie ein kurzes Comeback. Der Eicheln sammelnden Zivilbevölkerung des ersten Weltkrieges zahlte das k.u.k. Ernährungsamt 70 Kronen für 100 kg Früchte. Zahlungskräftigen Gourmets wird neuerdings wieder Schinken aus »kernigem Fleisch und festem Speck« angeboten. In Portugal (Gegend um Evora) und Spanien (Baskenland und Andalusien) gibt es Schweinemästereien, die streng auf Eicheln der Korkeiche und Edelkastanien basieren. Luxusprodukte wie Evora-Schinken und echten Bayonner oder Andalusier lassen sich Kenner ein Vermögen kosten. Neben solchen Feinschmecker-Produkten überlebten im Volk auch Sprichwörter wie: »eine blinde Sau frißt keine taube Buchel« oder »auch eine blinde Sau findet mal eine Eichel«. Und noch im Sprachgebrauch der heutigen Forstwirtschaft sind Begriffe wie »Vollmast, Halb- und Viertelmast« oder »Sprengmast« üblich, wenn man den Samenertrag der Wirtschaftsbaumarten beschreibt.

Ursprünglichste Nahrung der Menschen

Bevor der Mensch die Eichenfrüchte den Säuen vorwarf, aß er sie selber. Erinnert sich doch Telemach, der Sohn des Odysseus, bei den schmutzigen Bergbewohnern des Peloponnes, diesen »Eichelfressern«, gewohnt zu haben. Plinius geht in der Einleitung zum 12. Buch seiner im 1. Jahrhundert verfaßten »Naturkunde« sogar noch weiter: »Die Früchte der Steineichen waren die erste und ursprünglichste Nahrung der Menschen ...«. Die Eiche galt als Symbol eines längst vergangenen »goldenen Zeitalters«, als »die Felder in Gemeinbesitz waren und die Fülle gleichbleibend war und es weder Eisen, noch Krieg, noch Zerstörung gab«.

Noch im 18. Jahrhundert zeugen Gedichte von der ehrfürchtigen Scheu vor diesem alten Brotbaum, die tief im Bewußtsein der Menschen verankert war. Johann Wilhelm Gleim reimte 1772 folgendes:

»Haue, du Mann, mit dem Beil
nicht um die Mutter der Eichel,
Haue die Fichte vom Stamm, oder
die Esche, du Mann!
Schone der Eiche, denn sieh: die
Eiche, sagen die Alten
Wahrheitsliebenden, die habe die
Väter ernährt!«

Und sie tut es heute noch. Die Frucht ist – entbittert – an und für sich sehr nahrhaft. Sie enthält 35 Prozent Stärke, 7 Prozent Zucker, bis 15 Prozent fettes Öl und 6 Prozent

»Schweinehirt wirft Knüppel in Eichen« von Simon Bening. Aus dem »Breviarium Grimani« (Anfang 16. Jahrhundert), Kalenderblatt für November.

Wollte der Künstler den Vogelreichtum auf Eichen oder die Armbrust der Reichen darstellen? Aus dem »Codex Manesse« (14. Jahrhundert).

Eiweiß. In Spanien werden seit alters süße, bitterstoffarme Früchte einer Eichenart *(Quercus ilex* var. *ballota)* als Beilage zum Fleisch serviert. Den unterschiedlichsten Kulturkreisen war und ist ihre Nutzung als Nahrungsmittel bekannt. Sogar jenseits des Atlantik, bei den Indianern, war die Methode des Entbitterns der unseren sehr ähnlich.

Dazu wässerte man gekochte, zerstoßene Früchte tagelang in einem Bach, um die Gerbstoffe auszuwaschen. Mit dem verfeinerten Geschmack wurde auch die Methode, die Gerbstoffe zu neutralisieren, perfektioniert. Man begann, die Eicheln zu mälzen (wie es bei der Herstellung von richtigem Eichelkaffee gemacht wird). Dazu müssen die Früchte erst angekeimt werden, denn der Aufbau des Keimlings verbraucht einen hohen Anteil der Tannine (Bitterstoffe). Während des Mälzens karamelisiert der enthaltene Zucker, außerdem wird vorhandenes Phenol polymerisiert, also weitgehend unschädlich und geschmacklos gemacht.

Im angelsächsischen Runenlied heißt es: »Die Eiche ist auf Erden den Menschenkindern Nahrung des Fleisches«. Eichelmehl spielte auch eine wichtige Rolle auf dem Speisezettel der Germanen, und noch 1563 wurden im Züricher Tierbuch Eicheln mit »Mandeln, nuss und dergleichen opps [Obst]« in einem Atemzug genannt. Mit Bucheckern und Nüssen zählten sie gar zu den polnischen Bauernabgaben des 16. Jahrhunderts, die dem Gutsherrn abzuliefern waren. Allgemein üblich war das Verbacken von Eichelmehl mit anderen Zutaten zu Brot. Ein Enzyklopädist des 18. Jahrhunderts bemerkt dazu: »Mag nun solches Mischbrot zuweilen ein wenig wasserstreifig sein, ist es doch lockerer, als das so häufig vom Landmann genossene Erbsenbrot«. Noch während des 1. Weltkrieges wurde in Rußland ein amtlich geprüftes Hungerbrot aus 2 Pfund Roggenmehl, 2 Pfund Roggenkleie und 10 Pfund Eichelmehl gebacken.

Der Stoff, aus dem die ewigen Dinge sind

So überragend die Bedeutung der Eichelmast in früheren Zeiten auch gewesen sein mag, ihr Niedergang war seit Beginn der Neuzeit nicht mehr aufzuhalten. Das Wertverhältnis verschob sich immer stärker zugunsten der Holznutzung. Hatten sich im Mittelalter die Tische noch unter den Fleischbergen gebogen, war nun Verknappung und Teuerung erkennbar. Große Umstrukturierungen in der Landwirtschaft machten die Eiche als Fruchtbaum plötzlich entbehrlich, vor allem, nachdem sich die aus den südamerikanischen Anden eingeführte Kartoffel durchzusetzen begann. Von nun an blieben die Schweine im Stall und wurden mit Küchenabfällen gefüttert.

Eichenholz aber war in seiner Widerstandskraft unersetzbar und ist im Vergleich zu anderen einheimischen Hölzern bis heute ohne Konkurrenz. Die Hersteller von Whisky- und Sherryfässern beispielsweise können auf Eichenholz noch immer nicht verzichten. Für den Haus-, Schiffs- und Brückenbau, das Müllereigewerbe, für Faßbinderei, Gerberei und mehrere andere Handwerksberufe war die Eiche der **Brotbaum**. Das Sprichwort »über Eiche und Fels plaudern« spielt auf die Härte des Holzes an und meint soviel wie über den Ursprung der Welt diskutieren. Nicht von ungefähr wird die europäische Kulturgeschichte bis zum 19. Jahrhundert als das »hölzerne Zeitalter« umschrieben.

Dem Engländer galt die Eiche als »father of ships«, und überhaupt wurden alle Kolonialeroberungen und der Handel mit Übersee erst durch die belastbaren und gut ausgerüsteten Schiffe möglich. Man schätzt, daß im legendären britischen Eichenwald des 18. Jahrhunderts etwa 500 000 Eichenstämme einzig für Schiffsbauzwecke gefällt wurden. Vorausschauend sorgte einst Jean-Baptiste Colbert als Marineminister Ludwigs XIV. wie kaum ein anderer zu seiner Zeit bereits für weitläufige Eichenaufforstungen. Seine heute etwa 300-jährigen Bäume stehen als hervorragendes Furnierholz hoch im Kurs.

Berühmtheit erlangt hat auch die »Moor- oder Wassereiche«. Eichenholz, das viele Jahre im Wasser oder Moorboden liegt, saugt sich mit Wasser voll, dunkelt stark nach und ist im Möbelbau sehr begehrt. Gegen Ende des letzten Jahrhunderts tauchten während eines Brückenbaus bei Mainz Überreste einer alten römischen Heerstraßenbrücke auf. Deren Eichenpfähle waren so gut erhalten, daß eine Berliner Pianofortefabrik daraus einige Klaviere herstellen ließ, für die sich so berühmte Käufer wie Kaiser Wilhelm und der damalige Zar von Rußland fanden.

Das kostbarste und am teuersten gehandelte Eichenholz weist, wie es für langsam wachsende Traubeneichen bezeichnend ist, millimeterbreite Jahresringe auf. In den siebziger Jahren wurde im Forstamt Rohrbrunn ein 500-jähriger Baum für 48 278 DM versteigert, um Furniere zu messern. Das entspricht 10 000 DM pro Kubikmeter Holz.

Der heilige Hain

DIE EICHBÄUME

»... Aber ihr, ihr Herrlichen,
steht wie ein Volk von Titanen
In der zahmeren Welt und gehört
nur euch und dem Himmel,
Der euch nährt und erzog,
und der Erde, die euch geboren.
Keiner von euch ist noch in die
Schule der Menschen gegangen,
Und ihr drängt euch, fröhlich und
frei, aus der kräftigen Wurzel,
Untereinander herauf und ergreift,
wie der Adler die Beute,
Mit gewaltigem Arme den Raum,
und gegen die Wolken
Ist euch heiter und groß
die sonnige Krone gerichtet.
Eine Welt ist jeder von euch,
wie die Sterne des Himmels
Lebt ihr, jeder ein Gott,
in freiem Bunde zusammen ...«

FRIEDRICH HÖLDERLIN

Nicht nur Hölderlin fühlte sich von dem »Göttlichen«, das diesem Baume innewohnt, berührt. Ihr Ausdruck von Kraft und Willens-

Der heilige Bonifatius, »Apostel der Deutschen«, fällt im 8. Jahrhundert das berühmteste germanische Baumheiligtum, die Donareiche.

stärke scheint in vielen Menschen eine ehrfürchtige Scheu erweckt zu haben. Verschiedenste Völker erklärten sie zu heiligen Bäumen. Von Hethitern, Persern, Griechen, Römern und anderen Kulturen sind uns Eichenkulte bekannt. Auf Island, dem der Baumwuchs fast völlig fehlt, gilt die Bezeichnung »eik« für Bäume überhaupt.

Im Alten Testament taucht sie mehrmals als Orakelbaum auf. Unter der Stätte von Sichem oder der von Mamre, beide von einer heiligen Eiche bestanden, offenbarte sich der Herr dem Abraham. Dort wurden Opfertiere geschlachtet, Königswürden verliehen. Immer wieder errichteten Patriarchen des jüdischen Volkes steinerne Altäre unter diesen Baumheiligtümern (Gen.18; Richter 9,6; Judith 3,8).

Auch die Kelten verehrten die Eiche als göttlichen Baum. Wer widerrechtlich zwei Häuptlingsbäume oder einen geheiligten Eichenhain fällte, war dem Tode geweiht, denn »drei Wesen ohne Atem sind nur mit atmenden Wesen zu zahlen: ein Apfelbaum, ein Haselnußbusch oder ein Eichenhain«. Ihre Göttlichkeit drückt sich in »Amergins Lied« folgendermaßen aus: »Ich bin der Blitz, und zugleich die Eiche, die er zerschmettert«. Vom keltischen Namen »dair« für Eiche ist auch das Wort Druide abgeleitet. Die Druiden bestiegen als geistige Führer der Kelten einmal jährlich weißgewandet die heiligen Eichen, um mit einer goldenen Sichel die Eichenmistel abzuschneiden. Bei der Eichenmistel handelte es sich aber nicht um die gewöhnliche Mistel (*Viscum album*), sondern um die sogegannte Riemenblume (*Loranthus europaeus*), die nur auf Eichen wächst, und ausgesprochen selten ist. Da herabfallende Zweige die Erde nicht berühren durften, fing man sie mit weißen Tüchern auf und verteilte sie an das Volk. Als Überbleibsel dieses alten Kultes hat die Verwendung von Mistelzweigen als Weihnachtsschmuck vor allem im angelsächsischen Raum überlebt.

Bei den Germanen war die Eiche dem Donar (nordisch: Thor) heilig, einem regenbringenden Vegetationsgott, dem für die Fruchtbarkeit der Felder geopfert wurde. Mit seinem von Ziegen gezogenen Wagen, dessen Rollen den Donner hervorruft, fuhr Donar über den Himmel. Sein geweihter Tag war der Donnerstag, der im Schwedischen entsprechend noch immer »torsdag« heißt.

Die Donareiche, das berühmteste germanische Baumheiligtum, stand mitten im Land der Chatten, der Vorfahren der Hessen. In einer Öffnung im Stamm war das Standbild des Gottes untergebracht. Der heilige Bonifatius, der »Apostel der Deutschen«, war vom damaligen Papst Gregor im Jahre 719 mit der Germanenmission beauftragt worden. Pflichtbewußt und voller Tatendrang griff er, wie so mancher Bischof vor und nach ihm, eher zu Schwert und Axt, als zum Bischofsstab. Durch seine Hand fiel die Donareiche im Jahre 723. Über das weitere Schicksal des Bischofs streiten sich die Gelehrten. Einigen Geschichtsinterpreten zufolge soll Bonifatius aus dem Holze des Baumes eine Kapelle errichtet und noch viele Jahre gelebt haben. Andere Quellen besagen, er hätte wegen seiner Freveltat bald einen gewaltsamen Tod gefunden. Ludwig Uhland erinnert in einem Vers an die alten Baumheiligtümer.

»Nicht in kalten Marmorsteinen,
Nicht in Tempeln dumpf und tot:
In den frischen Eichenhainen
Webt und rauscht
der deutsche Gott«.

In späteren Zeiten wurden noch hunderte Baumheiligtümer durch Feuer oder Axt zerstört (siehe auch »Heilige Haine«, S. 37).

Den Slawen war die Eiche dem »Perun« oder »Perkun«, dessen Name vom indoeuropäischen Wort für Eiche herrührt, geweiht. In Romove, dem mächtigsten Heiligtum der alten Preußen östlich der Weichsel, regierte Perun auch als Donnergott über das Gewitter. 8 Ellen hohe seidene Vorhänge verhüllten den heiligen Baum von Romove, an dem Bilder und Gottheiten angebracht waren. Die Priester oder »Waidelotten« hatten das alleinige Recht, den Vorhang zurückzustreifen. Noch im 10. Jahrhundert haben christianisierte Russen einer großen Eiche des Perun auf der St.-Georgs-Insel geopfert. Danach sangen die Priester ein

Menschen braten Schweine, Schweine braten Eicheln. Spielkarte von Peter Flötner aus dem 16. Jahrhundert.

»Te Deum« und verteilten Zweige des Baumes an die Anwesenden. Diese Glaubensverquickung wurde schon seit Jahrhunderten erfolgreich praktiziert, hatte doch bereits um 600 n.Chr. Papst Gregor der Große erkannt, daß die neugewonnenen Schäflein der Kirche von den Bräuchen um die alten Götter nicht abließen. Er verfügte daher, »daß man die Feste der Heiden allmählich christlich umwandeln solle und in manchen Themen nachahmen« müsse.

Dennoch ordnete im 14. Jahrhundert ein anderer Bischof, nämlich derjenige von Ermeland, das Zersägen der Eiche zu Romove an. Es war allerdings ein gefährliches Unterfangen, sich mit den »barbarischen« Preußen anzulegen. Bereits 997 war Adalbert von Prag wegen seiner Bekehrungsversuche in Samland erschlagen worden, und auch Bruno von Magdeburg mußte aus demselben Grund sein Leben lassen.

Eine uralte Erinnerung an ihren Donnergott Perkunas haben sich die heutigen Litauen erhalten. Wenn es donnert, sagen sie noch immer: »Perkunas schlägt nieder«. In slawischen Urkunden des letzten Jahrhunderts findet man als ein weiteres Relikt der kultischen Baumverehrung den besonderen Ausdruck: »bis zu Peruns Eiche«, was soviel heißt wie »bis zum Ende der Welt«.

Bei den Griechen wurde die dem Zeus geweihte Eiche von Dodona (Ort im Epirischen Gebirge) als Orakelstätte von vielen Menschen aufgesucht. An der selben Stelle sollte 500 n.Chr. eine dreischiffige Basilika das heidnische Heiligtum vergessen lassen. Auch der Petersdom in Rom steht auf dem »Mons Caelius« (einem dem Jupiter geweihten Eichenwald) direkt über den Grundmauern eines alten heidnischen Tempels.

HEILENDE RINDE

Hildegard von Bingen meinte: »Die Eiche ist hart und bitter, es ist nichts Weiches an ihr«. Damit charakterisiert sie den Baum treffend. Im Gegensatz zur Linde, die mit weichen Blättern und sogar weichem Schnitzholz immer ein sanfter, schattengewährender Baum der Liebe und der Familie war, wirkt die Eiche starr, kalt und ungenießbar. Schuld daran sind in erster Linie die Gerbstoffe, die nicht nur in Holz, Rinde und Frucht, sondern auch im Blatt eingelagert sind.

Gerbstoffe sind organische Substanzen, die wegen ihrer fäulnisresistenten Wirkung zur Umwandlung von tierischer Haut in Leder benutzt werden. In der Heilkunde wirken sie

Eichenveteran mit hohlem Stamm in einem der letzten deutschen Urwaldrefugien, dem Reinhardswald, wo sich auch die Sababurg (Dornröschenschloß) befindet.

zusammenziehend und gleichzeitig antiseptisch und werden deshalb bei Gewebsschwäche verschiedener Art verordnet. Eichenrinden-Sitzbäder helfen bei Hämorrhoiden und Gebärmutterentzündungen. Der Absud der Rinde wird als Gurgelwasser bei geschwollenen Mandeln, Angina, bei Erkrankungen der Magen- und Darmschleimhaut sowie zur Kräftigung des Zahnfleisches eingesetzt. Als Fuß- oder Handbad hilft er bei starker Schweißabsonderung und bei Erfrierungen.

Eichelkaffee, der Kriegsersatz für Bohnenkaffee, genoß früher größere Wertschätzung. In einem Arztbericht des Jahres 1779 findet man folgende Stelle: »Der Kaffee von puren Eicheln ist für unser Land eben keine neue Erfindung. Schon seit vielen Jahren ist er als Mittel gegen die Ruhr bekannt«. Türkinnen bedienten sich früher seiner, um möglichst korpulent zu werden. Für den Kaffee werden die Eicheln geschält, kleingeschnitten, geröstet und zuletzt vermahlen.

Die Eiche als Sinnbild

Mitten in dem Wasserspiegel
Hob die Eiche sich empor,
Majestätisch Fürstensiegel
Solchem grünen Waldesflor;
Sieht sich selbst zu ihren Füßen,
Schaut den Himmel in der Flut:
So des Lebens zu genießen
Einsamkeit ist höchstes Gut.

GOETHE

Alte Eichen symbolisieren Standhaftigkeit, Tugend und Wahrheit. Bereits Sokrates pflegte »bei der Eiche« zu schwören, und die vorchristlichen Sachsen hatten Provo, dem Gott des Schwures, auf einer hohen Eiche unweit Altenburgs ein Standbild errichtet. Böhmische Volkslieder besingen heute noch die absolut bindende Kraft von Eheversprechen, die unter einer Eiche gegeben wurden. Zuverlässigkeit und Loyalität gegenüber dem Herrscher werden durch Volkssprüche wie »wer grüne Eichenblätter trägt, der liebt mit fester, steter Treue« bestätigt. Noch in unserer Zeit schmückt Offiziere der Bundeswehr vom Major aufwärts als Rangabzeichen gesticktes Eichenlaub.

Schon immer der Obrigkeit zugeordnet, galt die Eiche nie als ein Baum, der die Menschen wirklich beseelte. Im deutschen Sprachraum war es die Linde, die im Volk lebte; Eichenlaub zierte den Helm des Kriegers, Lindenblätter trugen Wallfahrer häufig mit sich. Die sogenannte »deutsche Eiche« war mehr oder weniger eine »Erfindung« des 1803 verstorbenen Dichters Klopstock, in dessen germanisch-nationaler Vorstellungswelt »deutsch« und »Eiche« ein Begriffspaar bildeten. Klopstock war der Dichter, der, wie Klaus Lindemann treffend bemerkte, »als erster einen stattlich poetischen Eichenwald gepflanzt hat, indem er die *Lorbeerschatten* und *einfachen Haine* seiner früheren Gedichte nachträglich in *Eichenschatten* und *Eichenwälder* umgeforstet hat«.

Als Sinnbild des Sieges und des Heldentums tauchte Eichenlaub erstmals auf dem Eisernen Kreuz 1813, später in der Turner- und deutschen Einigungsbewegung auf. Im Emblem der Nationalsozialistischen Deutschen Arbeiterpartei hält ein fliegender Adler in seinen Fängen einen Eichenkranz. Später wurde daraus zugleich das Hoheitszeichen des dritten Reiches. Seit 1993 gilt der Baum als Attribut der Republikanischen Partei Deutschlands. Hoyerswerda, das vor wenigen Jahren traurige Berühmtheit erlangte, trägt im Stadtwappen drei grüne Eichen, und das Wappen des Fürsten Bismarck enthielt drei Eichblätter und drei Kleeblätter.

Zusammen mit der Palme galt die Eiche bei den Alten Römern als Sinnbild des »goldenen Zeitalters«, als Überfluß und Wohlstand vorherrschten. Stich von 1590.

BAUMVETERANEN

In Mitteleuropa dominiert seit der Klimaveränderung vor rund 3000 Jahren von Natur aus die Buche. Diese ist jedoch, was Feuchtigkeit betrifft, sehr empfindlich und verträgt weder zu große Trockenheit noch »nasse Füße« oder gar Überschwemmungen. Trockenere Gegenden lassen anstelle düsterer Buchenhallen lichte Eichenmischwälder (Traubeneichen) mit Hainbuchen und Edelkastanien aufkommen. Auch wo der Grundwasserspiegel hoch liegt oder gar Hochwasser hingelangt, verdrängt die Eiche, in diesem Fall die konkurrenzkräftigere Stieleiche, die kränkelnde Buche.

Die Bodenansprüche dieses bedürfnislosen Baumes beschreibt Horst Stern: »Was man vom deutschen Menschen nicht sagen kann, trifft auf den deutschesten aller deutschen Bäume zu, die Eiche. Sie nimmt auch mit bescheidensten Lebensqualitäten, sprich Böden, noch vorlieb: arm, sauer und naß«.

Außer den Eichen von Ivenack findet man im deutschsprachigen Raum noch mehrere Zeugen einer alten Zeit. Eine über 1000-jährige Thingeiche (Gerichtseiche) steht in Erle bei Recklinghausen (Ruhrgebiet). Sie wird von Fachleuten auf 1500 Jahre geschätzt und zählt zu den ältesten Bäumen Deutschlands. Schon zur Zeit Karls des Großen, als man einen »Freistuhl« als Gerichtsstätte unter ihr aufstellte, war sie ein stattlicher Baum. Ihrer Funktion als Gerichtsbaum wegen nannte man sie »mahaleich« (ahd. »mahal«= Versammlung). Als einer der wenigen Zeugen überlebte dieser Baum die Christianisierung des Landes und den Untergang des Heidentums. Die längste Eichenalle Deutschlands, zwischen Ammersee und Starnberger See, ist über 2,3 Kilometer lang und besteht aus 450 Bäumen. Sie wurde vor über 200 Jahren entlang der Verbindungsstraße zwischen den Orten Weßling und Seefeld gepflanzt.

Alte Eichenwälder gibt es in Deutschland heute nicht mehr viele. Das angeblich älteste geschlossene Eichenrevier der Welt mit über 600 Jahre alten Bäumen soll sich am Rohrberg im Spessart befinden, und auch in anderen ehemaligen königlichen Bannwäldern wie dem Reinhartswald (in dem übrigens das Dornröschenschloß, die Sababurg, steht), sind größere Bestände erhalten. Die südenglischen Wälder, Schatzkammer der englischen Forstverwaltung, sind noch heute bekannt für ihre alten Eichen. Auch der mit dem Schicksal Merlins aufs engste verknüpfte Feenwald in der Bretagne, der Wald von Brocéliande, birgt Eichenveteranen, vielleicht noch aus Artus' Zeiten. Eichenaufforstung ist eine besondere Kunst und erfordert nicht nur langjährige Erfahrung, sondern auch einiges an Kapital. Man sagt, daß sich im allgemeinen nur derjenige Eichenjungaufzucht leisten kann, der im Besitz hiebreifer Altbäume zur Finanzierung ist.

Knorrige Gestalt einer alten Eiche.

Die Erle

»... Im Erlenhaine rauscht der Wind
Wie eines Geists Geflüster;
Im ganzen Waldreviere sind
Die Klingen nicht so düster ...«

ALEXANDER GRAF VON WÜRTTEMBERG (1837)

Rund um die Erlen

Von den einheimischen Erlenarten begegnet man der **Schwarzerle** (*Alnus glutinosa*) in Mitteleuropa am häufigsten. Mit einer erreichbaren Höhe von 10–25 m und einem Höchstalter von etwa 120 Jahren mutet dieser schmalkronige Baum vergleichsweise bescheiden und wenig imposant an. Die dunkelgrün glänzenden, im jungen Zustand klebrigen (die Artbezeichnung *glutinosa* kommt vom lateinischen »gluten« = Leim), gezähnten Blätter sind am Ende gestutzt und erscheinen manchmal beinahe herzförmig. Wie Esche und Robinie läßt die Schwarzerle ihre Blätter im Herbst grün zu Boden fallen. Im Winter erkennt man Erlen leicht an den gestielten Knospen. Mit den Jahren dunkelt die bei jungen Erlen graue, glänzende Rinde nach, worauf auch der Name zurückzuführen ist. Ihre Zugehörigkeit zu den Birkengewächsen läßt sich anhand der männliche Blütenkätzchen erahnen, die bereits im Spätsommer des Vorjahres ausgebildet werden und im folgenden Frühjahr lange vor dem Laubausbruch blühen. Die Pollen sind gefürchtete Heuschnupfenauslöser.

Vor allem im süddeutschen und österreichischen Raum verbreitet ist die seltenere **Grauerle** (*Alnus incana*). Diese verträgt vergleichsweise weniger Staunässe als die Schwarzerle. Schön ausgeprägten Beständen begegnet man im alpinen Bereich zusammen mit der Fichte als »Hanggrauerlenwald« oder entlang der Alpenflüsse. Von der Schwarzerle unterscheidet sich die Grauerle am deutlichsten durch ihre zugespitzten Blätter und nicht klebrigen Knospen. Ihr Holz wird schlechter bezahlt als das der Schwarzerle.

Mit dem Lawinenstrich als typischem Standort beschränkt sich die **Grünerle** (*Alnus viridis*) als Grünerlengebüsch auf gebirgige Gegenden wie Alpen und Schwarzwald.

Als typische Bewohner von Bachsäumen können Schwarzerlen Dauerüberflutung gut überstehen. Nebenbei befestigen sie das Ufer und bieten unzähligen Wassertieren Schutz und Lebensraum.

SAUMGEHÖLZ VON BÄCHEN UND FLÜSSEN

Zusammen mit einigen Weidenarten zählt die Schwarzerle zu den staunässetolerantesten Baumarten unserer Heimat. Typischer Standort ist die gelegentlich überflutete Weichholzaue, die sie gemeinsam mit Weide und Pappel besiedelt. Die Schwarzerle bestockt Erlenbrüche und Moorgebüsche, landschaftsprägend wirkt sie als Saumgehölz von Bächen und Flüssen. Obwohl tiefgründige, nährstoff- und basenreiche Böden bevorzugt werden, hat sich die lichtbedürftige Schwarzerle als raschwüchsiger Pionierbaum auf unfruchtbaren Böden bewährt. Sogar bei der Rohbodenkultivierung, z.B. auf Kohlehalden, kommt dieses Flachlandgehölz zum Einsatz.

Die Wuchskraft des Baumes wird durch die Aktivität ihrer Wurzelknöllchen (Actinorrhiza) erhöht. In diesen kleinen kugelförmigen Gebilden an den Erlenwurzeln lebt als Symbiont ein sogenannter »Strahlenpilz«, der Luftstickstoff zu binden vermag, und diesen in Form von Nitrat dem Baum zuführt. Beheimatet ist die Schwarzerle in ganz Europa außer dem nördlichen Skandinavien.

VOM BRENNHOLZ ZUM TRENDHOLZ

Die alte Legende, nach welcher Erlen bluten, sobald sie gefällt sind, kommt nicht von ungefähr. Frisch geschlagenes Erlenholz färbt sich nämlich an der Luft tief gelbrot und dunkelt beim Trocknen noch etwas nach. Es besteht vorwiegend aus Splintholz, ist weich, reißt und springt nicht.

In Wasser gelegt, saugt es sich voll, wird dadurch um einiges härter und erreicht eine Widerstandskraft, welche an jene des Eichenholzes erinnert. Nicht nur Wassertröge und Brunnenrohre waren deshalb früher meist erlen, es sind viele europäische Pfahlbausiedlungen auf Erlen gebaut. Angeblich soll sogar Venedig zur Hälfte auf Eichen- und Erlenpfosten ruhen.

Lange Zeit wurde Schwarzerlenholz (es wird mehr geschätzt als das der Grauerle) vor allem zu Küchengeschirr, Schusterleisten, Melkeimern und kleineren Gegenständen des täglichen Bedarfes verarbeitet. Grüne

Zweige eignen sich zudem gut zum Pfeifenschnitzen. Das fettarme Holz läßt sich hervorragend beizen und hat sich zur Imitation von Edelhölzern (vor allem Mahagoni) bewährt. Erlenholz selbst liefert zwar schlechtes Brennholz, wurde aber aufgrund seiner raucharmen Flamme in der Bierbrauerei zum Malzdarren genommen. Die daraus erzeugte Holzkohle war sehr begehrt und eignete sich sogar zur Schießpulvererzeugung. Adelbert von Chamisso berichtet, daß die Holländer Bündel von grünem Erlenholz in die Brennöfen warfen, um den Ziegelsteinen dadurch eine eisengraue Farbe zu geben. Als Bau- und Möbelholz galt es lange Zeit als minderwertig. Daran knüpft Ernst Moritz Arndt angesichts der ungelösten Kaiserfrage in seinem Gedicht aus dem Jahre 1847 an:

»O Germanien, keinen Kaiser
Kannst du finden? Keinen Stolzen?
Wo sind deine Eichenwälder?
Gibts nur Erlenholz zu holzen?«

In den letzten 2 Jahrzehnten hat sich das Blatt allerdings deutlich zugunsten der Erle gewendet, denn immer mehr Menschen wissen den rötlichen, warmen Ton und die schöne Maserung zu schätzen. Diese Renaissance verdankt der Baum hauptsächlich einer österreichischen Massivholzmöbelfirma, die die naturnahe Bewirtschaftung und Verarbeitung heimischer Bestände erfolgreich bewirbt.

Weil der rasch wachsende Baum bereits nach 20–25 Jahren Hiebreife erlangt, läßt sich Erlenholz forstwirtschaftlich ohne Raubbau an der Natur nutzen. Häufig ist nicht einmal eine Nachpflanzung nötig, da ihr vitaler Baumstumpf oft von selbst wieder austreibt. Mit über 1 Million gepflanzten Erlensetzlingen (1993) überflügelte der Baum in Österreich inzwischen sogar beliebte Hölzer wie Buche und Eiche.

Der Erlkönig »mit Kron und Schweif« holt den Sohn ins Totenreich...

Zum Färben und Beizen

Die Erle zählt zu den traditionellen Färbebäumen. Aus den Zweigen stellte man braune und aus den Blüten grüne Farbstoffe her. Altbekannt war das dauerhafte Schwarz der Borke zum Lederfärben. Dazu wurden Rindenstücke mit rostigen Eisenteilen wochenlang in Wasser eingelegt, bis sich der Gerbstoff mit dem Eisen zu einer schwarz färbenden Substanz verband. Aus demselben Grund färbt sich in Pfützen und Teiche gefallenes Erlenlaub ebenfalls häufig schwarz. Um die Haltbarkeit von Fischernetzen zu erhöhen, beizte man diese mit dem Rindenabsud. Auch aus den Erlenzapfen ließ sich eine dauerhafte schwarze Tinte herstellen. Bis ins 18. Jahrhundert hinein versuchte man, den Mücken mit den klebrigen, jungen Zweigen beizukommen. Laut Adelbert von Chamisso war es üblich, frische Erlentriebe als »Fanganstalt für das Ungeziefer« in Hühnerställen und Stuben auszulegen.

Erlkönigs Heimat

Der Name der Erle (althochdeutsch »erlia«) taucht in verschiedenen germanischen Sprachen auf. Das englische »elder«, das norwegische »older« und auch das dänische »el« sind miteinander verwandt. Im Plattdeutschen kennt man sie als »Eller« oder »Aller«. Weitere inzwischen oft veraltete Bezeichnungen sind »Urle«, »Irl«, »Else«, »Elten« oder »Olte«.

Die bereits erwähnte Tatsache, daß Erlen beim Fällen »bluten«, erweckte schon im Altertum beunruhigende und beklemmende Ahnungen und lieferte ausreichend Stoff für Gruselgeschichten und Schauermärchen.

Weil sie auf feuchten, sumpfigen, oft unwegsamen und gefährlichen Standorten stockt, galt sie von vorneherein als verdächtig. Die früher häufigen düsteren Erlenbrüche und Moore zählten im Mittelalter zum sogenannten »Unland«, also unbebautem Land. Die Druiden versenkten ihre Menschenopfer im Moor, und tauchten diese nicht wieder auf, war das Opfer angenommen. Davon, daß im germanischen Glauben das Moor zu den Wohnorten der Toten zählte, zeugt das mecklenburgische Sprichwort: »Hei is bie'n liewen Herrgott im Ellernbrauk [Erlenbruch]«. Vom Weg abgekommene Wanderer fürchteten das unheimliche Erlenweib, die Irle oder Else, welche im schlammigen Morast wohnte und Menschen aus Hinterlist in den dunklen Sumpf zog. Sie galt als Verkörperung der Erle und wurde mit Hexerei in Verbindung gebracht. Sprichworte wie: »Erlenholz und rotes Haar sind aus gutem Grunde rar« oder: »Rotes Haar und Erlenloden wachsen nicht auf gutem Boden«, verdeutlichen den Zusammenhang. Die Wolfdietrichsage aus dem 13. Jahrhundert berichtet von einer Erlenfrau, welche die Kunst der Zauberei beherrscht. Haut und Haare dieser »Else« erinnern an schuppige Baumrinden und zerzauste Flechten.

Erlkönig

Literaturwürdig wurde die Erle allerdings nur aufgrund eines Mißverständnisses: Johann Gottfried Herder übertrug das dänische »ellerkonge« (Elfenkönig) ins Deutsche als Erlenkönig. Goethe übernahm diesen Übersetzungsfehler und verschaffte dieser neuerfundenen mystischen Gestalt schnellen Ruhm:

»Wer reitet so spät
durch Nacht und Wind?
Es ist der Vater mit seinem Kind;
Er hat den Knaben
wohl in dem Arm,
Er faßt ihn sicher, er hält ihn warm.
Mein Sohn, was birgst du
so bang dein Gesicht?
Siehst Vater, du den Erlkönig nicht?
Den Erlenkönig
mit Kron und Schweif?
Mein Sohn, es ist ein Nebelstreif ...«

Johann Wolfgang von Goethe

Das dänische Original, das lyrische Lied »Die Tochter des Elfenkönigs« erzählt von Oluf, einem jungen Mann, der während einer nächtlichen Wanderung plötzlich reigende Elfen zu Gesicht bekommt. Als die Tochter des Elfenkönigs Oluf zum Tanz auffordert, lehnt dieser ab. Daraufhin stößt das Mädchen den jungen Mann vor die Brust, setzt ihn auf sein Pferd und schickt die beiden nach Hause. Als Oluf am nächsten Morgen – seinem geplanten Hochzeitstag – von seiner Braut gefunden wird, ist er tot.

Baum der Verbannung

Eine eigentümliche Rolle spielt die Erle im altfränkischen Recht. Nach der »Lex salica« zerbrach man vor Gericht über dem Kopf eines aus der Sippe ausgestoßenen Menschen vier Erlenstäbe und warf die Bruchstücke in verschiedene Richtungen. Diese Handlung symbolisierte die gänzliche Lossagung des Betroffenen von der Familie und die Wüstung seines Hauses. Die heute gängige Redensart »über jemanden den Stab brechen« geht auf diesen Brauch zurück.

In der griechischen Mythologie taucht die Erle an verschiedenen Stellen auf. Klethra, der griechische Name für Erle ist auf »kleio« (»ich schließe« oder »ich umschließe«) zurückzuführen.

Um Orakelstätten, die sich häufig auf Inseln (auch Flußinseln) befanden, wuchsen oft dichte Erlenhaine. So war beispielsweise die Höhle der Nymphe Kalypso auf der elysischen Insel »Ogygia« im äußersten Westen von den geheimnisvollen Erlen umstanden. Es dauerte sieben lange Jahre, bis sich der abenteuerlüsterne Odysseus von der bezaubernden Kalypso trennen konnte. Im feuchten Umland der verhexten Insel »Aia«, Wohnort der Zauberin Kirke (wo sich Odysseus weitere zwei Jahre bezirzen ließ), wuchsen der »Odyssee« zufolge gleichfalls Erlen. Nach der »Aeneis« des Vergil betrauerten die Heliaden (Töchter des Sonnengottes Helios) den Tod ihres Bruders Phaeton, bis sich Göttervater Zeus ihrer erbarmte und sie in ein Erlengestrüpp verwandelte.

Als Heilmittel hat die Erle nie eine große Rolle gespielt. Offizinell (in der Apotheke gebräuchlich) waren lediglich die Blätter, die neben ihren kühlenden und schmerzstillenden Eigenschaften zusammen mit der Rinde als Gurgelmittel bei Angina eingesetzt wurden.

Die Esche

»... Eine Esche weiß ich, sie heißt Yggdrasil,
die hohe, benetzt mit hellem Naß:
von dort kommt der Tau, der in Täler fällt;
immergrün steht sie am Urdbrunnen ...«

AUS: »DER SEHERIN GESICHT«, EDDA

BAUM DER AUEN UND SCHLUCHTWÄLDER

Die Esche (*Fraxinus excelsior*) ist der Baum der krautreichen Au, Schlucht- und Laubmischwälder und wird häufig in Gesellschaft von Bergahorn und Ulme angetroffen. Zusammen mit Schwarzerle und verschiedenen Weidenarten säumt sie meist die Bäche im Tiefland und gibt so mancher Landschaft ihr typisches Gepräge. Zur Kopfesche gestutzt, erfüllt sie eine ähnliche ökologische Funktion wie die Kopf-Weide (siehe Kapitel »Weide«). Obwohl sie frische Böden bevorzugt, gedeiht sie auch auf trockenen Jurahängen – der Förster unterscheidet zwischen Wassereschen und Kalkeschen. Letztere haben ein qualitativ hochwertigeres Holz.

Eschen wurden nie wie Linden oder Ulmen domestiziert und als Haus- und Gutsbaum aus dem Wald in die Dorfmitte oder den Hof geholt. Im Gegenteil: Weil ihr Wurzelwerk dem Mauerwerk schaden kann, soll man sie nicht in der Nähe von Gebäuden pflanzen; außerdem spendet sie ohnehin wenig Schatten.

Die Esche besitzt große, charakteristisch gefiederte Blätter und ist vom gemäßigten Europa bis Nordpersien allgemein verbreitet. In den Alpen steigt der Baum bis 1400 m und wird mit einer Maximalhöhe von 40 m zu den Bäumen »erster Größe« gezählt. Die Lebenserwartung liegt bei 200 Jahren.

Wegen ihrer Frostempfindlichkeit wird die schattentolerante Esche vom Förster während der Jugendjahre unter dem Schirm des Altholzes gezogen. Ab einer Höhe von etwa 2 m braucht sie volle Kronenfreiheit. Bereits mit 80 Jahren erreicht der Baum das beste Hiebsalter – früher als jedes andere Möbelholz. Ältere Stämme entwickeln häufig einen bräunlichen Farbkern, was den Holzwert mindert. Nimmt diese Verkernung allerdings größere Ausmaße an, erinnert die Holzstruktur an die des nahe verwandten Ölbaumes und wird als Olivesche teuer bezahlt.

Das zähe und gleichzeitig elastische Eschenholz wird seit der Antike zur Fertigung von Speeren und Lanzen bevorzugt.
Das Bild zeigt mittelalterliche Landsknechte auf dem Kriegspfad.

Die Eschen streiten in scharfen Schauern

Der wissenschaftliche Name *Fraxinus* leitet sich vom griechischen »phrasso« (= umzäunen) ab. Junge Stockloden sollen angeblich gute Zaunpfosten und Pfähle für Palisaden liefern. Viele Dorf- und Flurnamen wie etwa Eschenz, Eschenbach, Eschenberg, Eschenlohe, Eschenrod oder Aschau lassen sich auf den Namen der Esche zurückführen. Auch der französischen Bezeichnung »frêne« begegnet man häufig in Ortsnamen wie Frêsnes oder Frêsnay.

Unsere deutsche »Esche« kommt vom altnordischen »ask-r« und dem angelsächsischen »äse« und benennt nicht nur den Baum, sondern auch den aus seinem Holz gefertigten Speer. Auch das griechische »melia« bedeutet Esche und Speer gleichzeitig. Das zähe und zugleich elastische Eschenholz spittert nicht, weswegen es sich für höchste Beanspruchung eignet. Bei Nässe gilt es allerdings als nicht dauerhaft.

Seit der Antike ist es als Waffenholz vor allem für Speere und Bögen begehrt. Bereits Homer erwähnt in seiner epischen Dichtung »Ilias« Eschenspeere: »Rasch ihm folgte sein Volk mit rückwärts fliegendem Haupthaar,/ Schwinger des Speeres, und begierig mit ausgestreckter Esche/ Krachend des Panzers Erz an feindlicher Brust zu zerschmettern.« Laut Vergil soll Äneas, der nach dem Fall Trojas in Latium (Italien) an Land ging, als erstes mit seinen Gefährten Eschenholz gesucht haben, um Lanzen, Pfeile und Bögen zu schneiden.

Der berühmteste Eschenspeer wurde von der Hand des Kentauren Chiron gefertigt. Diese griechische Sagengestalt, halb Mensch halb Pferd, fällte eine heilige Esche des sagenumwobenen Berges Pelion und stellte aus dem Holz den Speer her, mit welchem Achilles dem trojanischen Helden Hektor den Garaus machte. Hieronymus Bock schreibt dazu in seinem Kräuterbuch (1577): »Aus Eschenholtz machet man schöne Tisch und Kuchengeschirr/ deßgleichen die lange spieß/ die hat Achilles zum ersten auß Eschenholtz bereit.« Sogar die Pfeile des römischen Liebesgottes Amor sollen aus Esche bestanden haben. Noch im Mittelalter war sie als Speerholz unübertroffen. Von Hildebrand, dem Waffenmeister Dietrichs von Bern, ist überliefert, daß er und sein Sohn »in scharfen Schauern die Eschen streiten ließen«.

Elastisches Holz war nicht nur für den Kampf und auf der Jagd erforderlich, sondern wurde auch gerne zur Herstellung von Reifen, Leitern, Wagen und belastbaren Werkzeugen genommen. Tennisschläger und Skis wurden lange Zeit aus Esche gemacht. Inzwischen gibt man bei diesen Produkten Aluminium und Kohlefasern als Rohstoff den Vorzug. Hochwertige Turngeräte oder Werkzeugstiele allerdings sind nach wie vor aus Esche.

Ursprung des Menschen

Doch nicht nur Waffen und Gerätschaften, sondern auch Menschen waren nach verschiedenen urtümlichen Religionen aus Eschen geschnitzt. Schon im 7. vorchristlichen Jahrhundert berichtete der griechische Dichter Hesiod in »Werke und Tage« wie Zeus das 3., eherne

Menschengeschlecht aus Eschen schuf. Die germanische Mythologie nennt »Ask« und »Embla«, also Esche (Mann) und Ulme (Frau) als die ersten Menschen (siehe Kapitel »Ulme«). Die Wikinger gaben sich selbst sogar den Namen »Aschemanen« (von »ask« abgeleitet). Im Amelungenlied erinnert Hildebrand seinen stolzen Herrn an dessen mythologische Abstammung: »Du hast schon recht vernommen, nur sei nicht ahnenstolz, uns schnitzte Wotan alle, zuletzt aus Eschenholz!« Auch in Nordamerika wird der Baum mit der Schöpfung in Verbindung gebracht. Der Indianerstamm der Algonkin führt seine Herkunft darauf zurück, daß der Erschaffer der Welt Mann und Frau hervorbrachte, indem er einen Pfeil in eine Esche schoß.

Die Weltenesche Yggdrasil bildet die Achse und Stütze der Welt. Wie eine lebendige Säule durchdringt und verbindet sie Götterstadt, Riesenland und Unterwelt.

EINE ESCHE WEISS ICH. SIE HEISST YGGDRASIL

Im 13. Jahrhunderts stellte sich der isländische Staatsmann und Gelehrte, Snorri Sturluson die Aufgabe, das bis dato nur mündlich tradierte mythologische Wissen vor dem Vergessen zu bewahren. Zwischen 1220 und 1230 faßte dieser kundige Historiker sämtliche Bruchstücke in der sogenannten »Snorri-Edda« (auch jüngere Edda genannt) zusammen. Stoffe und Motive reichen in die Wikingerzeit bis zur Zeit der Völkerwanderung zurück. Sturlusons Dichtung wurde zur damaligen Zeit wohl als Handbuch der alten Religion und Lehrbuch für junge Skalden (norwegische und isländische Dichter) verwendet. In der Snorri-Edda ist unter anderem von der berühmten Weltenesche Yggdrasil, der Achse und Stütze der Welt, die Rede (siehe Gedicht am Anfang des Kapitels). Wie eine lebendige Säule durchdringt und verbindet Yggdrasil mit ihren 3 Wurzeln die unterschiedlichen Welten. Eine Wurzel führt in die Götterstadt Asgard, die 2. zum Riesenland Jotunheim und die letzte nach Niflheim, also in die Unterwelt. Unweit des Weltenbaumes entspringt die wunderbare Quelle Mimir (»Meditation«, »Erinnerung«), bei der der Göttervater Odin eines seiner Augen als Pfand gelassen hat und zu der er immer wieder zurückkehrt, um seine Weisheit aufzufrischen. Drei Schicksalsgöttinnen, die Nornen, kommen aus dem Urdbrunnen am Weltenbaum, bewässern dessen Wurzeln und bestimmen das Schicksal der Menschen:

»... Lose lenkten sie,
Leben koren sie
Menschenkindern,
Männergeschick ...«

AUS: »DER SEHERIN GESICHT«, EDDA

Über die Brücke des Regenbogens kommen die Götter jeden Tag zum Weltenbaum, um in seinem Schatten Gericht zu halten. Das Laub der Yggdrasil wird von 2 Hirschen und der Ziege Haidrun angefressen. (Bis in unser Jahrhundert hinein galt die

Esche als beliebtester Laubfutterbaum, und ihre Blätter wurden in den Alpen noch in den fünfziger Jahren dem Vieh als Krankenkost vorgelegt.)

Der über den Baum wachende Adler, das geheiligte Tier Odins, kämpft mit dem Drachen Nidhögg, der an der Wurzel nagt. Diesem uralten Motiv des Kampfes zwischen Licht und Dunkel begegnet man immer wieder in den Mythen der Völker. Ein Drache oder eine Schlange trachtet dem Weltenbaum nach dem Leben, und beide Kräfte, die erhaltende und die zerstörende halten sich lange Zeit die Waage. Zuletzt jedoch kommt der Weltuntergang. Yggdrasil muß fallen:

»Yggdrasils Stamm
steht erzitternd,
es rauscht der Baumgreis,
der Riese kommt los.
Alles erbebt in der Unterwelt,
bis der Bruder Surts
den Baum verschlingt«

AUS: »DER SEHERIN GESICHT«, EDDA

»Sie mußte fallen«, meinten christliche Mystiker, denn eigentlich war sie schon längst verdorrt, überwachsen vom christlichen Kreuz.

DER GEHÄNGTE

Yggdrasil war es auch, durch die Göttervater Odin zum Runenleser und Zaubermeister wurde. Der mythologischen Überlieferung zufolge, vollzog Odin an sich selbst den Weiheakt, als er, verletzt durch einen Zweig des Baumes, neun Nächte lang an der Weltenesche hing.

WIE ODIN RUNENWEISHEIT ERLANGTE

»Ich weiß, daß ich hing
An einem im Winde
schwankenden Baum,
Neun ganze Nächte lang,
Mit dem Ger verwundet.
geweiht dem Odin,
ich selbst, mir selbst ...
Ich nahm herauf die Runen,
laut schreiend,
Dann fiel ich herab
vom Baume.
Da begann ich zu gedeihen
und weise zu sein,
Und zu wachsen und mich
wohl zu befinden;
Wort mit vom Worte das
Wort suchte,
Werk mir vom Werke das Werk.«

(Siehe auch »Bücher und Runen«, Seite 72)

Der skaldische Beiname für Odin war Galgagramir, der Galgenherr, oder auch Hangi, der Gehängte. Interessanterweise übersetzten Goten und Angelsachsen das christliche Kreuz in ihrer Sprache mit Galgen – eine höchst förderliche Maßnahme für die christliche Missionierung, wie man sich denken kann.

Odins heiligen, mit Eschen bestandenen Hain im schwedischen Uppsala beschrieb Adam von Bremen im 12. Jahrhundert: Alle 9 Jahre versammelten sich die Stämme des Landes in Uppsala. Nach der Überlieferung mußten alle Stämme Sühneopfer darbringen, nämlich »von jeder Art männlicher Kreatur« (in diesem Fall Menschen, Pferde und Hunde). In der Nachahmung von Odins ruhmreicher Selbstopferung hängte man die Auserwählten im heiligen Eschenwald auf. Diese Ritualmorde waren nach zeitgenössischen Berichterstattern von »anstößigem Gesang« und »sich windenden Frauen mit Glockengeschell« begleitet. Ähnliche Bräuche sind von Thietmar von Merseburg für Dänemark belegt.

Der Bann dieses »heidnischen« Baumes ist viel älter, als bisher angenommen. Der Zauberstab der keltischen Priester, der Druiden, war bereits aus Eschenholz geschnitzt. Mit ihm schützte man sich vor allem gegen die zerstörerische Kraft des Wassers und beschwörte den Regen. Übrig geblieben davon ist vielleicht die alte Wetterregel, nach der ein verregneter Sommer bevorstehen soll, wenn die Eiche im Frühjahr vor der Esche austreibt: »Kommt die Eiche vor der Esche, hält der Himmel große Wäsche, kommt die Esche vor der Eiche, hält der Himmel große Bleiche«.

GEGEN RHEUMA UND SYPHILIS

Hildegard von Bingen beschreibt die Esche »Sie ist ein Sinnbild der besonnenen Einsicht«, und bemerkt, daß ihre Blätter anstelle von Hopfen bei der Herstellung von Haferbier verwendet wurden. Hippokrates, der berühmte griechische Arzt des 4. vorchristlichen Jahrhunderts, empfiehlt Zubereitungen aus Blättern und Früchten gegen Rheuma und Gicht. Sie werden mit Weidenblättern und Brennesselblättern noch heute zu Rheumatees gemischt oder mit Wacholderbeeren in Alkohol zu einem äußerlich aufgetragenen »Eschengeist« angesetzt. Früher in aller Munde war der sogenannte »Holztee«, ein Aufguß geraspelter Späne verschiedener Holzarten der blutreinigend wirken sollte.

Ursprünglich wurde dieser Holztee aus dem Pockholz (*Guajacum*), einer mittel- und südamerikanischen Baumart, bereitet und gegen Rheuma und die »Französische Krankheit« (Syphilis) verschrieben. Da Eschenholz ähnlich wirkt, fand es als »Guajacum Germanorum« Eingang in den damaligen Sprachgebrauch. Als »Europäisches China« (Chinarindenersatz) flößte man die abgeschabte Rinde junger Äste in Form von Tee Fieberkranken ein. Nach dem »Buch der Natur« aus dem Jahre 1349 von Konrad von Megenberg heilt Eschenasche, verrührt mit Essig, zudem verstauchte und gebrochene Beine: »Des paumes rind oder sein pleter, wann asch daraus geworden ist, pint man diz über zerprochen pain, diu wachsend schier zesammen«.

Eine ähnliche Wirkung beschreibt Lonicerus im 16. Jahrhundert. Er rühmt den Baum als Wundholz und empfiehlt das Verbinden von Schnittwunden mit Eschenrindenstreifen als blutstillende Anwendung.

Die alte Wertschätzung des Baumes als Allheilmittel verdeutlich ein Lexikon aus dem Jahre 1750, in dem es heißt: »...daß man sich so unglaubliche Dinge von der Esche erzählt, und wenn nur die Helffte davon wahr wäre, man bekennen müste, es wäre in diesem eintzigen Baum eine ganze Apothecke zu finden«.

Ein kurioses Teerezept, gab Mr. Twining, Direktor der gleichnamigen alteingesessenen Teeimportfirma im Jahre 1770 preis. In einem Pamphlet beklagte er sich über ein Dorf in der Nähe Londons, welches Schwarztee verfälschte und davon jährlich 20 Tonnen zum halben Schwarzteepreis in den Handel brachte. Zur Herstellung des Streckmittels wurden »Eschenblätter von Kindern gesammelt und in einem Kupferkessel mit Schafsdung gekocht«.

Gestampft, getrocknet und vorsichtig geröstet, sah diese Mischung Teeblättern täuschend ähnlich. Geschmacklich freilich dürfte ein gewisser Unterschied bestanden haben.

Die geflügelten Früchte der Esche sind in charakteristischen Büscheln angeordnet, die – dann braun gefärbt – insbesondere nach dem Laubfall auffallen.

Die Fichte

Die glücklichen Gatten

Dort, wo das Grün so dichte um Kirch und Rasen steht,
Da, wo die alte Fichte allein zum Himmel weht;
Da ruhet unsrer Toten frühzeitiges Geschick,
Und leitet von dem Boden zum Himmel unsern Blick.

Johann Wolfgang von Goethe

Mastbaum der Forstwirtschaft

Seit etwa 2 Jahrhunderten wird Mitteleuropa in allen Höhenlagen und ungeachtet der örtlichen Verhältnisse von einer regelrechten Invasion der Fichte (*Picea abies*) heimgesucht. Der Förster pflanzt sie, wo immer es möglich ist, denn als äußerst produktiver Holzlieferant steht die Rottanne, wie sie ihrer rötlichen Borke wegen auch genannt wird, in enger Wechselbeziehung zu dem Holzmangel, der in Europa schon früh gravierende Ausmaße annahm.

Bereits im antiken Griechenland und Rom hatte aufgrund rücksichtsloser Ausbeutung massive Holzknappheit geherrscht (die Griechen importierten Brennholz aus dem Kaukasus, die Römer aus Frankreich und Nordafrika). Später griff die »Not am Holz« auch auf an und für sich waldreiche Regionen über. So schrieb 1856 der Schweizerische Forstverein bestürzt an den Bundesrat, daß die Bewohner von Grindelwald ihr Brennholz stundenlang auf dem eigenen Rücken von anderen Ortschaften herbeischleppen müßten.

Das ausgehende 18. Jahrhundert, das in Waldbaulehrbüchern als »Geburtsstunde der eigentlichen Forstwirtschaft« bezeichnet wird, war zugleich die große Stunde der anspruchslosen Fichte, die sich bei Neuanpflanzungen auf Dauer durchsetzte. Als Pionier auf Magerweiden und Waldlichtungen ist sie auf verarmten und verdichteten Böden jedem Laubbaum überlegen. Auch Feuchtigkeit, die vielen Laubbäumen zusetzt, verträgt die Rottanne vorzüglich; schließlich befinden sich ihre natürlichen Vorkommen häufig in tiefen Lagen an Moorrändern und in Auen.

Selbst die Weißtanne hat bei der Aufforstung keine Chance gegen die Fichte, da sie in der Jugend den Schutz der Mutterbäume benötigt und zudem häufig von Wild verbissen wird. So entwickelte sich die Fichte zum Liebling von Förstern und Bauern.

Mit ein Grund dafür mag ihre berechenbare Geradheit gewesen sein, wie es der Schweizer Waldexperte Christian Küchli treffend formulierte: »Der Baum muß auf den ordnungsliebenden Menschen schon immer einen guten Eindruck gemacht haben: Mit gerader Stammachse und klarem Verzweigungsmuster unterscheidet sich die Fichte schon von frühester Jugend von den bengelhaften Eichen, Ulmen oder Linden. Mit dem sauberen Bild der Fichtenaufforstung läßt sich einer zweifelnden Bevölkerung auch zeigen, daß sich die kahlen Flächen auch wieder bewalden lassen«.

Interessant in diesem Zusammenhang erscheint, daß die englische Vokabel »spruce« einerseits Fichte bzw. Fichtenholz bedeutet, andererseits »sauber« oder »adrett«. Die Redewendung »to spruce up« wird gar mit »sich herausputzen« übersetzt. Auch Adalbert Stifter, der große österreichische Erzähler des 19. Jahrhunderts, bewunderte die weitläufigen böhmischen Fichtenforste. In späteren Jahren zum Dichter der Ruhe, Ordnung und des Maßes gewandelt, widmete er sogar ein ganzes Buch (»Der Hochwald«) dem Nadelwald. Beim Überblicken des (allerdings von Menschen gepflanzten!) »dämmerblauen, unermeßlichen Meeres des Hochwaldes«, kamen ihm folgende Worte in den Sinn: »... Es liegt ein Anstand, ich möchte sagen, ein Ausdruck von Tugend in dem, von Menschenhänden noch nicht berührten Antlitze der Natur, dem sich die Seele beugen muß, als etwas Keuschem und Göttlichem – und doch ist es zuletzt wieder die Seele allein, die all ihre innere Größe hinaus in das Gleichnis der Natur legt.«

Willst du deinen Wald vernichten ...

Die Umstellung vom ursprünglichen Laub- in einen Nadelwald dauert bis heute an. Inzwischen sind zwei Drittel der Waldfläche Mitteleuropas bestanden mit Koniferen. Wie beharrlich die Fichtenaufforstung vorangetrieben wurde, wird am Beispiel des Soonwaldes im Hunsrück deutlich. Noch 1786 überzog ein Nieder- und Mittelwald zu 80 Prozent den Höhenrücken, die Fichte war mit lediglich 1 Prozent vertreten. Gute 100 Jahre später gab es dort nurmehr einen Hochwald mit 30 Prozent Fichten, die bis zum Jahre 1954 auf 41 Prozent zugenommen hatten. Zur Zeit liegt der Fichtenanteil im deutschen Wald bei etwa 33 Prozent, von denen wiederum 18 Prozent bereits deutliche Waldschäden aufweisen.

Der im 19. Jahrhundert aufgestellte Grundsatz der »Reinertragslehre« beschreibt den Versuch, möglichst viel Geld aus dem Wald herauszuschlagen, mit den Bäumen als Anlage und dem Zuwachs als Rendite. Die Fichte liefert 2mal soviel Holzmasse wie die Buche und sogar den 3fachen Ertrag an begehrtem Möbelholz. Dennoch ist die Berücksichtigung der Fichte über Gebühr längst nicht mehr gerechtfertigt, denn die Nachteile dieses Nadelgehölzes für das Ökosystem Wald liegen seit Jahrzehnten auf der Hand. In reinen Fichtenbeständen versauert der Boden durch Anhäufung saurer Nadelstreu. Solche Monokulturen sind für die häufigsten tierischen Schädlinge der Rottanne, Fichtengallenläuse und Borkenkäfer, besonders anfällig. Auch die Rotfäule (durch Hallimasch und Rotfäulepilz verursachte Fichtenkrankheiten) richtet dort erheblich größere Schäden an als im Mischbestand, und wegen der Flachwurzeligkeit des Baumes kann der Windwurf in reinen Fichtenplantagen hohe Verluste bringen. Zudem entstehen in dicht gepflanzten Rottannenbeständen manchmal Kaltluftstaus und dadurch Nebel.

Als Anfang des 20. Jahrhunderts durch Windwurf im baden-württembergischen Breitental ein ganzer Fichtenbestand zerstört wurde, ließen die zuständigen Forstleute folgenden Spruch in eine steinerne Gedenktafel meißeln: »Willst du deinen Wald vernichten, so pflanze nichts als Fichten.« Der knappe Kommentar des Umweltjournalisten Horst Stern dazu: »Steinmetzen und Journalisten neigen zu vereinfachender Kürze«.

Ein Kind der Berge

Die Benennung Fichte (althochdeutsch »fiutha«, »fiehta«, mittelhochdeutsch »viehte«) kommt auffälligerweise nur im deutschen Sprachgebiet vor und fehlt in anderen germanischen Sprachen wie dem Englischen oder Friesischen. Den Grund dafür sieht man in der Annahme, daß es die Fichte im Mittelalter in jenen Gegenden noch nicht gab, weil sie von Natur aus ein Kind der Berge ist. In der kühl-humiden und winterkalten Klimalage der montanen und subalpinen Gebirgsstufe begegnet man ihr ab einer Höhe von 800 m in Reinbeständen, in etwas tieferen Lagen ist sie mit Rotbuche und Weißtanne vergesellschaftet. Als duldsame Wetterfichte beschreibt Jakob Boßhart den Baum folgendermaßen:

»Da stehst du wirr verloren,
einsam oben
auf einer kargen Alpenweide Grund,
hast dir den Schlapphut
ins Gesicht gezogen
und schaust mit düstrem Ernste
in die Rund' ...«

Einer der schönsten und naturnahsten Fichtenurwälder Mitteleuropas steht im Salzburger Teil des Nationalparkes »Hohe Tauern« in Österreich. Am Talschluß des Rauriser Tales konnte der sogenannte »Rauriser Durchgangswald« auf einer Seehöhe von etwa 1700 m seine Urtümlichkeit bewahren. Dort sind noch heute uralte, majestätische Baumveteranen zu bewundern. Seit einem Kahlschlag gegen Ende des Mittelalters blieb dieses Refugium der Zeit und sich selbst überlassen. Das melancholische Aussehen der altehrwürdigen greisenhaften Baumgestalten wird verstärkt durch die langen Bartflechten, die von den Zweigen der Bäume herunterhängen.

Während extremer Kälteperioden stellt die Fichte Photosynthese und Atmung beinahe völlig ein. Zur Zeit der ersten Nachtfröste sind die Bäume bereits gegen Temperaturen von –20 °C gefeit und können im tiefsten Winter Minustemperaturen von

In der Kunst wird die Fichte oft in Verbindung mit melancholischen Stimmungen dargestellt.

–60 °C überleben. Der extreme Frostschutz der Fichte baut auf dem Prinzip der Gefrierpunktserniedrigung auf, d.h. die Zellen werden mit Kohlenhydraten angereichert. In demselben Maße, in dem die Frostresistenz im Winter mit den länger werdenden Nächten zunimmt, wird sie im Frühjahr mit zunehmender Tageslänge reduziert, was Fichten für Spätfröste im Frühjahr anfällig macht. Aufgrund ihrer Physiologie kann die Rottanne am Chatanga-Fluß in Nordsibirien (einem ihrer nördlichsten Standorte) auf Dauerfrostböden bei mittleren Januartemperaturen von –34,8 °C noch Bestände bilden. Als nur 80 cm hohe Krüppelfichte trifft man sie bis fast 2500 m Höhe an (in Südtirol, Ortlergebiet).

Jede Ficht hat ihr Gesicht...

... sagen die Förster. Als Baumart mit großem ökologischen Spielraum hat sie in der Tat einen gewissen Grad an Vielgestaltigkeit entwickelt. Ihre Kronenform paßte sich im Laufe der Zeit an den jeweiligen Standort an. Der im Gebirge verbreitete schmalkronige Typ findet seine extremste Ausprägung in der sogenannten »Spitzfichte«, der Schneelasten am wenigsten anhaben können. Die Kamm-Fichten der Tieflagen hingegen, die ihre Nebenäste kammförmig von den Hauptästen herabhängen lassen, sind breitkronig. Innerhalb ihres eurasischen Areals hat die Gemeine Fichte 2 Unterarten entwickelt: Die europäische Form (ssp. *abies)* mit kahlen Zweigen und längeren Nadeln und Zapfen reicht in Europa bis zum 69. Breitengrad (Skandinavien). Die nordeuropäisch-asiatische Form (ssp. *obovata*) erstreckt sich über Nordrußland und Sibirien bis zum Altai-Gebirge und zur Pazifikküste. Sie trägt behaarte Zweige und kleinere Nadeln und Zapfen.

Die Zweige der oberen Stammhälfte streben aufwärts, in der unteren hängen sie. Freistehende Bäume sind bis zum Boden beastet, im Gegensatz zu den dicht gepflanzten Plantagenbäumen (Hermann Löns' »Stangenacker«), bei denen die Zweige der unteren 2 Drittel absterben. Die stechend spitzen Nadeln überdauern im Tiefland 4–6 Jahre, im Gebirge bis 10 Jahre. Bei geschädigten Fichten – wie die Weißtanne reagiert die Fichte stark auf Luftverunreinigung – leben die Nadeln häufig nur 1–3 Jahre.

Die rotbraune Borke der Fichte (daher der Name Rottanne im Gegensatz zur weißberindeten Weißtanne) neigt in Hochlagen zum Grauwerden. Als Solitärgehölz blüht die Rottanne bereits mit 20–25 Jahren, im Bestand mit 50–60 Jahren. Während der Hauptblütezeit, meist in weiten Gebieten gleichzeitig, werden gewaltige Pollenmengen ausgeschüttet. Dieser »Schwefelregen« kann gleichzeitig blühende Obstbäume förmlich verkleben, so daß diese von Bienen nicht mehr befruchtet werden können.

Ein gutes Unterscheidungsmerkmal von Fichte und Tanne sind die Zapfen. Bei der Fichte hägen sie herunter und werden als ganzes abgeworfen, während bei der Weißtanne nur die einzelnen Zapfenschuppen abfallen und die Zapfenspindel am Baum stehenbleibt (am Boden liegende ganze »Tannenzapfen« sind deshalb immer Fichtenzapfen). Der phallusförmige Fichtenzapfen besitzt eine eigene Symbolik, die im Augsburger Stadtwappen deutlich wird: Weil die Heilige Afra, Schutzpatronin der käuflichen Frauen, in Augsburg als Stadtheilige verehrt wird, bringt man ihn mit Sexualität in Verbindung.

In alpinen Gebieten mit hohem Schneedruck hat sich eine besonders schmalkronige Form, die sogenannte »Spitzfichte« ausgebildet.

Daß die Fichte mit der Weißtanne zu den höchsten europäischen Bäumen zählt, drückt ihr alter wissenschaftlicher Name aus: *Picea excelsa* (das lateinische »excelsus« bedeutet: »hoch«, »erhaben«).

Alte Bäume können bis zu 600 Jahresringe zählen und dabei bis 50 m hoch werden. Die größte bisher vermessene Fichte steht mit 63 m Höhe im Urwald von Perucia in Bosnien.

DAS HOLZ DES GEIGENBAUERS

Fichtenholz wird allgemein im Haus-, Schiff- und Möbelbau verwendet. In früheren Zeiten war das feste und haltbare Holz der langsam gewachsenen Bergfichten mit ihren schmalen Jahresringen für den Bau von Saiteninstrumenten begehrt. Im Gegensatz zum »fetten« und

»mastigen« Holz der Tieflagen-Fichten lieferte es vor allem Geigenbauern qualitativ hochwertiges Klangholz. Für Resonanzböden gesucht waren die gleichmäßig gewachsenen »Haselfichten« mit ihren peitschenartig überhängenden Zweigen. Berühmte Geigenbauer gingen früher mit einer Axt bewaffnet selbst in die Berge, um den geeigneten Baum zu finden. Manchmal dauerte die Suche wochenlang. Schon am lebendigen Stamm war der spätere Klang des tonverstärkenden Holzes erahnbar. Deshalb wurden ausgewählte Rottannen immer wieder mit der Axt beklopft und in angemessenen Abständen nach dem dabei entstandenen Geräusch »abgehört«. Die meisten klassischen Geigenbauschulen und Werkstätten haben sich also nicht zufällig im Alpenraum angesiedelt.

Fichtenzapfen hängen (im Gegensatz zu den aufrecht am Zweig stehenden Tannenzapfen) herunter und fallen als Ganzes ab. Bei am Boden liegenden »Tannenzapfen« handelt es sich deshalb immer um Fichtenzapfen.

Bestes Mittel wider den Scharbock

Die Fichte galt früher als bergender und bewahrender weiblicher Baum, der die Fähigkeit besaß, Krankheiten von den Menschen zu übernehmen, so daß diese wieder gesund wurden. Schon zu Hildegards Zeiten war die Rottanne aufgrund ihrer besonderen Gabe angesehen. Die Äbtissin bezeichnet sie als Sinnbild der Kraft. In alten Kräuterfolianten trifft man wiederholt auf Anleitungen, mit denen Krankheiten – vor allem Rheuma – in den Stamm des Baumes zu bannen waren. Ein von der Gicht Geschlagener etwa sollte noch vor Anbruch des Tages etwas von seinem Körper (einige Tropfen Blut oder abgeschnittene Haare) in einen Spalt einer Fichte stecken und diesen anschließend mit Wachs verschließen. Dabei mußte er den Baum mit einem Bannspruch belegen:

»Guten Morgen, Mutter Fichte,
Ich hab die reißende Gichte,
Ich hab sie gehabt dieses Jahr,
Du sollst sie haben immerdar.«

Bei Rheuma, Gicht und Hexenschuß wirkt das Lohtanninbad aus Fichtenrindenabsud, das außerdem bei chronischen Hautkrankheiten Linderung verspricht. Wer die belebende Wirkung eines nervenstärkenden Vollbades ausprobieren möchte, kocht 2 kg Fichten-, Tannen- oder Kiefernnadeln (nicht die leicht giftigen Nadeln der Lärche verwenden!) eine halbe Stunde lang in 5 Liter Wasser und schüttet den Absud ins Badewasser. Aus jungen Nadeln läßt sich zudem ein vortrefflicher schweißtreibender Husten- und Grippetee überbrühen.

Seit langem bekannt ist die Wirkung der Nadeln gegen den Scharbock, die verballhornte Bezeichnung für die Vitamin-C-Mangelkrankheit Skorbut. Theodor Zuinger schreibt darüber 1696 in seinem »Theatrum botanicum«: »...denn als der Scharbock in ihrem Lager hefftig zugenommen, haben sie diese schößlein und Blätter in Bier oder Wasser gesotten und mit diesem Trank die am Scharbock gefährlich darniedergelegenen Kranken geheilet«. Aus den Fichtenwipfeln läßt sich im Frühjahr zudem ein wirksamer Hustensirup erzeugen.

Der wissenschaftliche Name der Fichte (*Picea*) leitet sich von ihrem Harz ab (lat. »pix« = Pech). Aus den harzhaltigen Stubben (so heißen die im Boden zurückbleibenden Teile des Stammes nach dem Fällen) destillierte man früher im Kohlemeiler Holz-

Alte Darstellung der Fichtenharzgewinnung. Wie bei der Kiefer (siehe Seite 149) wurden die Bäume durch Anritzen der Rinde und späteres Abschaben des austretenden Harzes beerntet.

teer und aus diesem wiederum Pech, das vor allem als Schusterpech und Wagenschmiere in den Handel kam. Früher wurde das Fichtenharz unter der Bezeichnung »Pix burgundica« als Arznei in den Apotheken verkauft. Nach Pfarrer Kneipp wirkt das frisch ausgeschwitzte Harz von der Größe einer Erbse, unzerkaut geschluckt, anregend und kräftigend. Als »Resina alba« wird das Harz heutzutage bei der Terpentindestillation gewonnen und meist in wasserfreier Form als Kolophonium in den Handel gebracht. Bevor man begann, Vanillin synthetisch zu erzeugen, wurde es aus dem Harz der Fichte hergestellt (geschlagene Fichtenstämme verströmen nach Besonnung einen zarten Vanillegeruch).

»In die Fichten führen«

In Volkssagen und Märchen begegnet man der Fichte als Einzelbaum eher selten. Der düstere, dicht mit Fichten bestandene Wald als Ganzes hingegen ist der Ort, in dem das Rotkäppchen dem Wolf begegnet, und in der tiefen grünen Dämmerung der Fichtendickichte steht das Lebkuchenhaus der Hexe von Hänsel und Gretel. Unter dunklen Fichtenstämmen schnarchen auch die Riesen, die vom tapferen Schneiderlein gereizt werden. In der Gaunersprache bedeutet »Einen in die Fichten führen«, jemanden hinters Licht führen. Diebe, die nachts ihrem Handwerk nachgingen, waren »Fichtegänger«. Den Geschädigten nannte man »Fichtner«.

Ein einzelner Fichtenbaum mit seinen melancholisch gesenkten Ästen erweckt in manchen Menschen trübsinnige Gedanken: »Der Fichtenbaum ist nicht allein der ernste Schweiger, über seiner ganzen Gestalt liegt eine Schwermut, die ihm die Äste gebogen und niedergedrückt hat bis auf die Erde, die auch den ergreift, der ihm entgegentritt«, schrieb einst Schmerz.

Schon die alten Römer verbanden den Baum mit Totenkult und Trauer. Der 79 n.Chr. beim Vesuvausbruch getötete römische Geschichtsschreiber Gajus Plinius Secundus betonte in seiner »Naturalis historia«, daß die Fichte »als Trauerzeichen an den Türen angebracht und grün auf den Scheiterhaufen gelegt« wird.

Magischster aller Bäume

Als heilig werden die Fichten Nordamerikas von den Hopi-Indianern im Südwesten der USA verehrt, die sie als »magischste aller Bäume« bezeichnen. In grauer Vorzeit, als die Hopi noch nomadisierend umherzogen, brach im sogenannten Dachs-Klan Streit aus, woraufhin die Naturgewalten das Land verdorren ließen. Als Sühneopfer forderte der Gott des Klans, daß sie 4 Jahre Buße übten und danach an derselben Stelle wieder zusammenträfen, was diese auch gehorsam taten. Die Gottheit nahm das Opfer an, gab dem Land seine Fruchtbarkeit zurück und offenbarte sich in Gestalt einer Fichte. Seit dieser Zeit betrachten die Hopi Fichtenzweige als Zeichen göttlichen Einverständnisses.

Die Rolle, die die Fichte als Weihnachstbaum im christlichen Kulturkreis spielt, wurde bereits auf Seite 43 näher erläutert.

Die Hainbuche

»... daß under allem holtz so in unsern Wäldern wächßt/ kaum eins ist/ so hart/ als der Hanbuchen/... würt deshalb zu Spindeln/ zu Schrauben/ und zu den Kampffredern inn den Mülen erwehlet/...«

HIERONYMUS BOCK (1577)

Typischer Kätzchenblüher

Größen- und altersmäßig ist die Hain- oder Weißbuche (*Carpinus betulus*) ein bescheiden anmutender Baum. Mit etwa 25 m erreicht sie längst nicht die Höhe stattlicher Eichen, Rotbuchen oder gar Fichten. Sie wird auch nicht besonders alt. 100-jährig ist der Baum meist schon kernfaul und wipfeldürr, wenige Jahrzehnte später stirbt er ab. Ähnlich der ebenfalls kurzlebigen Birke fruchtet die Hainbuche jedes Jahr reichlich – im Gegensatz zu den sogenannten »Mastbäumen« wie Eiche oder Buche, die nur in günstigen Jahren in voller Frucht stehen. Mit der Haselnuß nah verwandt, ist die Weißbuche ein typischer »Kätzchenblüher«, d.h. ihre einfachen Blütenstände hängen »kätzchenförmig« herunter oder stehen ab. Am leichtesten lassen sich Kätzchen an den Weiden (»Palmkätzchen«) studieren. Birke, Buche, Walnuß und die Brennnessel gehören ebenfalls dieser Gruppe an. Als sogenannte »Wintersteher« bleiben die Fruchtstände bis zum Jahreswechsel am Baum hängen und können in winterlichen Stürmen Hunderte von Metern weit davongetragen werden.

Das einfachste Erkennungsmerkmal der Hainbuche ist ihr Stamm. Die graue Borke reißt im Alter nicht auf, sondern bleibt wie die der Rotbuche glatt. Silbergraue, spiralig herablaufende Wülste verleihen dem Baum jedoch ein gedrilltes Aussehen – als »spannrückig« bezeichnet ihn der Förster. Manchmal erscheint der ganze Baum gewunden wie ein Seil. Der zweite Name, Weißbuche, nimmt Bezug auf ihr weißliches Holz, im Gegensatz zum rötlich getönten Holz der Rotbuche.

Auf den Stock gesetzt

In ihrer Heimat Europa (östlichste Verbreitung Nordpersien) ist die Hainbuche ein Baum der Ebene und des Hügellandes, der im Gebirge bis 900 m hoch steigt. Man trifft sie zwar auch auf ärmeren Böden an, für guten Wuchs braucht sie allerdings frische, tiefgründige Erde. In Ostpreußen, wo es früher reine Hainbu-

Bei der früher zur Brennholzgewinnung häufigen Methode der Niederwaldwirtschaft sezte man vor allem Hainbuchen und Eichen regelmäßig (alle 10 bis 20 Jahre) »auf den Stock«, d.h. man schnitt sie knapp oberhalb des Bodens ab. Bei dieser Bewirtschaftungsform treiben die Bäume stets mehrstämmig aus.

chenbestände gab, soll sich sogar eine eigene Rasse herausgebildet haben. Seit Jahrtausenden ist sie eine typische Begleiterin der Eiche, und noch heute findet sie ihre stärkste Verbreitung in den charakteristischen Eichen-Hainbuchenwäldern. Diese wurden früher niederwaldartig genutzt. Mit einer Umtriebszeit von 10 bis 20 Jahren setzte man die Bäume auf den Stock, d.h. man schnitt den Stamm etwas oberhalb des Bodens ab, so daß er neu aus der Wurzel austreiben konnte. Nur wenige Waldbäume wie Eichen oder Weißbuchen überleben diese Bewirtschaftungsform dank ihrer enormen Ausschlagskraft.

Weil die Hainbuche die größten Verstümmelungen aushält und dennoch vergleichsweise rasch wieder austreibt, zählt sie zu den wichtigsten »Hage-Hölzern« (ein »Hag«, neudeutsch Hecke, ist ein lebendiger Zaun) und wird deshalb auch Hagebuche genannt. Früher wurden Felder und Viehkoppeln aus Spargründen im allgemeinen nicht eingezäunt, sondern eingehegt. Eng nebeneinander gesetzt und zu einem Dickicht verwachsen, dienten die Bäume als pflegliche sogenannte »lebende Zäune«.

Wehr-Hecken

Laut Cäsar und Tacitus bauten bereits germanische Volksstämme wie die Nervier und die Treverer (Hauptort Trier) meterdicke, ineinader verstrickte »Gehäge« aus Hagehölzern, sogenannte Landwehren, als Schutz vor Angreifern. Die Karolinger ließen ihre Fliehburgen auf ähnliche Weise von verschiedenen schwer durchdringbaren Hindernissen umwachsen. Besonders zur Zeit des Dreißigjährigen Krieges spielten solche Wehr-Hecken in Mitteleuropa eine große Rolle. »Knickicht«, »Wehrholz«, »Landheeg« oder »Gebück« nannte man sie. Ursprünglich bestanden sie aus einem einfachen Wall mit dazugehörigem feindwärts gelegenem Graben. Die auf die Wälle gepflanzten Hagebüsche, meist Hainbuchen, wurden mit der Axt angehauen und umgeknickt und verwuchsen rasch mit den dazwischengesetzten wildernden Brombeeren, Heckenrosen und anderen Dornsträuchern. »... dahero es auch so dicke und dichte durch einander sich geflochten, und verwimmert, daß fast weder Menschen noch Vieh, ohne Gewalt, durch diese uralten Land-Wehren haben kommen können«, schreibt Carl von Carlowitz 1713 in seiner »Anweisung zur Wilden Baumzucht«.

Eine der bekanntesten Landwehren, das Rheingauer Gebück wurde im 11. Jahrhundert von Kurmainz gegen die aus dem Taunus einbrechenden Vandalen errichtet. Es umfaßte den Rheingau von Nieder-Walluf aus in einem weiten Bogen und endete in Lorchhausen. Auf einem 50 bis 100 Schritt breiten Streifen waren Bäume in verschiedenen Höhen abgeschlagen oder geknickt und die

Das harte Holz der Hainbuche wurde neben demjenigen der Rotbuche von den frühen Buchdruckern zum Schneiden der Lettern benutzt.

jungen Triebe am Boden befestigt, »gebückt« worden. An einigen wenigen Stellen besaß diese Landwehr durch Schanzen, Bollwerke und Pforten gesicherte Durchlässe für Reisende. Eine solche Öffnung, die »Mapper Schanze« wurde zu Demonstrationszwecken neu angelegt. Für die Instandhaltung dieser Landwehr sorgte ein sogenanntes »Haingericht«, das durch das »Bereitungsprotokoll« aus dem Jahre 1619 belegt ist. Erst im Laufe des Dreißigjährigen Krieges soll dieses undurchdringliche Bollwerk in Feindeshand geraten sein. In winzigen Resten ist das »Gebück« heute noch erhalten, z.B. im Forstamt Eltville, in Abt. 236 (Hinweisschilder kennzeichnen den Weg). Vor kurzem durchgeführte Jahrringbohrungen lieferten leider keine neuen Erkenntnisse, weil das Holz erstaunlich zerfasert und gestaucht war.

Manchmal dienten diese Gehäge und Verhacke nur dazu, den Feind solange aufzuhalten, bis die Leute mit Vieh und Habe in einem sicheren Versteck waren. Von solch einem »hayn eyns armbrost schossit breit«, also einer Landwehr, breit wie ein Armbrustschuß (also etwa 150 m), erfährt man in einem alten Wegebericht des deutschen Ritterordens aus Ostpreußen. Ortsnamen, die auf -hagen oder -hain enden, erinnern an diese früher so bedeutsamen Zusammenhänge. Außer der Hagebuche erfüllten Hagedorn (=Weißdorn), Schlehdorn und andere bewehrte Gehölze diese Barrikadenfunktion.

Längst hat die Ausschlagskraft und Unbezwingbarkeit der Hainbuche an Bedeutung verloren. Übrig geblieben ist ihre Beliebheit als schnittfeste Gartenhecke, wie Adelbert von Chamisso zu vermelden weiß: »Man hat den Baum sonst in französischen Gärten zu grün geschorenen Wänden und Bosketten allgemein verwandt, weil er diese Mißhandlungen am geduldigsten erträgt«.

EISENERSATZ

Noch in einer weiteren Eigenschaft erwies sich die Weißbuche früher als so gut wie unersetzlich. In Zeiten, als Eisen für gewöhnliche Leute nicht bezahlbar war, nannte man sie den »Eisenbaum«. Hieronymus Bock spricht es in seinem Kräuterbuch im 16. Jahrhundert an (siehe Zitat am Kapitelanfang). Mit 800 kg pro Kubikmeter zählt ihr Holz zu unseren schweren Hölzern. Am anderen Ende der Skala steht die nur halb so schwere Pappel. Das harte, zähe und kernlose Hainbuchenholz ist für Rammböcke im Hafenbau ebenso begehrt wie für Hackklötze der Metzger, Geschützlafetten, Schusterleisten und Klavierhämmer. Die Vielseitigkeit des Holzes trug der Weißbuche Namen wie Jochbaum, Spindelbaum, Dreschflegelbuche oder Wielbaum (für Radwellen, vgl. niederländisch »wiel« = Rad) ein. In Zeiten, als der Zollstock noch manuell gefertigt wurde, war er fast immer aus Hainbuchenholz. Und auch die ersten Drucklettern in den Anfängen der Buchdruckerkunst wurden aus dem harten Holz von Weiß- und Rotbuche geschnitten (das Wort »Buch« leitet sich von der Buche ab).

Nicht von ungefähr wird groben, derben Menschen nachgesagt, sie seien »hanebüchen«, abgeleitet vom mittelhochdeutschen Wort »hagebüechin«, was soviel heißt wie Hainbuchenholz.

Auf eine inzwischen längst überholte Methode, Wein und Most zu klären, kommt der bereits zitierte Kräutervater Bock zu sprechen: Damals schnitt man aus dem Holz »... gute Fackeln und Spän, den trüben Wein lauter zu machen«.

Weder in neueren noch alten Quellen wird der Baum als Heilpflanze erwähnt. Lediglich die Bach-Blüten-Medizin nimmt sich seiner an. Als »Hornbeam« scheint er bei Übermüdung, Kopflastigkeit und andauernder Erschöpfung – ganz entsprechend seiner schon erwähnten Vitalität – gute Dienste zu leisten.

Der Haselstrauch

»Zwei Haseln warf ich in die Flammen, und jeder gab ich eines Liebchens Namen: mit lautem Knall zersprang die erste schnell, im Feuer leuchtete die zweite still und hell. Ach, wenn doch deine Liebe so erblühte, wie deine Nuß im Feuer glühte.«

THOMAS GRAY (1716 – 1771)

Haselzeit

Daß der Haselstrauch (*Corylus avellana*) vor etwa 9 000 Jahren in Mitteleuropa in riesigen Ausdehnungen vorkam, kann man sich heute kaum mehr vorstellen. Diese »Haselzeit« bildete den Übergang zwischen der Erstbesiedlung der baumlosen, nacheiszeitlichen Tundra mit Birken und Kiefern und dem später folgenden Eichenmischwald. Heute spielt der Haselbusch als waldbildendes Gehölz keine Rolle mehr. Vielstämmig und 2–6 m hoch werdend, wächst er vor allem in lichten Laubwäldern, Auwäldern, an Waldrändern und Hecken und bevorzugt sommerwarme und sommertrockene Gegenden. Bis zu 100 Jahresringe vermag er aufzubauen, bevor er an Altersschwäche stirbt.

Bereits ab Februar, lange vor dem Laubaustrieb, blühen die Sträucher: Die Heuschnupfensaison ist eröffnet. Äußerlich unterscheiden sich die weiblichen Blüten kaum von den Laubblattknospen, man erkennt sie lediglich an den aus den Knospenschuppen herausragenden kleinen, fädigen roten Narben (siehe Foto oben). Trotz Windbestäubung zählen die Haselsträucher zu den wichtigsten Pollenlieferanten für Bienen. Die Nüsse werden von Eichhörnchen, Siebenschläfern, Mäusen, Hähern und Kleibern verzehrt und verbreitet.

Im Handel angebotene Nüsse stammen nicht von der gewöhnlichen, sondern von der südosteuropäischen Lamberts-Hasel (*Corylus maxima*), die bei uns fast ausschließlich als Bluthasel kultiviert wird.

Die Hasel hat Frieden

Daß der Haselbusch ähnlich wie der Holunder noch heute häufig in der Nähe menschlicher Siedlungen vorkommt, wird mit der engen kulturgeschichtlichen Verwobenheit zwischen Mensch und Strauch in Zusammenhang gebracht. Diese beiden Sträucher waren früher immer in der Nähe des Hofes zu finden, und Zweige von ihnen sind häufig Bestandteil heidnischer wie christlicher Grabfunde. Weil die Haselnüsse als sehr ursprüngliches Nahrungsmittel bereits bei den Steinzeitnomaden hohen Stellenwert besaßen, durfte die »Frau Haselin« zu germanischen Zeiten nicht gefällt werden. Fremden war es untersagt, mehr als eine Handvoll Nüsse zu sammeln.

»Die Hasel hat Frieden«, hieß es nicht nur bei uns. Im antiken Rom beispielsweise wiesen sich die Unterhändler bei Waffenstillstands- und Friedensverhandlungen als Zeichen guter Absichten mit einem Haselzweig in der Hand aus.

Mit den »Summerlatten«, den Johannistrieben dieses mythischen Strauches, wurden die Mahl- oder Gerichtsstätten abgemarkt, also abgesteckt. Vor der Zeit der Grenzsteine waren die Felder der Einödbauern mit Haselzweigen gekennzeichnet, und auch der Weiser-Stab der Gerichts- und Forsthoheit bestand aus Haselholz. In Mord- und Diebstahlsfällen sprach man Haselruten die Fähigkeit zu, die Wahrheit zu offenbaren.

Der Strauch besaß zudem abwehrende Eigenschaften: Mittels eines Haselzweiges konnte man sich, so hieß es, der Schlangen erwehren und Hexen in ihre Schranken verweisen. Aschenputtel wünschte sich eine Haselgerte für das Grab ihrer Mutter, die sich bald zu einem unheilabwehrenden und Glück bringenden Bäumchen entwickeln sollte. Nicht von ungefähr war auch die Stange des segenbringenden Palms aus Haselholz geschnitten. Kurzum: Der Strauch schien alles Böse in den Griff zu bekommen.

Bereits die Steinzeitnomaden schätzten Haselnüsse als fett- und somit energiereiche Sammlernahrung.

Wünschel- und Zauberrute

Haselholz ist ausgezeichnet geeignet, Kraftströme fließen zu lassen. Zur Wünschelrute geschnitten, bietet es kaum Widerstand, sondern schwingt sich auf Energiefelder ein. Dem Strauch wurde die Fähigkeit zugeschrieben, vor Blitzschlag zu schützen und verschiedenste störende Erd- und Wasserstrahlen abzuleiten. Seine einerseits zauberbannenden, zugleich aber Energieströme erfassenden Eigenschaften weckten im Volk sehr ambivalente Gefühle: Hochachtung, aber auch Mißtrauen.

Schon im Skirnirlied der Edda bediente sich Skirnir wahrscheinlich der Hasel, um als Brautwerber die Riesin Gerd mit den Zauberzweigen zur Ehe umzustimmen. Auch Odin gebrauchte sie mit übernatürlicher Kraft:

»Ein beherzter Riese
dünkte mich Hlebrand zu sein:
er gab mir die Wünschelrute,
damit raubte ich ihm die Vernunft«.
AUS: »HARBARDSLIED«, EDDA

Später beschworen keltische und germanische Priester die weissagende Kraft des Baumes. Die mythische Rolle des Zauberzweiges war auch in der mosaischen Kultur lebendig. Als die Juden während der Flucht aus Ägypten zu verdursten drohten, schlug Moses auf Gottes Befehl mit seinem Stab an dem Felsen am Berg Horeb (Sinai), und vor den Augen der Ältesten floß Wasser aus dem Felsen hervor. Wie in Exodus 7, 8–12 deutlich wird, handelte es sich auch beim Stock des Aaron um einen Zauberstab:

»... Aaron warf seinen Stab vor dem Pharao und seine Diener hin, und er wurde zu einer Schlange. Da rief auch der Pharao Weise und Beschwörungspriester, und sie taten mit Hilfe ihrer Zauberkunst das gleiche. Jeder warf seinen Stab hin, und sie wurden zu Schlangen. Doch Aarons Stab verschlang die Stäbe der Wahrsager«.

Im schlangenumwundenen Caduceus (Heroldsstab) des Götterboten Hermes, im Lebensstab der Lachesis (griechische Schicksalsgöttin, welche den vom Schicksal gesponnenen Lebensfaden mit ihrem Stab mißt) und zuletzt im Zauberstab der Feen lebte die verwandelnde Macht des mystischen Baumes fort.

Bis ins 17. Jahrhundert hinein blieb der Glaube im Volke lebendig, mit der Wünschelrute ließen sich verborgene Schätze, Metalladern und Quellen aufspüren. Um die Wirksamkeit nicht zu zerstören, durften die gegabelten Zweige jedoch nur »sine ferro«, also ohne Eisen, mit einem geschärften Feuerstein vom Baum getrennt werden. Und das am besten an Fastnacht, Dreikönig oder an Johanni. Noch im 19. Jahrhundert sollte man dazu sprechen:

»Ich schneide dich, liebe Ruthen
Daß du mir mußt sagen,
Um was ich dich tu fragen.
Und dich so lang nit rühren,
bis du die Wahrheit tust spüren.«

Obwohl bereits die »Lex ripuaria« aus frühfränkischer Zeit jedwedem Haselzauber Einhalt gebot, hat sich die Verwendung des gegabelten Haselzweigs als altbewährte Wünschelrute zum Auffinden von Wasseradern bis heute erhalten. Auch in Volkssagen wie zum Beispiel in jener vom silbernen Schlüssel am Haselstrauch, mit dem sich Schatztruhen öffnen lassen, hat der Mythos überdauert.

Die biegsamen Haselruten fanden nicht nur als Wünschelrute Verwendung. Die Redewendung »einen mit Haselsaft erquicken« läßt die Umschreibung für tüchtige Prügel erahnen.

Nicht nur Wasseradern, auch Erzgänge und Schürfgruben wurden mit Wünschelruten aufgespürt. Holzschnitt aus »De re metallica« von Georg Agricola (1556).

Zu Latten und Zaungerten

Die Waldverordnung der Speyerer Bischöfe aus dem Jahre 1482 zählte den Haselstrauch zwar zu den eigentlich wertlosen »Unhölzern«, doch durfte er trotzdem nicht bedenkenlos geschlagen werden. »Sein Holz und die Reiser« nämlich »sollten nicht zu Brennholz, sondern nur zu Latten oder Zaungerten verwendet werden«. Aufgrund seines starken Ausschlagvermögens ließ sich der Haselstrauch – beinahe so gut wie die Kopfweide – im ein- oder zweijährigen Turnus beernten. Die Ruten fanden außer für Flechtzäune auch als Korbbügel, Faßreifen und in stärkeren Sortimenten als Spazierstöcke Verwendung. Im Kohlemeiler destillierte man sein Holz zu begehrter Schießpulver- und Zeichenkohle. Mit Haselholzspänen klärte man, ähnlich wie mit Buchenspänen, gelegentlich Wein und Bier.

Wer knackt die Nuss?

Der wissenschaftliche Name des Strauches nimmt Bezug auf seine Frucht, die Nuß. »Corylus« stammt vom griechischen »corys« (= Maske), weil die Hochblätter die Frucht maskenartig umhüllen, ja fast

Haselholzkohle zusammen mit Schwefel und Salpeter wurden in den sogenannten »Pulvermühlen« wie in einem Mörser sorgfältig miteinander zerkleinert. »...Und du wirst so Donner und Zerstörung hervorrufen, wenn du die Kunst kennst«, schrieb Roger Bacon bereits im 13. Jahrhundert. Karikatur aus der »Schwytzer Chronica« (1554).

verdecken. Daß die Nuß selbst Geheimnisvolles verbirgt, drückt die Redewendung von der »Wahrheit in der Nußschale« aus. Damit ist gemeint,

Die mythische Bedeutung des Zauberstabes wird bereits in der Bibel erwähnt. Auf Gottes Befehl schlug Moses während der Flucht aus Ägypten mit seinem Stab auf den Felsen des Berges Horeb (Sinai), und sogleich floß Wasser daraus hervor. Kupferstich aus dem 17. Jahrhundert.

daß die Weisheit nicht für jedermann zugänglich ist. Der Artname hingegen geht auf eine geographische Gegebenheit zurück: Die kampanische Stadt Avellana war bekannt für ihre vorzüglichen Haselnüsse. In seiner Reichsgüterverordnung nennt Karl der Große den Strauch Avellanarios, bei Hildegard von Bingen heißt er bereits Haselbaum.

Die heilige Hildegard läßt an diesem Strauch nichts Gutes: »Der Haselbaum ist ein Sinnbild der Wollust, zu Heilzwecken taugt er kaum«. Worin wohl ein Körnchen Wahrheit stecken mag, denn seit alters werden die Nüsse (auch Walnüsse) mit Sexualität und Fruchtbarkeit in Verbindung gebracht.

»Gib den Sklaven Nüsse, Knabe deine Zeit ist vorbei. Lange genug hast du mit Nüssen gespielt...« heißt es schon in einem altrömischen Hochzeitslied von Catull. Damit ist gemeint, daß die unbeschwerte Zeit der Liebschaften mit der Heirat vorbei ist. Derselbe Tenor geht auch aus so manchem Volkslied unzweideutig hervor: »Die Nachtigall singt auf kein' Tannenbaum, Schlagt in der Haselnußstaudn...«. Nur während der Weibchensuche ertönt der melodische Gesang der Nachtigall, nach der Paarung schweigt sie. Ähnlich wie »Brombeeren pflücken« oder »ins Heu fahren« versteht man unter der Redewendung »in die Haseln gehen« ein heimliches Stelldichein mit der/dem Geliebten. Derbe Volkssprüche wie: »viel Hasel, viel Kinder ohne Vater« oder: »der ist aus einer Haselstaude entsprungen«, verdeutlichen den verbotenen Aspekt der Geschichte.

Wie es um den Ruf manch übermütiger Mädchen stand, wurde spätestens am 1. Mai deutlich. In vielen Dörfern war es Sitte, daß der Bursche seiner Liebsten in der Nacht zum 1. Mai ein Birkenbäumchen als Maien vor das Kammerfenster stellte. Ein Mädchen, mit dem man schnell in die Haseln gehen konnte, bekam dagegen anstatt des reinen Birkenmaiens einen Haselstrauch vor die Tür gesteckt – was sie dem allgemeinen Spott preisgab. In der Normandie wird dieser Brauch bereits seit 1393 gepflegt.

Selbstverständlich konnte das vor Sexualsymbolik strotzende Gehölz abhelfen, »wenn einer nicht minnen« wollte. Man mußte der betreffenden Person lediglich zu Pulver gebrannte Haselrinde ins Essen mischen. In diesem Sinne galt auch Haselnußöl als Aphrodisiakum.

Die Heckenrose

»Nun die Hecken Rosen tragen,
Duft und Rot entblüht den Hagen,
Macht die Welt zum Garten sich
Und zum Herrn des Gartens mich.«

KARL MAYER (1894-1944)

HUNDS- UND GARTENROSE

Die Heckenrose oder Hundsrose (*Rosa canina*) ist ein stark bestachelter 1–3 m hoch werdender rundlicher Busch mit weit ausladenden, überhängenden Zweigen. Wie ihr wissenschaftlicher Beiname (lat. »canis« = Hund) verdeutlich, gilt dieser einheimische Strauch als minderwertiger als die edle Zuchtform, die Gartenrose. Durch herabgesenkte, sich bewurzelnde Zweige und Wurzelsprosse besitzt die Heckenrose die Fähigkeit, sich vegetativ zu vermehren. Aufgrund seines hohen Lichtbedürfnisses gedeiht dieser tiefwurzelnde Strauch an Wald- und Wegrändern, Gebüschsäumen und Lichtungen. Die schönen, jedoch kurzlebigen Blüten mit ihrem zarten Duft produzieren keinen Nektar, sondern nur Pollen. Sie sind bei der Hundsrose stets blaßrosa, bei anderen Arten auch weiß (z.B. Feldrose, Bibernellrose) oder kräftiger rot (z.B. Essigrose, Weinrose). Der Name der Frucht, Hagebutte, weist auf das Vorkommen der bewehrten Pflanze an Hecken (altdeutsch »hag«) hin. Bemerkenswert an manchen Hagebutten (z.B. der Essigrose; bei der Hundsrose und anderen Arten fallen die Kelchblätter ab) sind die auffallend ungleich gestalteten Kelchblätter. Erscheinen die ältesten (untersten) Kelchblätter noch weitgehend laubig, vereinfachen sie sich fortschreitend, wie in folgendem Merksatz deutlich wird:

»Fünf Brüder sinds,
zu gleicher Zeit geboren,
Nur zwei von ihnen tragen einen vollen Bart,
dem dritten ist nur eine Wang geschoren,
die beiden letzten bleiben unbehaart.«

Die wohl berühmteste Heckenrose Deutschlands, der sagenumwobene »1000-jährige Rosenstock« grünt an der Apsis des Domes zu Hildesheim. Im 17. Jahrhundert erstmals erwähnt, zählt die Pflanze mindestens 300 Jahresringe, ein beträchtliches Alter für einen Dornstrauch. Die Bedeutsamkeit der Rose hat sie weit über die Grenzen der Stadt bekannt gemacht. Über dem Grab des schlesischen Dichters Joseph von Eichendorff (1788–1857) in Neisse wölbt sich ein Ableger des Hildesheimer Stockes. Im Jahre 1871 erbat sich sogar die spätere Kaiserin Elisabeth von Österreich einen Zweig, um ihn im Schönbrunner Schloßpark zu bewurzeln. Als im März 1945 bei der fast vollständigen Zerstörung des Domes von Hildesheim auch der Rosenstock verschüttet wurde, hegte man schwerste Befürchtungen. Glücklicherweise trieb er im Sommer des darauffolgenden Jahres wieder durch, so daß er bis heute das lebendige Wahrzeichen der Stadt geblieben ist.

Durch Einstich und Eiablage der Rosengallwespe in Heckenrosenblätter entstehen Gewebewucherungen. Diese »Rosen- oder Schlafäpfel« legte man Säuglingen als Einschlafhilfe unter das Kopfkissen.

Blutiges Todessymbol

Unsere Vorfahren brachten die einheimische Wild- oder Heckenrose mit Feuer, Schlachtfeldern, Blut und Tod in Verbindung. Als Strauch der blutdurchtränkten Opferstätten der Germanen war ihr Holz unersetzbarer Bestandteil der Scheiterhaufen zur Verbrennung der Leichen.

Die sagenhaften Rosengärten des Zwergs Laurin unter den Trümmern der Ruine Hauenstein bei Meran waren nichts anderes als eine blumige Umschreibung für die Mord- und Todesfelder. Das ganze Mittelalter hindurch wurde das Schlachtfeld von den Dichtern zum »Rosengarten« stilisiert, in der hehren Ritterzeit hieß der Turnierplatz Rosengarten. So war es denn auch ein Kranz von Rosen, welcher die Stirn des Siegers bei Turnieren umkränzte.

Die dichtbestachelte ostasiatische Kartoffelrose wird aufgrund ihrer Resistenz gegenüber Autoabgasen häufig an Straßenrändern gepflanzt. Ihre reifen Früchte eignen sich wie diejenigen der Hundsrose zur Hiefenmarkbereitung.

»Ich pit euch, junckfrau,
mag es gesein,
Das ir mir gebt
eur rosenkrenzelein? ...«,

heißt es in den Neidhardtspielen aus dem 15. Jahrhundert, und blutige Wunden oder tiefe Narben nannte man auch später noch vorromantisierend Röslein.

»Wie des Werbers Augen glühen,
Und wie all die Säbelnarben
Ehrenröslein purpurfarben
Ihm auf Stirn und Wangen glühn!«

Nikolaus Lenau

FREYAS SCHLAFÄPFEL

Manchmal findet man an Heckenrosenstöcken bis tennisballgroße Gewebewucherungen, die sogenannten Rosenäpfel oder Schlafäpfel. Diese Gallbildungen entstehen durch den Einstich der Rosengallwespe *(Diplolepis rosae)* in die Blattanlagen des Strauches, woraufhin sich im Inneren in mehreren kleinen Kammern je eine Larve entwickelt. Noch im 17. Jahrhundert wurden diese »Zauberkugeln« in den Kräuterläden der Bader geführt, denn sie sollten Kinder vor Behexung und Krämpfen schützen. Säuglingen unters Kopfkissen gelegt, sorgten sie außerdem für ruhigen Schlaf.

Die Anwendung dieses Schlafamuletts reicht allerdings viel weiter zurück. Als »Schlafkunz« oder »Schlafdorn« wurde es von keinem geringerem als Odin verwendet, der damit die Walküre Brunhilde in tiefen Schlaf versenkte. Nach der Edda gebrauchte sie auch der Riese Nörfi, der Vater der »Nacht«:

»Da hebt sich von Osten
aus dem Eliwagar der Urflut
Des reifkalten Riesen [Nörfi]
dornige Rute,
Mit der er in Schlaf
die Völker schlägt,
Die Midgard bewohnen,
vor Mitternacht.«

AUS: »HRAFNAGALDR 22«, EDDA

Der noch heute in Island geläufige Ausdruck »Schlafdornstechen« bedeutet, jemanden auf zauberhafte Weise in Schlaf versetzen.

Unsere Vorfahren maßen dieser »bluttriefenden« Blume ähnlich wie schon die klassischen Völker des Altertums zumindest ein Quentchen Weiblichkeit zu. Als Zauberblume von Freyas mystischem Garten hieß sie am Niederrhein noch Anfang unseres Jahrhunderts »Friggas Dorn«. An den Heiligtümern der Göttin gepflanzt, durften die Blüten nur am Festtag der Göttin, dem Freitag, gebrochen werden, damit die Zauberwirkung nicht verlorenging. Die altnordische Ur- und Erdmutter wurde als Beschützerin der Liebe und Fruchtbarkeit während schwerer Geburten um Beistand angefleht. Nach glücklichem Verlauf vergrub die Hebamme nach altem Brauch die Nachgeburt unter einem Rosenbusch, damit das Kind rote Wangen bekäme.

ROSENGEBETTETES PERSIEN

Die ältesten bekannten Abbildungen einer Rose (wahrscheinlich der Essigrose, *Rosa gallica*) sind sehr stilisiert und befinden sich auf etwa 4 000 Jahre alten sumerischen Tontafeln. Im europäischen Raum scheint sie erst etwas später aufgetaucht zu sein; Darstellungen auf einem Fresko im Palast von Kuenos datieren aus dem 16. vorchristlichen Jahrhundert.

Im Orient, der Heimat der bedeutendsten alten Zuchtrosen, entwickelte sich der Rosenkult zu vollendeten Formen. Persien galt als das Rosenland schlechthin, das persische Wort für Rose bedeutet gleichzeitig Blume. Auch in der Türkei zollte man der schönen Blume höchste Verehrung. Weil man glaubte, die Rose sei aus Mohammeds Schweißtropfen entsprossen, duldeten die Türken es nicht einmal, ein Rosenblatt auf der Erde liegenzulassen.

Als schließlich der islamische Sultan Saladin im Jahre 1187 Jerusalem einnahm, soll er 500 mit Rosenwasser beladene Kamele in die umkämpfte Stadt geschickt haben, um damit die Omar-Mosche reinzuwaschen.

ROSEN

Daß die Rose dir
zum Beispiel werde!
Sonne, Tau und süßen Wind
vom Osten,
allen Glanz und alles Glück
der Erde
weiß sie frei und unbesorgt
zu kosten.
Des Propheten Weisheit
braucht sie nicht:
Denn sie lebt ja so,
wie jener spricht.

AUS: LIEDER DES HAFIS

Die Juden lernten die Blume vergleichsweise spät kennen und schätzen, nämlich erst während der babylonischen Gefangenschaft. In Salomos Hohenlied (um 950 v.Chr.) ist es noch die Lilie, und nicht die Rose, die mit der Geliebten verglichen wird.

Im Alten Griechenland müssen Rosenzüchtungen bereits um 450 v. Chr. bekannt gewesen sein, als Herodot in den »Gärten des Midas« 60-blättrige Rosen mit unglaublichem Wohlgeruch pries.

Der Legende nach verwandelten sich die Almosen im Korb der mildtätigen heiligen Elisabeth von Thüringen in wundersam duftende Rosen, als ihr Mann sie bloßstellen wollte.

Königin der Blumen

In ältesten Zeiten, als Aphrodite dem Meeresschaum entstieg, brachte die Erde ihre wundervollste Blume, die Rose, hervor. Wie die rote Rose entstand, weiß der griechische Mythos zu berichten: Als die Liebesgöttin Aphrodite zu ihrem von einem Eber tödlich verwundeten Geliebten Adonis eilt, durchstreift sie dabei ein Dickicht weißer Rosen, deren Blüten sich durch das Blut der Göttin rot färben.

Zur »Königin der Blumen« soll sie von der griechischen Lyrikerin Sappho von Lesbos um 600 v.Chr. erhoben worden sein:

»Wie ein jungfräulich Erröten
zieht es durch die Lauben hin:
Oh, die Rose! – Ach die Rose
ist der Blumen Königin ...«

Seit dieser Zeit hat sich die symbolische Bedeutung dieser Blume nicht verändert. Als Sinnbild von Liebe und Schönheit wird sie von jeher als den Frauen zugehörig empfunden. Die Römer übernahmen die Rosenverehrung der Griechen und weihten die vielgepriesene Blume ihrer Liebesgöttin Venus. Während der Monate Mai und Juni pflegte man in Rom betörende Rosenfeste, die Rosalien zu zelebrieren, die im »Dies rosae« (Rosentag) am 11. Mai gipfelten. Während der Cäsarenzeit erreichten diese Lustbarkeiten exzessive Höhepunkte. Bei einem von Neros berühmten Gelagen beispielsweise sollen Gäste an der Unzahl von der Decke herabfallender Rosenblätter sogar erstickt sein (wahrscheinlich unter Mitwirkung des Weingottes Bacchus). Und Kleopatra verführte Mark Anton angeblich in einem Raum, dessen Boden eine Elle hoch mit Rosenblättern bedeckt war.

Daß die exquisite Rosenschwelgerei natürlich ihren Tribut forderte, wird aus den Klagen des Horaz deutlich, der sich beschwert, daß die Olivenhaine vernachlässigt würden und die fruchtbaren Äcker des Landes Rosen- und Veilchengärten weichen müßten. Christliches Relikt der alten Rosenfeste ist Pfingsten, das im italienischen Volksmund noch Anfang unseres Jahrhunderts »Pasqua Rosa« hieß. Am Pfingstsonntag, dem »domenica de rosa«, war es üblich, Rosen von der Höhe der Empore in das Kirchenschiff hinabzuwerfen.

Stille Winkel, romantischer Ort der Verschwiegenheit. Im Bild die Rosenlaube im Frankfurter Palmengarten.

Maria, die »Rosa mystica«

Die ersten Christen verabscheuten die sinnliche Blume und wollten mit ihrer klassischen, leichtfertigen und ungezügelten Symbolik nichts zu tun haben. Auch die germanische Rosenhuldigung kam ihnen nicht zupaß. So machten sie mit der einst mächtigen Freya und ihrem Katzengespann kurzen Prozeß und vertrieben sie als böse, schäbige »hagazissa« (Hexe) hinter den Hag.

Erst mit dem zögerlichen Aufblühen des Marienkultes wurde die Blume der Venus, Aphrodite und Freya rehabilitiert und mit Namen wie »Mariendorn« oder »Frauenrose« versehen. Als Sinnbild von Reinheit und Sittlichkeit begleitete sie von nun an die Gottesmutter auf unzähligen Bildern. Maria selbst wurde zur »Rosa mystica«. Der alte heidnische und der neue christliche Blumenkult vermischten sich derart, daß Isidor von Pelusium (440 n.Chr.) klagte: »Es sollte doch mehr Unterschied sein zwischen der Magna Mater der Heiden und unserer Magna Mater Maria«.

In den gotischen Kathedralen waren es die nach Westen in die Richtung des alten, matriarchalen Paradieses weisenden Rosettenfenster, unter denen vorrangig Maria verehrt wurde. Ihr war das männliche Kreuz der Ostapsis gegenübergestellt. Als 1208 die Gebetsschnur des heiligen Dominikus die Bezeichnung Rosenkranz erhielt, war die Aufnahme der Rose in das Christentum perfekt.

Rosengässlerinnen

Seit etwa 700 Jahren gibt es Apothekerrosen.

Im Volksmund wie in Goethes »Heideröslein« oder dem Märchen von Dornröschen repräsentierte diese Blume die Reinheit und Unberührtheit eines Mädchens. »Rosen brechen« bedeutete demnach, ein Mädchen deflorieren. Hinweisend auf ein gefallenes Mädchen, galt der schlüpfrige Satz: »Die Rose ist zu früh gepflückt«. In Breslau hießen die Freudenmädchen Rosengäßlerinnen und wohnten im »Rosenwinkel«. Als »Rosen« wurden auch die käuflichen Frauen in Nîmes noch im vorigen Jahrhundert bezeichnet. Sie mußten als Attribut ihres Berufsstandes eine Rose als Abzeichen tragen.

Da heiratsfähige Mädchen sobald wie möglich unter die Haube gebracht werden sollten, wurde Eltern manchmal durch die Blume nahegelegt: »Man muß die Rose auf dem Stiel nicht verwelken lassen«. Johann Fischart schließlich meinte in seinem philosophischen Ehezuchtbüchlein aus dem Jahre 1607, daß Burschen, welche »die Rose küssen, und nicht daran riechen«, bei der Wahl ihrer Zukünftigen der Schönheit mehr Augenmerk schenkten als dem Charakter.

Emilia im Burggärtlein bindet einen Rosenkranz nach althergebrachter römischer Sitte. Dazu werden die einzelnen Rosenblüten auf einen Kranz aus Lindenbast geheftet. Anjou um 1460.

Auch der Reformator Martin Luther ging mit dieser Rosenverehrung konform. Auf einer kurz vor seinem Tod im Jahre 1541 geprägten Gedenkmünze befindet sich Luthers Bild neben einer aufgeblühten Rose mit der Umschrift: »Das Christenherz auf Rosen geht, wenn's mitten unter'm Kreuze steht«.

Daß dennoch nicht jedermann die christlichen Tugenden mit der Rose gleichzusetzen vermochte, wird aus dem Spruch des getreuen Eckart (1608) deutlich:

»Denn wer sich
nach der christen Ziel
auff erden richtig halten wil,
am jüngsten tag
wol zu bestehn,
der kann hie nicht
auff rosen gehn.«

Nicht zuletzt wird jedoch auch »die schönste Rose endlich zur Hagebutte«. An diese Thematik knüpft folgende Grabinschrift:

»Eine Rose allhie begraben leit,
Von schön berümpt
sehr weit und breit;
Jetzt ist es nur ein Madensack,
Den niemand
sehn noch riechen mag.«

Symbol des Schweigens

Aufgrund ihrer vielen zusammenschließenden Kronblätter brachte man die Rosenblüte auch mit Verschwiegenheit und Geheimhaltung in Verbindung. In der römischen Sage heißt es, der Liebesbote Amor habe die Rose dem Gott des Schweigens gewidmet, um diesen geneigter zu machen, die Liebes- und Verführungskünste der Venus zu verschleiern. Bei Gelagen und Banketten war es Sitte, an die Zimmerdecke eine Rose zu hängen, um anzudeuten, daß der Inhalt der geführten Gespräche nicht für die Ohren Außenstehender bestimmt sei. Jeder wußte, was mit »das sein dir ›sub rosa‹ [= unter der Rose] gesagt«, gemeint war. Ins gleiche Horn stieß Sebastian Brant (1458–1521) in seinem »Narrenschiff«: »was wir hier kosen, bleibt unter Rosen«, heißt es dort. Unter Papst Hadrian (1522–1523) wurden die Beichtstühle deshalb mit Rosenschnitzereien versehen. Als Überbleibsel dieser Symbolik findet man in Ratskellern, Klöstern und Konventsälen gelegentlich noch die Deckenrose aus Stuck.

«Hundts-Rosen«. Holzschnitt aus dem Kräuterbuch des Hieronymus Bock (1577).

A rots Jackl, a schwarz Kappl

In den mittelalterlichen Klostergärten durfte das »Rosarium« nicht fehlen, denn Rosenblätter wurden als wertvolle Medizin geschätzt. Frische Rosenblätter waren zudem eine beliebte Fleisch- und Dessertwürze der Klosterküchen. Mit der Erstarkung der Städte kamen die ersten Apotheken auf, und seit dem 13. Jahrhundert pflanzten frühere Pharmazeuten eine schlichte, ungefüllte Form als »Apothekerrose« in ihren Gärten an. Bis zu ihrer Verarbeitung wurden die Blütenblätter in den Apotheken in eingezuckerter oder eingesalzener Form aufbewahrt.

Nach Bedarf stellte man daraus Rosenwasser, Rosensaft, Rosenzucker oder Rosenpaste her. Heutzutage ist Rosenwasser, das bei der Rosenölgewinnung als Nebenprodukt anfällt, meist das einzige Rosenprodukt, das man in der Apotheke kaufen kann. Es wirkt lindernd und kühlend. Die beruhigende Wirkung der Rosenblätter wird bereits von Hildegard von Bingen in ihrer Naturkunde erwähnt: »Sammle die Rosenblätter bei Tagesanbruch und lege sie über die Augen, sie machen dieselben klar und ziehen das ›triefen‹ heraus«.

Rosenknospentee gilt als blutstillend und krampflösend und sollte in Form einer Kur über längere Zeit hinweg eingenommen werden.

»A rots Jackl, a schwarz Kappl, a Bauch voll Stein, was mag das sein?«, heißt es in einem Sprichwort über die Hagebutte. Ihr – und nicht mehr den Blütenblättern – spricht man heute die größte Heilwirkung zu. Als Tee oder Hiefenmark (Mus, in dem trotz Kochen ein Großteil der Vitamine erhalten bleibt) wird es wegen seiner vorbeugenden Eigenschaften gegen Erkältungskrankheiten geschätzt. Je nach Standort und Rasse liegt der Vitamin-C-Gehalt der entkernten Früchte zwischen 500 und 1400 mg pro 100 g. Daß es das Fruchtfleisch der vitaminreichen Zitrone bei gleicher Menge nur auf 60 mg bringt, ist erstaunlich und wenig bekannt. Der rote Farbstoff der Hagebutte, das Carotinoid Lycopin, ist übrigens auch für die Färbung der Tomatenfrüchte verantwortlich.

Auch die Hagebuttenkerne waren früher als »Semen Rosae« oder »Semen Cynosbati« offizinell. Im Mörser zerkleinert, galten sie als Hausmittel gegen Grieß- und Steinleiden.

»Ich sah des Sommers
letzte Rose stehn,
Sie war, als ob sie bluten könne, rot;
Da sprach ich schaudernd
im Vorübergehn:
So weit im Leben
ist zu nah am Tod.«
Hebbel

Der Holunder

»Nachbars Kinder und Nachbars Holunder
Bannest du nie auf die Dauer.
Schließest du ihnen die Türe, oh Wunder!
Klettern sie über die Mauer«.

VOLKSSPRUCH

Vom falschen und echten Flieder

Den Schwarzen Holunder *(Sambucus nigra)* findet man in feuchten Wäldern, Waldrändern und Gebüschen der Ebenen und mittleren Gebirgslagen bis 1500m. Außer im nördlichen Skandinavien gedeiht er in ganz Europa, wo er als nährstoffliebende Pflanze häufig in der Nähe der Menschen siedelt – an Häusern und Gärten, Ruinen und Friedhöfen und dort, wo wir unseren Abfall hinterlassen (z.B. auf Müllhalden). An guten Standorten wächst der Strauch zu einem mehrere Meter hohen Bäumchen aus. Im Juni ist er leicht am schweren, süß-sommerlichen Duft der Blütendolden zu erkennen, im Herbst an den tintenschwarzen Früchten. Der eigenartige Geruch der zerriebenen Rinde hat zu einer weiteren Namensgebung des Baumes geführt: »Al-« oder »Elhorn« nennt man ihn im Niederdeutschen (mhd. »al« = stinkend, modernd), Stinkeholler in Mitteldeutschland.

»Was duftet doch der Flieder
so mild, so stark, so voll!
Mir löst er weich die Glieder,
will, daß ich was sagen soll.«

Das sind die Worte des Hans Sachs in den »Meistersingern von Nürnberg« von Richard Wagner. Zu Sachs' Zeiten blühte aber noch kein Flieder in Nürnberg. Damals war es der blühende Holunder, der unter dem Namen Flieder das Gemüt der Menschen erregte. Als der echte Flieder *(Syringa vulgaris)* gemeinsam mit dem Mocca im 16. Jahrhundert aus Konstantinopel eingeführt wurde, verlieh man diesem »Exoten« Namen wie Türkischer Holler, Spanischer, Persischer oder Portugiesischer Flieder. Unser Holunderstock galt noch lange als gewöhnlicher Flieder. Erst mit der Zeit festigte sich die heute gültige Namensgebung, und allein der »Fliedertee« erinnert an die alte Benennung des Holunders.

Aus den Früchten des Schwarzen Holunders, den »Trauben des kleinen Mannes«, läßt sich Holunderwein herstellen.

Die im reifen Zustand roten Früchte des Hirsch- oder Traubenholunders sind roh giftig. Doch nach Erhitzen werden sie genießbar und mancherorts zu Saft verarbeitet.

GIFTIGE VERWANDTSCHAFT

Neben dem Schwarzen Holunder begegnet man an Waldrändern und Lichtungen dem Trauben- oder Hirschholunder *(Sambucus racemosa)*, seltener dem Attich oder Zwergholunder *(Sambucus ebulus)*. Der strauchförmige **Traubenholunder** bildet gelbliche Blütendolden und rote Früchte aus. Diese können nach Erhitzen und Entfernen der Samenkerne zwar zu Saft und Gelee verarbeitet werden, ihnen fehlt aber die heilkräftige Wirkung der Beeren des Schwarzen Holunders. Bei Kindern sollen sogar Vergiftungen mit rohen Früchten vorgekommen sein.
Der giftigste der drei Holunderarten ist zweifelsohne der **Attich**. Bei extremen Wasseransammlungen im Körper wurde seine Wurzel früher zu einem starken Gebräu verkocht und dieses als harntreibender Absud getrunken. Ein Mus aus Attichbeeren zählt noch heute zu den drastischsten Abführmitteln unserer heimischen Naturapotheke. Der Attich kommt bei weitem nicht so häufig vor wie die beiden anderen Holunderarten, dafür aber meist in größeren Beständen von mindestens 20 Pflanzen. Als Staude wird er höchstens 2 m hoch und trägt nur einige wenige weißblühende Blütendolden.

DER HÜTER DES SCHATZES

In der Erde wohte unter dem Holunderbusch, so glaubten die Kelten, der Erdgott Puschkaitis. Er war Herr über viele Waldwesen wie Holzmännlein oder Kobolde, die er losschickte, um die Geschicke der Menschen nach seinem Willen zu lenken. Mit dem Jenseits in Verbindung gebracht wurde der Baum insofern, als er die Menschen in die Totenwelt begleitete. Schon nach griechischer Überlieferung brauchte man Holunderholz zur Totenbestattung, und eigenartigerweise hatte sich im germanischen Raum eine ähnliche Sitte erhalten: In Norddeutschland war es nämlich üblich, daß der Schreiner mit einem frisch geschnittenen Holunderzweig das Maß des Toten für den Sarg nahm. Und der Kutscher des Leichenwagens trieb die Pferde nicht mit der Peitsche, sondern mit einem Holunderstock an.

In unsicheren Zeiten bedienten sich die Bauern des Holunders auch als »Schatzhüter«. Mußte man vor Soldaten oder plündernden Horden Reißaus nehmen, wurden Münzen und Schmuck schnell unter dem Hol-

Das Bild von Rueland Frueauf d.J. aus dem Jahre 1505 bezieht sich auf die Gründungslegende des Stiftes Klosterneuburg bei Wien, die eng mit dem Holunder verwoben ist: Als Markgraf Leopold mit seiner Gattin Agnes überlegt, wo denn ihr Kirchlein zu erbauen wäre, reißt plötzlich ein heftiger Wind den Schleier der Frau mit sich fort und beendet das Gespräch. Nach Jahren erst entdeckt der Markgraf während einer Jagd den völlig unversehrten Schleier in einem Holunderbusch verfangen und befindet diese Stelle als »rechten Ort, das Kirchlein zu errichten«.

derbusch vergraben und der Stamm samt Ästen abgehackt. Oft konnten die Bewohner erst nach Jahren in die Heimat zurückkehren. Dennoch wußten sie, wo zu graben war: nämlich unter dem inzwischen wieder ausgetriebenen Holunderbäumchen.

Eine hübsche Legende vom Holunder erzählt der Augustinermönch Abraham a Sancta Clara: Der gottesfürchtige Markgraf Leopold beriet sich mit seiner Gattin Agnes auf dem Kahlenberg bei Wien, wo sie denn ihr Kirchlein bauen sollten. Plötzlich »sauste ein geringer Wind vorbey, löste der Gemahlin den Schleier von dem Haupt und nahm ihn hinweg«. Jahre später, der Schleier ist längst vergessen, bemerkt der Markgraf während einer Jagd plötzlich einen Holunderbusch, in dem sich der »vom Regen, Schnee und Ungewitter unversehrte Schlayr« seiner Frau verfangen hatte. »Da war es nicht anders, als hätte der Himmel selbst das Zeichen gegeben, daß hier bei der Holderstaude der rechte Ort sei, das Kirchlein zu errichten«.

Baum der Frau Holle

Seit Urzeiten wird der Schwarze Holunder als grüner Hüter von Haus und Hof meist an die fruchtbarste Ecke des Anwesens, also in die Nähe des Misthaufens gesetzt. Pflanzt man ihn nicht absichtlich, sind es meist Vögel oder die Menschen selbst, die für seine Verbreitung sorgen. Ging ein Holunder von selbst beim Hof auf, galt dies als gutes Zeichen, und kein Bauer hätte gewagt, den Schutzbaum auszuhacken. In der »Cimbrischen Heidenreligion« aus dem Jahre 1703 berichtet der Verfasser Trogill Arnkiel, daß in seiner Bubenzeit kein Mensch riskiert, einen Holunderbaum zu unterhauen (Äste auszuschneiden). War es dennoch einmal notwendig, mußte man vorher in die Knie gehen, die Hände falten und beten: »Frau Elhorn [Holunder], gib mir was von deinem Holtze, dann will ich dir von meinem auch was geben, wann es wächst im Walde«.

Woher diese Ehrerbietung dem Baum gegenüber stammt, wird leichter verständlich, wenn man seinen Namen genauer reflektiert. Vielerorts wird der Holunder »Holler« genannt, und in Österreich sowie im gesamten süddeutschen Raum opferten unsere Ahnen unter dem Bäumchen einer urtümlichen, lichtbringenden Muttergottheit, die später zur Frau Holle verballhornt wurde. Diese segensbringende Göttin lebte im Blattwerk und Geäst dieses Heil-Baumes und wehrte alles Übel vom Hof ab. In der Frau Holle ist das Holde, Hulde, Segensbringende verborgen, und der Holunder macht einer solchen Beschützerin Ehre: Als »lebendige Hausapotheke des deutschen Einödbauern« liefert er in allen seinen Teilen wertvolle Heilmittel.

»Rinde, Beere, Blatt und Blüte,
Jeder Teil ist Kraft und Güte,
Jeder segensvoll«,

reimte man früher.

Was aus der ursprünglichen Gottheit wurde, ist schnell erzählt. Seit der Christianisierung war das Opfern an Bäumen unter Strafandrohung verboten. Die Muttergottheit mußte als Leuteschinderin herhalten, die die Ernte verdirbt und in den Rauhnächten ihr Unwesen treibt. »Frau Holle ist von vorn her wie ein fein Weibsmensch, aber hinden her wie ein hohler Baum von rohen Rinden«, hieß es plötzlich in hessischen Hexenakten.

Die Heilkraft des Holunders litt darunter aber nicht. Man glaubte, daß der Baum dem Menschen sogar Krankheiten abnehmen könne. Unter Einhaltung bestimmter Rituale sprach man folgendes:

»Zweig ich biege dich,
Fieber nun laß mich;
Hollerast hebe dich auf,
Fieber setze dich drauf.
Ich hab dich einen Tag,
hab du's nun Jahr und Tag.«

Zeigte der Spruch keine Wirkung, war Holunderblütentee, im Volksmund »Fliedertee«, angeraten. Heiß getrunken, zählt er noch heute neben Lindenblütentee zu den beliebtesten schweißtreibenden Haustmitteln gegen Grippe. Blatt-, Rinden-, und Wurzelaufgüsse fördern die Harnausscheidung.

Alle Pflanzenteile mit Ausnahme der Blüten enthalten unter anderem Blausäureglykoside, sind deshalb roh leicht giftig und müssen vor dem Genuß zumindest erhitzt werden. Mus, Marmelade und Saft aus den vollreifen Beeren sollen das Blut »reinigen« und die Körperabwehr steigern.

Als »lebendige Apotheke des deutschen Einödbauern« hat sich der Holunder aufgrund seiner Heilkraft schon früh einen angestammten Platz an der Hausecke erobert.

DIE TRAUBEN DES KLEINEN MANNES

Hauseigener »Armeleutesekt«, ein Volkstrunk, der sich seit einigen Jahren wieder steigender Beliebtheit erfreut, erfordert zur Herstellung einiges an Fingerspitzengefühl. Dazu werden 15 saubere Blütendolden mit 3 aufgeschnittenen unbehandelten Zitronen und 1kg Zucker in einem Kübel mit 10 Liter Wasser angesetzt und 3 Tage in die Sonne gestellt. Danach drückt man die Zitronen aus, seiht ab und verschließt den Ansatz gut in Flaschen (am besten Sektflaschen). In den nächsten 1–2 Wochen reift das Getränk im Keller sektartig nach und kann dann wie dieser gekühlt getrunken werden. Weil Holundersekt stark gärt und die Korken leider manchmal schon im Keller aus der Flasche treibt, ist beim Öffnen der Flaschen Vorsicht geboten.

In früheren Zeiten stellten die Bauern aus den Beeren, den »Trauben des kleinen Mannes«, Holunderwein her, um damit echten Rotwein zu verschneiden. Nach mindestens 6 Monaten Lagerung ergibt dieser einen köstlichen Haustrank.

Die süßen, knusprigen »Holunderküchle« (in Pfannkuchenteig ausgebackene Blütendolden), ursprünglich eine alte germanische Kultspeise der Sommersonnenwende, zählen in Österreich zu den sogenannten »Mehlspeisen«, die gerne zwischendurch verzehrt werden.

Das gelblichweiße Holz ist hart und läßt sich ähnlich dem Buchsbaum für kleinere Gegenstände wie Kämme und Spielzeug verwenden. Die blauschwarzen Früchte dienten als blaue und violette Farbstoffe für Leder. Heute wird der Baum sogar hektarweise angepflanzt, da die Nachfrage nach natürlich gefärbten Lebensmitteln und Kosmetika stetig steigt.

Die Kiefer

Mittag

Am Waldessaume träumt die Föhre, am Himmel weiße Wölkchen nur;
Es ist so still, daß ich sie höre, die tiefe Stille der Natur.
Rings Sonnenschein auf Wies' und Wegen, die Wipfel stumm, kein Lüftchen wach,
Und doch, es klingt, als ström' ein Regen leis tönend auf das Blätterdach.

Theodor Fontane

Uralter Pionierbaum

Die weltweit etwa 90 Kiefernarten *(Pinus)* kommen vom Polarkreis bis zum Äquator vor und erreichen im pazifischen Nordamerika ihre größte Artendichte. Abgesehen von der indonesischen *Pinus merkusii* wachsen sie allesamt auf der nördlichen Halbkugel. Unsere häufigste Kiefernart, die Gemeine Waldkiefer *(Pinus sylvestris)*, bedeckte nach der letzten Eiszeit vor etwa 10 000 Jahren zusammen mit der Birke riesige Landstriche Mitteleuropas. Diese beiden lichtkeimenden Arten können sich mit ihren geringgewichtigen Flugsamen leicht über ausgedehnte Flächen hinweg ausbreiten und spielen noch heute als Pionierpflanzen eine bedeutende Rolle.

Die große heutige Verbreitung der Föhre, wie der Baum vielfach auch genannt wird, ist allerdings nicht natürlich. Der einstige nacheiszeitliche Kiefern-Birken-Wald war aufgrund von Klimaschwankungen längst von anderen, konkurrenzkräftigeren Gehölzen wie der Hasel (bereits um 6000 v.Chr.) und später der Eiche (um 5000 v.Chr.) verdrängt worden.

Ein bescheidener Überlebenskünstler

Der erneute Siegeszug der Föhre begann mit dem ausgehenden Mittelalter, als man anfing, sie (ähnlich wie später auch die Fichte) systematisch auf inzwischen verödeten und herabgewirtschafteten Brachflächen zu pflanzen. In dieser Vorreiterfunktion ging der Nürnberger »Tannsäer« Peter Stromeier in die Geschichte der Wald- und Forstwirtschaft ein. Als einer der ersten hatte er bereits 1368 im Lorenzer Reichswald mehrere hundert Morgen Kiefernaufforstung veranlaßt. Dieser fähige und vorausschauende Mensch konnte allerdings nicht ahnen, wie seine für die damalige Zeit bahnbrechenden Aufforstungsmaßnahmen in den folgenden Jahrhunderten weitergeführt werden sollten. Zwischen 1790 und 1910 stieg der Kiefernanteil am deutschen Wald von 5 Prozent auf 18 Prozent, derzeit beträgt er 28 Prozent. In Brandenburg stellt die Kiefer sogar einen Waldanteil von 82 Prozent.

Der Zapfen der Kiefer galt im Altertum aufgrund seines Samenreichtums als Sinnbild für Fruchtbarkeit und Reichtum. Kupferstich von 1577.

In jüngster Zeit ist der Anbau allerdings zugunsten der produktionskräftigeren Douglasie ein wenig zurückgegangen.

Von Natur aus liegt die Stärke der Kiefer in ihren bescheidenen Ansprüchen. Es sind die Armenhäuser unserer Landschaft, heruntergekommene Böden mit schlechtem Wasser- und Nährstoffangebot, wo sie konkurrenzlos gedeiht und die Landschaft bestimmt. Nur eine Bedingung stellt sie: Sonne. Im Nordosten Europas, dem »Sandkasten des Kontinents« findet dieser auch gegen Hitze unempfindliche Baum deshalb eine riesige Ausdehnung. Solche Reinbestände sind jedoch insofern besonders kalamitätengefährdet, als die Kiefer ohnehin der Nadelbaum mit der größten Anzahl von Schädlingen ist. Angefangen von Borken-, Bock- und Rüsselkäfer über Kiefernspinner und -spanner bis zu Kieferntriebspitzenwickler, -harzgallenwickler und -markkäferschwärmer – die Palette seiner Feinde ist breit gefächert.

Individuelle Baumgestalt

In der Kiefer verwirklicht sich die Zahl 5. Bereits der Sämling trägt 5 Nadeln, und alljährlich baut der Baum ein neues »Stockwerk« aus 5 Trieben auf. Diese bilden – zu Ästen geworden – jedes Jahr Quirle aus 5 Zweigen. Weil sich alle Zweige jede Vegetationsperiode um einen Langtrieb verlängern, läßt sich das Alter jüngerer Bäume gut abschätzen. In den ersten Jahren ähneln Kiefern einander sehr. Später bleiben sie nicht mehr kerzengerade wie Fichten oder Tannen, sondern finden durch Widerstand und Anpassung an die Umgebung (v.a. den Wind) individuelle Formen, welche den Einzelbaum vom Artgenossen unterscheiden. Dazu kommt, daß sich die Mittelknospen, aus denen sich die geradschäftigen Stämme aufbauen, zum Teil schlecht entwickeln. Nebenknospen führen die Hauptachse weiter, was die Ausformung krummer Stämme und Äste bedingt. Schließlich wirft der Baum die unteren Äste ab und öffnet sich schirmförmig gegen den Himmel.

Bei der Waldkiefer stehen die 4–7 mm langen Nadeln zu zweien am Kurztrieb. Normalerweise fallen sie alle 3–4 Jahre zusammen mit dem Kurztrieb ab, bei hoher Luftverschmutzung bereits im 2. Jahr.

Kiefern können ein Alter von 600 Jahren und eine Höhe von 10–30 m (manchmal 40 m) erreichen. Mit 50 Jahren sind sie im Freistand blühreif. Blütenstarke Jahrgänge (alle 2–6 Jahre) machen sich zur Hauptblütezeit wie bei der Fichte durch den sogenannnten »Schwefelregen« bemerkbar. Vor allem in Regenpfützen und Teichen setzt sich der gelbe, staubartige Niederschlag ab. Weil er ähnlich dem »Hexenmehl« (Bärlappsporen) im trockenen Zustand leicht entzündlich ist, soll er er früher im Laientheater gelegentlich zur Blitzerzeugung verwendet worden sein. Trotz der Windblütigkeit des Baumes stellt Kiefernpollen eine bedeutende Nahrungsquelle für Bienen dar.

Kiefern eignen sich aufgrund ihrer bis 5 m tief reichenden kräftigen Pfahlwurzel mit ausgedehntem Seitenwurzelwerk für den Einzelstand.

Der wissenschaftliche Name *Pinus* bezieht sich auf die spitzen Nadeln. Als »Pinum« bezeichneten die Alten spitze Gegenstände wie beispielsweise den Wurfspieß. Der Begriff Kiefer ist erst gegen Ende des Mittelalters entstanden. Martin Luther scheint einer der ersten gewesen zu sein, der den Namen salonfähig machte. Seine Bibelübersetzung zählt zu den frühesten schriftlichen Zeugnissen, in denen die Kiefer als solche Erwähnung fin-

Der Kienspan, ein in Kiefernharz getauchtes Holzstück, erhellte als einzig erschwingliches Beleuchtungsmittel die mittelalterliche Bauernstube.

det. »Ich will in der Wüsten geben Zedern, Akazien, Myrten und Kiefern«, kann man in Jesaja 41,19 nachlesen. Die Urform des Begriffes Kiefer lautet »kienforen«, ein zusammengesetztes Wort aus »kien« (Kienspan oder Fackel) und »föhre« (was ursprünglich nur Nadelbaum bedeutete). Übersetzen könnte man »Kiefer« folglich als »Kien tragender Nadelbaum«.

Der Kienspan erleuchtete das Mittelalter

Mit der Lärche gehört die Föhre zu den harzreichsten einheimischen Nadelgehölzen. Dank dieser Eigenschaft war der Baum schon früh fest im Bewußtsein der Bevölkerung verankert und aus dem täglichen mittelalterlichen Leben nicht mehr wegzudenken. Aus dem »fettesten«, dem harzreichsten Holz, welches sich im unteren Teil des Stammes befindet, wurden die sogenannten Kienspäne zurechtgeschnitten. Dabei handelt es sich um fingerdicke, etwa 20 cm lange Holzstücke, die man sorgfältig trocknete und vor der Verwendung in Harz oder Pech tauchte. In den Kienhalter (Holzgestell mit einem eisernem Griff am Ende) gesteckt und angezündet, konnten die Späne eine Bauernstube eine gute Stunde erhellen.

Auf Einödhöfen und unter der ärmeren Bevölkerung, die sich die teuren Wachskerzen nicht leisten konnte, sollen Kienspäne noch zu Beginn des 20. Jahrhunderts gelegentlich in Gebrauch gewesen sein.

Für Fackeln umwickelte man größere Kienholzstücke mit alten Lumpen und tauchte diese ebenfalls in Pech. In alten Gesetzestexten stößt man gelegentlich auf die Verwendung von Kienholz als Lichtspender. Die Leipziger Stadtordnung aus dem Jahre 1701 beispielsweise bestimmt, daß bei Menschenansammlungen »in den Feuerpfannen auf den Gassen und an den Eckhäusern, sobalde sich bei nächtlicher weile ichtwas erreget, Pechkränze, Kühn [Kien] oder ander Holz angezündet werden« solle.

Ergiebigster Harzlieferant

Baumharz galt seit Urzeiten als begehrtes Handelsobjekt. Schon 4000 v.Chr. balsamierten die Ägypter ihre Mumien damit ein, und in der Antike mußte es sogar als Zahnersatz herhalten. Der Bernstein ist fossiles Baumharz, welches heute zu Schmuck verarbeitet wird.

Die Kiefer ist der ergiebigste Harzlieferant unserer einheimischen Wälder. In den sozialistischen Ländern Osteuropas konnte das alte Waldgewerbe der Harzerei noch bis weit in die achtziger Jahre hinein überleben, obwohl die Harznutzung den Bäumen stark schadet, da diese für Schädlinge anfälliger werden. In früheren Jahrhunderten besaß die Grundherrschaft – meist Adelige oder Klöster – alleinige Befugnis über die Harznutzung. Gegen einen Zins durften eigens dafür eingesetzte Harzer oder Pechler die Bäume ausbeuten. Dazu wurde den Kiefern (im Gebirge den Fichten) im Frühling mit einem speziellen Schneidewerkzeug die Borke in etwa 1 m langen und 8 cm breiten Streifen an 2 oder 3 Stellen bis auf das Holz abgezogen. Bereits wenige Monate später und dann noch einmal im Herbst konnte man das an der Oberfläche ausgetretene Harz abschaben (Scharrharznutzung).

Nach einer anderen Methode legte man einige Stellen des Stammes ebenfalls bis auf das Holz frei. Ein mit dem »Reißeisen« geführter senkrechter Riß leitete das abfließende Harz direkt in ein darunter ange-

Auf versauerten und trockenen Böden wie den norddeutschen Heidegebieten gedeiht die anspruchslose Kiefer zusammen mit dem Wacholder prächtig. Lediglich auf Sonne will sie nicht verzichten.

brachtes Gefäß. In Abständen von einigen Tagen brachte man jeweils weitere, diesmal von rechts und links oben schräg nach unten in die alte Rinne verlaufende Schnitte, sogenannte »Lachten« an. Auf diese Weise wurde der Baum andauernd zur Harzausscheidung angeregt und lieferte jährlich etwa 1,5 – 4 kg Harz, das anschließend in großen Kesseln in Harzhütten oder häuslichen Feuerstellen gekocht und durch nasse Säcke gepreßt wurde, um Verunreinigungen zu entfernen. Zum Transport wurde es in Fässer abgefüllt und je nach Qualität zu pharmazeutischen Produkten, Firnissen, Lacken oder Wagenschmiere weiterverarbeitet. Zusammen mit Schmalz zu einer dickflüssigen Substanz eingekocht diente Harz außerdem als »Holzpik«. Damit schmierten sich die Holzknechte die Hände ein, damit diese klebriger und der Axtstiel griffiger wurde.

Der in den Säcken verbliebene Rückstand, die sogenannten Harzgrieben, ging in die Rußhütten zur weiteren Verbrennung zu Kienruß. Dieser wurde in immer größeren Mengen für die Druckerschwärze und für schwarze Stiefelpolitur benötigt.

Weil durch die Harznutzung das untere Stammstück stark verkiente und somit als Nutzholz verloren ging, verhackte man es früher meist als Brennholz. Kürzlich entdeckte man in Amerika, daß mit dem Herbizid Paraquat behandelte Kiefern im unteren Stammteil bis zu den Wurzeln stark verkienen. Man begann deshalb, aus den gerodeten Stubben (nach dem Fällen zurückbleibender Teil des Baumes) Terpentin durch chemische Extraktion zu gewinnen.

Daraus wiederum läßt sich Terpentinöl herstellen. Das als Destillationsrückstand anfallende Kolophonium (Geigenharz) trägt seinen Namen bereits seit dem Altertum. Nach Dioskurides soll es in der Antike aus dem kleinasiatischen Kolophon (südlich von Izmir) bezogen worden sein.

Die Latsche oder Legföhre des Ostalpenraumes trotzt mit ihrem niederliegenden Wuchs Schneestürmen besonders gut und bildet vor allem in den Kalkalpen häufig die Baumgrenze.

Pechsieden und Teerschwelen

Vor allem in den ausgedehnten Kieferngebieten der nordostdeutschen Tiefebene gab es früher sogenannte »Teerschwelereien«. Alte Flurnamen wie Teerhütte oder Teerofen weisen darauf hin. Im Gegensatz zu den offenen Meilern zur Holzkohle-Erzeugung, durften im Teerofen die entstehenden Destillationsnebenprodukte nicht im Boden versickern, sondern wurden aufgefangen.

Ausgangsprodukt für die Teererzeugung war stark verkientes Stockholz. Zur Vermehrung des Harzgehaltes im Holz begann man bereits Jahre vor dem Hieb, die Rinde der Bäume allmählich abzuschälen. Wie bei der Harzgewinnung beschrieben, überzogen sich dadurch die Wundflächen allmählich mit Harz. Aber auch das Splintholz reicherte sich aufgrund der Bildung sekundärer Harzkanäle verstärkt mit Harz an. Auf diese Weise behandelte sogenannte »Schwelbäume« wurden gefällt, zu Scheiten verhackt und in einem Destillationsofen gestapelt. Um den Ofen mauerte man einen zweiten Ziegelkranz so auf, daß ein etwa 30 cm breiter Feuergang entstand. Abgesehen von einem unten befindlichen Austrittsloch verstrich man anschließend alle Öffnungen des Ofens sorgfältig mit Lehm.

Bei der trockenheißen Destillation während der folgenden Tage, an denen der Ofen beheizt wurde, flossen aus der unteren Öffnung über einen Trichter verschiedene Substanzen heraus, die über ein Rohr aufgefangen wurden. Nach einigen Stunden des Schwelens trat als erstes Produkt eine braunrote, säuerliche Flüssigkeit, Teergalle oder Teerwasser genannt, aus, das die Gerber zum Schwellen der Häute verwendeten. Danach kam dickflüssiges Kienöl und zuletzt der dunkle, zähe Holzteer (Pech). Diesen gebrauchte man zum »Auspicheln der Bierfässer« und zum »Bacheln«, also dem Enthaaren der frisch geschlachteten Schweine. Außerdem wurden Boote, Dächer und das Teerzeug der Fischer damit geteert. Den Teerbrennern oblag es, die nacheinander abfließenden Destillate während der 4–5 Schweltage rechtzeitig voneinander zu trennen. Unterblieb diese Separierung, entstand die sogenannte »Schmiere«, aus der sich »Karrensalbe« zum Schmieren der Radachsen erzeugen ließ.

Im östlichen Mühlviertel in Oberösterreich hat die Erzeugung von Pechöl als Wundmittel auf den sogenannten »Pechölsteinen« bis in unsere Tage überlebt (siehe Abb. S. 153). Auf großen, möglichst ebenen und leicht geneigten Granitsteinen mit außgemeißeltem Rillensystem wird dabei harzreiches Kiefernholz zu einem Meiler aufgeschichtet und verkohlt. Während des etwa 50-stündigen Verkohlungsprozesses können auf einem Stein mittlerer Größe (5–7 m²) annähernd 13 Liter Pechöl am Austrittskanal des Steines aufgefangen werden.

Russfabrications-Locale

Heute gilt Ruß als unliebsames Nebenprodukt, das sich bei Verbrennungsvorgängen in Herdstellen und Kaminen absetzt und vom Schornsteinfeger regelmäßig entfernt werden muß. Deshalb erscheint es uns kaum vorstellbar, daß Ruß früher

Mit brennendem Kiefernpech wurden früher Bier- und Weinfässer »ausgepicht« (abgedichtet). Aus: »Kluger und Rechtsverständiger Haus-Vater« von Pfalzgraf Franz Phlipp (1702).

in den großen Kiefernwäldern Norddeutschlands in speziellen Kaminrußöfen gewonnen wurde. Eine Flamme »rußt« umso stärker, je fett-, talg- oder harzhaltiger der Ausgangsstoff ist, vor allem bei verminderter Sauerstoffzufuhr. Vom Brennofen, in dem das stark verkiente Holz verbrannt wurde, leitete man den Rauch über einen horizontalen Kamin in das sogenannte »Rußfabrications-Local«. Dieser Raum besaß den Rußfang, eine gewölbeartige Decke mit Abzugsloch, damit der Ofen zieht. Im Rußfang schlug sich der »ordinäre« Ruß in Flocken nieder. Um den viel besser bezahlten Feinruß aufzufangen, hängte man »große Säcke oder Zelte von grober Leinwand« ins Gewölbe. Vor etwa 200 Jahren existierten im Nordschwarzwald noch unzählige solcher Rußbrennereien, die das begehrte Ausgangsmaterial für Tusche, Buchdruckerschwärze und schwarze Ölfarbe erzeugten. In demselben Maße, in dem Holzkohle durch die wesentlich billigere Steinkohle ersetzt wurde, verdrängte jedoch Steinkohlenteer das alte Kienprodukt.

Vielseitig verwendbar

Kiefern sind nach etwa 100 bis 120 Jahren hiebreif und liefern sehr gutes Holz. Es ist weich und leicht, jedoch dichter und härter als Fichten- oder Tannenholz und hält aufgrund seines hohen Harzgehaltes auch Nässe und Witterungswechsel relativ gut stand. Als gutes Brennmaterial wurden in Kieferngegenden die Kienäpfel (Zapfen) gesammelt. Das aus den Samen gepreßte Öl eignet sich hervorragend, um hölzerne Geräte mit einem Schutzanstrich zu überziehen.

Eine weit verbreitete Verwendung fanden auch Kiefernnadeln, aus denen ärmliche Haushalte die »Waldwolle« zum Stopfen der Kissen und Bettdecken erzeugten: Die Nadeln wurden dann monatelang in lauwarmem Wasser eingeweicht, bis die harte Schale in der gärenden Flüssigkeit aufsprang, und ein weiches, watteähnliches Produkt zum Vorschein kam, das nurmehr an der Sonne getrocknet werden mußte.

Altes Lungenheilmittel

In der Mythologie fand die Kiefer wenig Beachtung. Seit Pitys, eine Gestalt der griechischen Sagenwelt, in eine Kiefer verwandelt wurde, heißt der Baum bei den Griechen »Pitys« oder »Peuke«. Daß die Föhre in Volksglaube und Brauchtum des deutschen Sprachgebietes so gut wie keine Rolle spielt, ist kaum verwunderlich, denn ihren Siegeszug, und somit ihre weite Verbreitung bei uns hat sie erst vor wenigen hundert Jahren angetreten. Die mitteleuropäische Kulturgeschichte wurzelt im Laubwald. In Landschaften wie Bosnien und der Herzegowina hingegen, wo der Baum seit langem heimisch ist, wurde sein Holz als Abwehrzauber gegen Zauberei und böse Magie gebraucht.

Als volkstümliches Heilmittel wird die Kiefer meist zusammen mit Fichte und Tanne gegen Lungenkrankheiten genannt. Vor allem bei chronischer Bronchitis soll nach Inhalationen mit Kiefernsprossen oder

Auf »Pechölsteinen« (hier aus dem oberösterreichischen Mühlviertel mit einem Durchmesser von etwa 3 m) wurde bis in die heutige Zeit Kiefernholz zur Pechölgewinnung verkohlt.

dem ätherischen Öl schnelle Besserung eintreten. Bei starkem Husten und Bronchitis verschafft Kiefernsalbe als Einreibemittel auf Brust und Rücken Linderung. Hier das Rezept für die Kiefernsalbe:

2,5 EL Terpentinöl (Oleum Terebinthinae aus der Apotheke)
8 El Olivenöl
25 Tropfen ätherisches Rosmarinöl (Oleum Rosmarini aether aus der Apotheke)
1 EL Bienenhonig
20 g Bienenwachs

Das Wachs in einem Topf schmelzen. Olivenöl und Terpentinöl dazugeben. Unter ständigem Rühren den Honig darin auflösen, vom Herd nehmen und das Rosmarinöl dazurühren. In ein Salbengefäß geben und kühl aufbewahren. Die Salbe wirkt außerdem wundreinigend, hautreizend und antirheumatisch.

Tausendjähriger Glanz japanischer Kiefern

Eine überragende Bedeutung nimmt die Kiefer in der japanischen Kultur ein. Neben Kirsche und Pflaume zählt sie nicht nur zu den beliebtesten Gartenbäumen, sondern wird nach dem alten Glauben auch als Sitz der Götter verehrt. Für die Japaner ist die Kiefer »der Baum« an sich: Sie symbolisiert Feierlichkeit, Zeitlosigkeit, Beständigkeit, langes Leben und verkörpert das männliche Prinzip unter den Bäumen.

An allen Bäumen
schwellen jetzt die Knospen auf
in hellem Frühlingsgrün –
nur das Grün der Kiefer schließt
tausendjährigen Glanz mit ein.
Fujiwara no Yoshitsune

Kiefern werden in Japan als Neujahrsschmuck zu beiden Seiten der Haustüre aufgestellt und genießen dort einen ähnlich hohen traditionellen Stellenwert wie bei uns die Fichte an Weihnachten. Im klassischen japanischen Theater wird zu Ehren der göttlichen Kiefer das »No-Spiel« aufgeführt, bei dem die Kulisse stets mit einer Kiefer bemalt ist.

Selten beläßt man der Kiefer in Japan ihre natürliche Wuchsform. Durch Herabbinden der Äste und Auslichtung der Krone versuchen die Gärtner bereits relativ jungen Bäumen eine knorrige Greisengestalt aufzuzwingen. Die Taoisten schätzen Kiefernsamen als Nahrungsmittel, weil sie sich Eigenschaften des Baumes wie Ausdauer und Überlebenskraft aneignen wollen.

Die Zirbe

Die Zirbelkiefer *(Pinus cembra)*, in der Schweiz auch Arve genannt, gab es früher häufiger als heute. Entweder in Reinbeständen oder zusammen mit Lärchen bildet dieser charakteristische Baum der Hochalpen häufig die Waldgrenze im zentralalpinen Bereich, wo er vor allem auf sauren Böden in Höhenlagen zwischen 1300 und 2750 m stockt. Außer in den Alpen kommt er noch in den Karpaten vor.

Die »Zirbennüsse« schmecken zwar auch den Bergfinken und Spechten, aber der Tannenhäher hat sich geradezu auf sie spezialisiert. Mit seinem langen spitzen Schnabel hackt er die Zirbeln aus den Zapfen und verspeist sie entweder gleich oder sammelt bis zu über hundert Stück in seinem Kehlsack. Zuweilen werden Vorräte in einem der zahlreichen, manchmal entlegenen Verstecken vergessen und entwickeln sich später zu Zirbensämlingen.

Ein Forstbuch aus dem 19. Jahrhundert schreibt, daß die Zirbe »fast nur an Stellen wächst, die nur der Älpler und sein kletterndes Weidevieh erklimmen kann« – auf sogenanntem »unproduktivem Terrain« also. Und sogar dort war sie dem Bauern im Wege: Weil sie mit ihrer dunklen Gestalt den Grasbewuchs, und somit das Futter für das Weidevieh systematisch wegdunkelte, wurde sie jahrhundertelang raubbauartig geschlagen, um Weideland für die Hochalmen zu gewinnen. Übrig blieben lichtdurchflutete Lärchenwiesen, die sich optimal zur Waldweide eigneten.

Das Holz dieses langsam wachsenden, 700–1000 Jahre alt werdenden Baumes galt zudem als eines der begehrtesten alpinen Hölzer überhaupt. Weil das aromatisch duftende Zirbenholz unter anderem angeblich Wanzen und Schaben abwehrt, war die »Gute Stube« des Tiroler Bauernhauses oft damit vertäfelt, und noch heute sind dort Möbel oftmals zirben. Ebenso begehrt war es für die Krippen- und Herrgottschnitzerei, für Puppen und hölzerne Spielsachen. Aufgrund ihrer Trägwüchsigkeit hielten Förster Zirbenaufforstung allerdings nicht für lohnend. Ihre Funktion als Schutzholz gegen Lawinen und Erdrutsche hat sie jedoch bis heute beibehalten.

Von der 2-nadeligen Waldkiefer unterscheidet sich die Zirbe unter anderem durch ihre 5 Nadeln pro Kurztrieb. Heutige Arvenbestände sind durch Raubbau und vor allem Rodungen zur Schaffung fragwürdiger Skipisten gefährdet.

Als »Königin der Alpen« thront die Zirbe an unzugänglichen und entlegenen Stellen. Ihre Früchte, die Zirbennüsse, werden vom Tannenhäher verbreitet.

Die Bergkiefer oder Latsche

Die Bergkiefer *(Pinus mugo)* ist ein Relikt der letzten Eiszeit, das gemeinsam mit den Gletschern das Vorland eroberte, sich mit diesen schließlich aber auch wieder in die Gebirgslagen zurückzog. Ihr heutiges Verbreitungsgebiet erstreckt sich über die alpinen Gebiete Europas, also Alpen, Pyrenäen, Karpaten, Balkan und Abruzzen. Auch in den deutschen Mittelgebirgen trifft man die Latsche oder Legföhre an. Wie die Zirbe kommt sie in den Alpen in einer Höhenlage von etwa 1400 m bis 2500 m vor.

Insbesondere in den Kalkalpen, wo sie häufig die Baumgrenze bildet, formte die Föhre früher undurchdringliche Waldgürtel riesigen Ausmaßes. Nur dort, wo sie vor Wanderern und Wintersportlern geschützt sind, kann man solche urtümlich anmutenden Reinbestände noch heute finden.

Im Nationalpark »Hohe Tatra« (Slowakei) sind neben Bären und Wölfen auch urwaldähnliche Latschenbestände zu bestaunen, die – ringförmig die Berggipfel umgebend – den Luchsen Lebensraum bieten.

In den Alpen werden 2 Formen der Bergkiefer unterschieden. Die **Spirke** gedeiht als bis 10 m hoher, aufrechter Baum mit schlankem Wuchs und kegelförmiger Krone in den Westalpen. In den Ostalpen heißt sie **Legföhre** oder **Latsche** und bleibt ein niederer, widerstandsfähiger Strauch, der den schlimmsten Schneestürmen trotzt, indem er seine Äste an den Boden anlegt. Der Name Legföhre weist darauf hin.

Auch die Bezeichnung Latsche hängt mit der Wuchsform zusammen, denn »latschen« heißt schließlich nichts anderes als »am Boden dahinschleifen«.

Der Kirschbaum

»In jenen Tagen… stand ich vor dem Vogelkirschbaume,
der mit einer unermeßlichen Anzahl
der reinsten und weißesten Blüten beladen war –
so weiß wie sonst gar nichts in der Welt,
außer etwa der Schnee oder öfter der Räderglanz der fernen,
beleuchteten Sommerwolken,
wenn sie hinter dem dunklen Wald hervorstechen.«

Adalbert Stifter

Urahn der Kulturkirsche

Urahn unserer Kulturkirsche ist die Vogelkirsche *(Prunus avium ssp. avium)* der Laubmischwälder, Waldsäume und Hecken. Als Licht- bzw. Halbschattengehölz trifft man diesen Pionier außerdem auf unbewirtschafteten Weinbergen, aufgelassenen Wiesen, Weiden und Böschungen in ganz Europa mit Ausnahme des hohen Nordens an. Aufgrund ihrer Fähigkeit, reichlich Wurzelsproße zu bilden, vermehrt sie sich kleinflächig häufig vegetativ. Die bis zu 90 Jahre alt werdenden Bäume erreichen eine Höhe von 15–20 m und einen Stammdurchmesser von etwa einem halben Meter.

Typisch für Kirschen sind die glänzende, rotbraune, sich in horizontalen Streifen ablösende Borke und die dichte, gehäufte Schar von Knospen am Ende des Triebes. Daran kann man Kirschbäume auch im Winter gut erkennen.

Am Blattstiel befindet sich jeweils ein Paar rote runde Drüsen, die sogenannnten »extrafloralen Nektarien«. Sie bieten Nahrung für Ameisen, die ihrerseits die Larven vieler Schädlinge beseitigen.

Alle verwandten Arten der Gattung *Prunus* (dazu gehören unter anderem Zwetschge, Aprikose, Pfirsich und Mandel) enthalten in ihren Samen das giftige Glykosid Amygdalin, welches Blausäure abspaltet.

Die Sauerkirsche (*Prunus cerasus*) wurde aus der Wilden Sauerkirsche im Vorderen Orient gezüchtet. Im Gegensatz zur Süßkirsche ist der Blüten- und somit auch der Fruchtstand der Sauerkirsche beblättert.

Lukullus' Edelkirschen

Die Vogelkirsche ist der »Stammbaum« der Edelkirsche. Zu den ältesten bekannten Funden von Vogelkirschkernen stammen jene aus einer mittelsteinzeitlichen Siedlung bei Kempen am Niederrhein. Seit der Jungsteinzeit sind sie außerdem für die Pfahlbauten bei Robenhausen in der Schweiz, für Salzburg und Norditalien nachgewiesen. Erste erfolgreiche Versuche zur Züchtung größerer und süßerer Früchte scheinen an der kleinasiatischen Schwarzmeerküste gelungen zu sein. Von der dort eroberten Stadt Kerasos jedenfalls brachte der römische Feldherr Lucius Lucinius Lucullus im Jahre 74 v. Chr. die ersten großen, saftigen Süßkirschen heim nach Rom. Bezeichnenderweise räumte der sprichwörtliche Urahn aller Gourmets unter den vielen wertvollen Tributgeschenken einem Kirschbäumchen den zentralen Ehrenplatz auf seinem Triumphwagen ein. Längst sind Lucullus' militärische Errungenschaften vergessen, seine erlesenste Kriegsbeute jedoch, die Edelkirsche, ließ ihn als Feinschmecker in die Geschichte eingehen.

Der römische Feldherr Lucullus, Urahn der Schlemmer, stellte 74 v.Chr. ein Kirschbäumchen als seiner Ansicht nach kostbarste Kriegsbeute aus dem pontischen Kerasos ins Zentrum seines Triumphwagens.

Durch die Römer gelangte die Kulturkirsche nach Mitteleuropa, wo sie teilweise in den Wäldern verwilderte. Neben den bei uns heimischen Vogelkirschen werden auch die verwilderten Süßkirschen Vogelkirschen genannt. Kultivierte und verwilderte Formen unterscheiden sich in der Größe der Früchte. Wie weit die Sortenzucht bereits gegen Ende des Mittelalters fortgeschritten war, veranschaulicht Hieronymus Bock 1539 in seinem »Kreutterbuch«: »..zam und wild/ groß und klein/ rund und lang/ süß und sawer/ etlich weiß/ etlich roth/ etlich schwartz... die nun in aller Welt gemein geworden sind«.

Heute stellt man die weichen, leicht verderblichen Herzkirschen *(Prunus avium* var. *juliana)* den festen, transportfähigen Knorpelkirschen *(Prunus avium* var. *duracina)* mit ihren jeweils unzähligen Sorten gegenüber. Kulturkirschen enthalten in ihrem Fruchtfleisch durchschnittlich 10 Prozent Zucker.

»Es sitzt eine Jungfrau
auf einem Baum,
hat ein rotes Röcklein an.
In ihrem Herzen ist ein Stein.
Rat, was mag das sein?«

Volksrätsel

Nach Vögeln benannt

Die Tatsache, daß während der Kirschenreife im Juni häufig die Vögel vor den Menschen ernten, hat den schwedischen Naturforscher Karl von Linné bewogen, den Baum *Prunus avium* (lat. »avis« = Vogel) zu nennen. Die altrömische Bezeichnung für die Frucht, nämlich »cerasus« nach der bereits erwähnten Stadt Kerasos, wurde von den Germanen übernommen. Wie das französische »cerise« und das englische »cherry« ist das althochdeutsche »kirsa« vom lateinischen Stammwort abgeleitet. Später hieß sie Kersbeere, dann Kersche, seit 1469 ist der Name Kirsche als solcher nachweisbar.

Der Gemeinde Kirschbaum

Der Kirschbaum wurde früher als dem Mond zugehörig betrachtet. Vor allem bei Mondlicht hielt man sich besser nicht unter dem Baum auf, denn dort, so hieß es, würden Geister und ominöse Gestalten ihr Unwesen treiben. Wer es wagte, bei Vollmond die unter dem blühenden Kirschbaum tanzenden Elfen und Feen zu beobachten, war von Unheil bedroht.

Die prangenden roten Früchte jedoch gelten als Attribut der Liebe.

»... Bäume, überhaupt jede Pflanze besitzt ein wirklich pochendes Herz, das das Blut durch die Zellen treibt, durch die allerkleinste ihres Blattes. Früchte vermögen zu erröten, und namentlich der Herzkirsche

In Zeiten, als Süßigkeiten noch rar waren, war es der Kirschbaum, der den Schleckermäulern mit seinen köstlichen Früchten das Herz höher schlagen ließ. Aus: »Für's Haus« von Ludwig Richter (1860).

spielt die Liebe das Blut in die Wangen...«, schreibt Else Lasker-Schüler in »Die Bäume unter sich«. Weil saftige, reife Kirschen zu Sinneslust und Leidenschaft verführen, sah sich die Kirche gezwungen, die Frucht ähnlich dem Apfel als unrein und verboten zu schmähen. Und wenn Tizians »Madonna mit den Kirschen« in ihrer Hand Kirschen hält, soll dies heißen, daß die Himmelskönigin die Sünde aufgrund ihrer Unbeflecktheit in Heil verwandelt.

Im Brauchtum um den Maibaum war es früher üblich, gefallenen Mädchen am 1. Mai Kirschzweige (oder Pappelzweige) als »Schandmai« vor die Tür zu setzen. »Kirschen brechen«, bezeichnet ähnlich wie »Rosen brechen« den verbotenen Liebesgenuß, und ein lediges schwangeres Mädchen ist »zum Kirschbaum geworden«. Mit »der eine frißt die Kirschen aus und hängt den Korb dem anderen an den Hals«, beschreibt Martin Luther in seinen Tischreden einen Mann, der ein Mädchen schwängert und dieses dann an einen anderen Mann verheiratet. Schließlich bezeichnet »der Gemeinde Kirschbaum« ein liederliches Weibsbild, welches sich in der Wahl und Zahl ihrer Verehrer nicht festlegt.

Geschnitten am Barbaratag

Am 4. Dezember

Geh in den Garten am Barbaratag.
Gehe zum kahlen Kirschbaum
und sag:
Kurz ist der Tag,
grau ist die Zeit.
Der Winter beginnt,
der Frühling ist weit.
Doch in 3 Wochen,
da wird es geschehn.
Wir feiern ein Fest,
wie der Frühling so schön.
Baum, einen Zweig gib du
dann von dir.
Und er wird blühen
in seliger Pracht,
mitten im Winter,
in der heiligen Nacht.«

Josef Guggenmos

Am 4. Dezember, dem Barbaratag, werden nach altem Brauch die Barbarazweige, meist Kirschzweige (aber

An Wundstellen lassen Kirschbäume eine gallertartige, rötliche Masse, den sogenannten »Kirschgummi« als Wundverschluß austreten. Als Lungenheilmittel spielte dieser früher eine große Rolle.

auch andere Obstzweige oder Forsythien) geschnitten. Nachdem diese über Nacht in lauwarmem Wasser gelegen haben, stellt man sie in einer Vase auf. Jeden Tag frisch gewässert, kommen diese dann meist an Weihnachten zur Blüte. Normalerweise haben die Gehölze unserer Klimalage um diese Zeit bereits einen Monat lang Temperaturen unter 10 °C durchlebt – das ist nämlich die durchschnittliche Mindestzeit, die Pflanzen benötigen, um die Blühhemmstoffe abzubauen.

Im bäuerlichen Jahreskreis legte jedes Mädchen des Haushaltes zu ihrem Barbarazweig einen Zettel mit dem Namen ihres Verehrers. Die, deren Zweig an Weihnachten zuerst blühte, sollte im folgenden Jahr als Braut weggeführt werden.

Fruchtstiele und Katzengold

Dioskurides, ein griechischer Arzt des 1. nachchristlichen Jahrhunderts, empfiehlt in seiner Arzneimittellehre Kirschen als »gut dem Bauch«. Der »blutbildende« Saft der Früchte steuert niedrigem Blutdruck entgegen und eignet sich auch ganz hervorragend als Diätgetränk.

In der Volksmedizin ist der Kirschbaum in Vergessenheit geraten. Noch zu Großmutters Zeiten jedoch waren junge Kirschblätter zusammen mit Brombeer-, Himbeer- und Erdbeerblättern Bestandteil von Hausteemischungen, und der Aufguß getrockneter Fruchtstengel galt als bewährtes, schleimlösendes Hausmittel bei anhaltendem Husten der Kinder.

In England verwendete man Kirschblätter außerdem zum Einlegen von Gurken. Aufgrund ihrer entwässernden Eigenschaften werden die Fruchtstiele noch heute diversen Entfettungstees beigemischt. Die größte Heilkraft sprach man dem sogenannten Kirschgummi oder »Katzengold« zu. Ähnlich dem Pflaumenbaum (und anderen *Prunus*-Arten) bildet der Kirschbaum bei Verletzung der Innenrinde eine zähe, rötliche, gummiartige Masse als Wundverschluß. Dieses Katzengold ergab, nach altem Rezept in Wein aufgelöst, einen vortrefflichen Hustentrank.

Als »Heiltrunk« nicht zu vergessen sei das aus den Früchten gebrannte Kirschwasser, das bei Ruhr und »Zipperlein« im Magen wohl wahre Wunder wirkt.

Heizkissen für den Winter

In vergangenen Jahrhunderten bediente sich der kleine Mann des Kirschbaumes auf vielfältige Weise. Wenn sich Teuerung bemerkbar machte, streckte der Bauer seinen Tabak mit sorgfältig getrockneten Kirschblättern. Die noch zarten Blätter und Blüten wurden dem Salat untergemischt oder in den Kochtopf geworfen. In Kriegsjahren besann man sich auf den bis 35-prozentigen Ölgehalt der Kerne, die zu Speiseöl ausgepreßt wurden.

Weit allgemeiner verbreitet war deren Verwendung als Bettwärmer. In keinem Haushalt durfte zur Zeit der Kirschenernte ein Spucknapf für die Kerne fehlen. Diese wurden nämlich akribisch gesammelt, ausgekocht, am Herd getrocknet und in Leinenbeutel von der Größe eines kleinen Kissens eingenäht. Kamen die kalten Winternächte, holte man diese

In Japan werden blühende Kirschbäume bewundert, weil selbst die sterbende Blüte noch ihre Anmut bewahrt: den Samurai-Kriegern zum Vorbild.

Kirschkernsäckchen hervor, heizte sie am Ofen auf und legte sie als »Heizkissen« in die frostigen Betten.

Um den Filzhüten ihre steife Form zu verleihen, bediente man sich früher des Kirschgummis. Zu einer klebrigen Masse verkocht, fand er zudem, ähnlich den Mistelbeeren, als Vogelleim Verwendung.

Prägendes Holz einer Stilepoche

Biedermeier und Kirschbaumholz bilden ein Begriffspaar. Während dieser Stilepoche nämlich kristallisierte sich Kirschholz als das jenige Material heraus, das den schlichten, zweckentsprechenden Formen der damaligen Zeit am ehesten gerecht wurde. Dieses klassische Möbelholz erlebt heutzutage wieder einen Aufwärtstrend. Unter anderem sind es hochwertige Kirschfurniere, die die inzwischen als überholt geltenden Tropenhölzer im anspruchsvollen Innenausbau ersetzen. Immer mehr Menschen lernen den schimmernden Rotton, der Stil und Gemütlichkeit in einem verspricht, schätzen. Mit zu den besten Herkunftsländern für Kirschholz zählt die Schweiz.

Kirschblütentrunkenes Japan

In keinem anderen Land wird dem Kirschbaum eine ähnlich innige, aufrichtig empfundene Wertschätzung zuteil wie in Japan, wo schon seit etwa 1000 Jahren dem Baum zu Ehren das Kirschblütenfest gefeiert wird. Es heißt, daß die Kirschblüte, deren Anmut nie erlischt, den wahren Kern, das Geheimnis Japans in sich birgt. »Wenn dich einer fragt, was denn Nippons wahres Wesen sei, zeig ihm die wilden Kirschblüten am Berg, in der Sonne schimmernd«, schrieb der japanische Dichter Noringa Motoori (1730–1801). Die ursprünglich auf Hofadel und Samurai begrenzte Kirschblütenbewunderung erfaßte im Mittelalter bald das ganze Volk.

Mit Reiswein und Lackkästchen voller Speisen bepackt, zogen die Leute im März und April gemeinsam vor die Stadt, um von weitem die blühenden Bergwälder zu bestaunen. Über diese Menschenaufläufe mokierte sich der mittelalterliche Eremit Saigyos: »An Kirschblüten wüßte ich nur einen Fehl zu nennen, daß, wenn sie blüh'n, die Leute all zum Blütengaffen rennen«.

In ihren Grundzügen hat die Verehrung dieses Baumes im japanischen Volk bis heute überlebt. Überall im Land werden ganze Betriebe anläßlich der Kirschblütenfeste geschlossen, und Menschenmassen fahren mit Expreßzügen in die bekannten Kirschblütengegenden, um die makellosen Blüten zu bewundern, zu picknicken und zu feiern.

Die Lärche

Die Lärche gilbt unter den Nadelgeschwistern, sie birgt das lichte Haupt.
Die Schwermut hab ich in ihrem Gezweige wie einen Geist zu sehen geglaubt.
Keinen Flügel hebt der Herbstwind den Samen, die Schuppen hüten ihn winterlos jung.
Im Astwerk bewahrt sie verjährte Zapfen wie ich die taube Erinnerung.
Welcher Geist mag das Gezweige bewohnen, wenn es die Nacht mit Sternen belaubt?
Unter dem vollen und schwindenden Monde berge ich wie die Lärche das Haupt.

GÜNTER EICH

Kind der Sonne

Die Europäische Lärche *(Larix decidua)* ist ein Kind der Sonne, das die Farbe ihres Nadelkleides mit den Jahreszeiten wechselt. Der lichtgrüne Austrieb im Frühjahr dunkelt bis zum Sommer nach, um sich im Oktober zu einem leuchtenden Goldgelb zu verwandeln. Als einziger einheimischer Nadelbaum verliert sie im Herbst ihre Nadeln. Diese Besonderheit wurde im lateinischen Artnamen *decidua* festgehalten, was übersetzt »abfallend« heißt.

Wie die Zirbe *(Pinus cembra)* ist die Lärche in der hochmontanen und subalpinen Nadelwaldstufe der Berge beheimatet. In den Zentralalpen bildet der charakteristische Lärchen-Zirben-Wald meist die Waldgrenze in einer Höhe von etwa 2300 m. Seltener begegnet man der Lärche in Gesellschaft von Fichte, Tanne und Buche. Weil die Lärche Nebel und hohe Luftfeuchtigkeit scheut, sagen ihr kontinentale Gebirgslagen am meisten zu.

Hinsichtlich sonstiger Standortansprüche ist die Lärche sehr variabel. Die kurze, 2- bis 3-monatige Vegetationsperiode des Hochgebirges genügt ihr zum Gedeihen. Sie kommt mit einem Jahresniederschlag von 450 mm aus, erträgt aber auch noch 2500 mm jährlich. Der Baum wächst auf Kalk und Urgestein gleichermaßen. Im deutschen Wald ist die Europäische Lärche zu etwa 1 Prozent vertreten, zählt also nicht zu den Hauptbaumarten.

Schön aber nachteilig

Jahrhundertelang wurde die Zirbe ihres gesuchten Holzes wegen gefällt und nicht nachgepflanzt. Übrig blieben die sogenannten »Lärchwiesen«, schüttere Reinbestände, die sich vorzüglich zur Waldweide eignen. Bäume in der Weide festigen den Boden und dienen dem Vieh als Schattenspender. Außerdem entwickelt sich unter den lichten Bäumen eine ebenso üppige Krautschicht für die Weidetiere wie dazwischen. Insgesamt jedoch ist der Bestand an Lärchen in ihrer ursprünglichen, gebirgigen Heimat stark zurückgegangen. Die traditionelle Art der Waldausbeutung im Gebirge hat der Natur nicht wieder gutzumachenden Schaden zugefügt. Die Waldgrenze hat sich um rund 200 m nach unten verschoben, was den Lawinenverbauern ihr Brot sicherte. Etwa 50 Prozent der Verbauungen von Lawinenanrißgebieten befindet sich in dieser heute kahlen, früher bewaldeten Zone.

Anspruchsloser Forstbaum

Der Mensch hat das ursprüngliche Vegetationsgebiet der Lärche wesentlich erweitert. Bestände in den Alpen unter 1000 Höhenmetern gelten ohnehin als von Menschenhand gepflanzt. Innerhalb Europas konzentrieren sich Lärchen auf 4 Teilareale: Alpen, Sudeten, Karpaten und die Weichselniederung. Entsprechend dieser Teilareale kommen auch 4 Unterarten vor, die stark variieren und eine einheitliche Beschreibung erschweren. Lärchen werden bis 40 m hoch (maximal 54 m) und erreichen ein Alter von 600 Jahren. Freistehende Bäume blühen bereits mit 12–15 Jahren, im geschlossenen Bestand erst 10 Jahre später. Die mächtigsten Lärchveteranen Europas, die sogenannten »Urlärchen«, befinden sich im Ultental bei Meran in Südtirol. Die höchsten deutschen Lärchen mit Stammlängen bis 53 m wachsen im Bezirk Richthof des oberhessischen Forstamtes Schlitz (Nähe Fulda). In einem Großversuch wurde dort vor etwa 170 Jahren der größte und schönste künstliche Bestand dieses Gebirgsbaumes angelegt.

Schon im 16. Jahrhundert sollen die wüchsigen und anspruchslosen Lärchen hin und wieder im Flachland angepflanzt worden sein. Weil Lärchen enorme Mengen an Rohhumus produzieren, gelten sie im Reinbestand ähnlich den Fichten als Bodenzerstörer. Der Forstmann schätzt die geradschäftige, schmalkronige Sudetenlärche, die auch gegen den Lärchenkrebs unempfindlich ist.

Je nach Standort und Holzqualität werden zwei Sortierungen im Handel unterschieden: die wertvolle Steinlärche der Berge mit ihren schmalen Jahresringen und die Wiesenlärche der Ebene, die schnellgewachsenes Holz mit fetten Jahresringen liefert. Mit 100–140 Jahren gilt das Holz als hiebreif.

Wasserbeständiges Lärchenholz

Von allen einheimischen Nadelbäumen liefert die Lärche das härteste und dauerhafteste Holz. Es ist noch harzreicher als Kiefernholz und deshalb widerstandsfähig gegen Wurmfraß und Witterungswechsel. Das gelbliche Splintholz ist wenige Zentimeter dick und unterscheidet sich deutlich vom rotbraunen Kernholz. Schon die alten Römer wußten seinen Wert zu schätzen: Kaiser Tiberius ließ aus der Provinz Rätien ganze Stämme des geschätzten Baumes als Baumaterial nach Rom schaffen. Der Mythos um diesen den Naturgewalten trotzenden Baum ist uralt. Plinius behauptet in der 37 Bände umfassenden »Naturgeschichte« sogar, daß die Lärche durch Feuer keinen Schaden nehme, also weder verbrenne noch verkohle. Diesem Aberglauben widersprach bis ins 14. Jahrhundert niemand. In seinem »Buch der Natur« schreibt der Regensburger Prediger Konrad von Megenberg nämlich: »Wer aus des paums holtz tafeln macht und hängt die an die häuser, der wiedertreibent die flammen von den häusern, ob ein feuer ankommt nahe bei«. Dazu im Widerspruch steht, daß das vermoderte Holz zwischen den Jahresringen als »Lärchenfell« seit alters als Zunder-Holz begehrt war.

Seine Wasserbeständigkeit ist heute unumstritten. Waren früher ganze Wasserleitungen, Butterfässer und Melkeimer auf den Almen meist lärchen, wird das Holz heute noch häufig für Telegraphenmasten, Holzschindeln und im Schiffsbau verwendet. Im Wohnbereich nimmt man Lärchenholz hauptsächlich für Wandvertäfelungen und Fußböden.

Venezianisches Terpentin

Das Harz von Nadelbäumen gehört seit langer Zeit zu den wertvollsten pflanzlichen Heilmit-

In den Zentralalpen bildet die im Herbst gelb leuchtende Lärche gemeinsam mit der Zirbe meist die Waldgrenze und zusammen mit einer Hochdruckwetterlage den goldenen Oktober.

teln. Kiefernharz war am ehesten erschwinglich und kam deshalb auch am häufigsten zum Einsatz. Noch harzreicher als das Holz der Kiefer ist aber das der Lärche. Ihr Harz wird »Lörtsch« genannt, abgeleitet vom botanischen Namen *Larix*. In der »Gemeinnützigen Naturgeschichte« aus dem Jahre 1808 liest man zum Lörtsch folgendes: »... dieser aus dem Lärchenbaum gewonnene Terpentin heißt aus der Ursach der Venetianische, weil die Venediger zuerst am stärksten damit handelten«. In den lärchenreichen Südtiroler Bergen zapfte man die Bäume in großen Mengen an. Das gewonnene Harz gelangte vom Hauptumschlagsplatz Venedig als sogenanntes Venezianisches Terpentin (Terebintha laricina) in den Handel.

Die klare gelbbräunliche und honigdicke Substanz mit ihrem erlesenen Geruch hat einen aromatischen und etwas bitteren Geschmack. Sie wurde bei Krankheiten der Lunge und der Haut angewendet. Bei beginnender Grippe oder Erkältung kann man als abwehrsteigerndes Mittel ein kleines Harzkügelchen zerkauen. Für die äußere Anwendung trägt man es in Form einer Salbe auf die Brust auf. Lärchenharzsalbe leistet auch bei Rheuma und Hexenschuß gute Dienste.

Sie wird folgendermaßen zubereitet: Ein haselnußgroßes Stück Lärchenharz in einem Topf über dem Feuer schmelzen. Unter ständigem

In Gebirgslagen kommt Zwieselbildung wie hier bei der Lärche relativ häufig vor.

Rühren 10 Eßlöffel Öl und 8 g Bienenwachs hinzugeben und das Ganze in Gefäße abfüllen.

Anstatt Lärchenharz läßt sich auch Lärchenterpentin verwenden, dann braucht man allerdings ein bißchen mehr Bienenwachs.

Hauptsächlich in den Westalpen findet man an jungen Trieben in heißen Sommern gelegentlich eine süßlich-dicke Ausscheidung. Bekannt unter dem Namen »Manna von Briaçon«, wurde sie insbesondere zur Anregung der Verdauung eingenommen.

Ebenfalls abführend wirkt der Lärchenschwamm. Getrocknet und pulverisiert nahm man ihn meist mit gewürztem Weißwein ein.

Lärchennadeln sind im Gegensatz zu Fichten- und Tannennadeln leicht giftig. Am Lechrain galt die aus den Nadeln abgesottene Flüssigkeit sogar als Abortivum.

HAUSBAUM DER ALPEN

Der althochdeutsche Name der Lärche, »lariha«, ist der lateinischen Bezeichnung für den Baum *(Larix)* entlehnt. Diese wiederum soll von der Sprache der keltischen Ureinwohner des Alpengebietes abgeleitet sein.

In den Alpen war die Lärche ein häufiger Haus- und Hofbaum. Konrad von Megenberg führte im 14. Jahrhundert den Namen *Larix* sogar auf die römischen guten Hausgötter, die Laren zurück – eine umstrittene Meinung. Vor allem in Tirol war der Baum eng mit dem bäuerlichen Lebenskreis verknüpft. Dort hat sich sogar ein eigener Sagenkult um ihn entwickelt. Die Lärche galt als Wohnsitz der guten Waldfrauen und »Säligen«, unter deren Schutz vor allem Mütter und Kinder standen. Einer Legende zufolge setzte ein greiser, doppelstämmiger Lärchenbaum in der Nähe von Landeck sogar die Wickelkinder in die Welt. Sie wurden nicht etwa vom Storch gebracht, sondern von dort abgeholt. Die Baumfeen waren den Menschen im Gegensatz zu manch anderen zwielichtigen Waldgestalten immer wohlgesonnen und beschenkten sie reichlich. Auch bei schweren Geburten standen sie hilfreich zur Seite. Obwohl sie als glückbringender Baum hoch geschätzt wurde, steckte man im Alpengebiet liderlichen Mädchen in der Nacht zum ersten Mai ein »Lärchentännele« als »Schandmai« auf den Dachgiebel. Dieser Brauch hieß »Lärchen«, und vom betreffenden Burschen sagte man: »Der hat g'lärcht«.

Die Linde

So wie »Heimat« kein geographischer Begriff, sondern eher ein religiöser Zustand ist,
so wie die »Zeit« nichts Meßbares, sondern ein qualitativer Vorgang,
und so wie Naturschutz keine Wissenschaft, sondern eher eine Denkweise ist,
genauso ist die »Linde« für mich
eher ein Geheimnis als ein Baum.

HUBERT WEINZIERL

LINDENZEIT

Wie Eichen und Eiben zählen Linden (*Tilia* sp.) zu unseren Baumveteranen, die ein Menschenalter um ein Vielfaches übertreffen können. Vom Wachstum der Linde sagt man, sie komme 300 Jahre, stehe 300 Jahre und vergehe 300 Jahre. Weil das Holz nicht wie beispielsweise bei der Eiche fäulnisresistente Gerbstoffe einlagert, vermorscht der Baum über die Jahrhunderte hinweg von innen heraus.

Uralten, hohlen Bäumen traut man selten die Lebenskraft zu, die sie in vielen Fällen besitzen. Im Alter entwickeln nämlich manche Linden eine Vitalität, über die man nur staunen kann. Das Geheimnis ihrer Langlebigkeit sind neue Innenwurzeln, die vom greisen Stamm aus in Richtung Boden wachsen, sich dort verankern und eine junge Krone bilden, wenn der alte Baum abstirbt. Die Linde verjüngt sich also sozusagen von innen heraus.

Als die Klimabedingungen in Mitteleuropa wähend der sogenannten »Wärmezeit« (etwa 4000 v.Chr.) günstiger waren, zählte die Linde noch zu den Hauptbaumarten der damaligen Wälder. Mit dem wärmeren Klima verschwand aber auch sie immer mehr, und reine Lindenbestände findet man heute nurmehr in Osteuropa und Westsibirien.

DIE »ZAME« UND DIE »WILDE«

Die weltweit etwa 50 Arten der Linde präsentieren sich relativ einheitlich. Gemeinsame Merkmale sind die an der Basis leicht unsymmetrischen, herzförmigen Blätter, die mit dem Vorblatt verwachsenen Blütenstände und der faserhaltige Bast unter der Rinde. In Mitteleuropa sind

Winterlinden in ihrer sanftgelben Herbstfärbung. Im Wald werden Linden wegen ihrem leicht abbaubaren, gehaltvollen Laub von Förstern gerne im Nebenbestand von Edellaubhölzern wie Eichen und Eschen gepflanzt.

nur Sommerlinde *(Tilia platyphyllos)* und Winterlinde *(Tilia cordata)* beheimatet. Bereits im 16. Jahrhundert unterschied der kräuterkundige Hieronymus Bock »zwei unterschiedlichen Geschlechter«, nämlich »einen zamen und einen wilden«, wobei er unter der zahmen die Sommerlinde verstand.

Weil beide Bäume gleichermaßen wertvolles Schnitzholz, heilkräftigen Lindenblütentee und den früher unentbehrlichen Bast lieferten, wurden sie vom Volk selten auseinandergehalten. Die bereits von Anfang bis Mitte Juni blühende Winterlinde trägt auf der Blattunterseite braune Haarbüschel zwischen den Blattnerven. Ihr Blütenstand setzt sich aus 4–10 Blüten zusammen. Die 2 Wochen später blühende Sommerlinde besitzt als Unterscheidungsmerkmal weiße Achselbärte und Blütenstände mit nur 3–5 Blüten. Anders als ihre Bezeichnung vermuten läßt, steigt die Sommerlinde in Gebirgen höher als die Winterlinde. In frischen krautreichen Bergwäldern findet sie optimale Wachstumsbedingungen, ihre Feuchtigkeitsansprüche sind sogar denen der Buche vergleichbar. Berühmt für seine Sommerlinden ist der Pfälzer Wald. Die häufigere Winterlinde bevorzugt geschützte Lagen und kommt vor allem in sommerwarmen Eichen-Hainbuchen-Wäldern vor. Bekanntere Bestände befinden sich im Hessischen Bergland und im Kottenforst bei Bonn.

Im Sommer treiben Linden starke Wurzelbrut und werden regelmäßig von Blattläusen befallen, die den bei Autofahrern unbeliebten »Honigtau« produzieren. Weil Linden außerdem stark auf Abgase reagieren, treten sie als Straßenbäume immer mehr in den Hintergrund. Die um 1900 aus China eingeführte *Tilia oliveri* soll schadstoffresistent und somit ein idealer Straßenbaum sein. Für Förster aber sind einheimische Linden nach wie vor waldbauliche Perlen, denn mit ihrer reichhaltigen, leicht abbaubaren Laubstreu wirken sie bodenpfleglich. Als »dienende Baumart« wird die Winterlinde gerne im Nebenbestand gepflanzt, zum Beispiel zur »Umkleidung« von geradschäftigen Eichen.

... VON DER LINDIGKEIT...

Als Forstgehölz erreichte die Linde nie die Bedeutung von Eiche oder Fichte. Im Herzen des Volkes jedoch hat sie sich längst den besten Platz erobert und nimmt seit Menschengedenken als Hausbaum in

Hof, Dorf, Kloster und Burg den ersten Rang ein. Diese überragende Bedeutung zeigt sich in den verschiedensten Familiennamen – auch der schwedische Botaniker Linné führt den seinen darauf zurück. Im deutschen Sprachraum sollen 1142 Ortschaften die Linde im Namen führen. Sie heißen Lindau, Lindenfels, Lindeck, Hohenlinde usw. Linz ist der Lindenhain, und Leipzig hieß 1485 noch Lipsko, was Lindenort bedeutet. Deutsche Studenten sangen früher: »Halle, alte Lindenstadt, vivat, crescat, floreat« (lebe, wachse und blühe).

Woher der Name Linde kommt, ist nicht mehr nachvollziehbar. Wahrscheinlich hängt er mit der Bezeichnung »lind« (weich, geschmeidig) für das weiche Holz oder den biegsamen Bast zusammen. Der Arzt Lonicerus meint in seinem Kräuterbuch aus dem 16. Jahrhundert: »Die Linde hat den Namen von der Lindigkeit«. Der Lindwurm wohnt nicht etwa in der Linde, sondern ist eben ein »linder«, ein geschmeidiger Drache. Das englische »lime-tree« hat seine Wurzel ebenfalls in »lind«, und auch der wissenschaftliche Name *Tilia* und die französische Baumbezeichnung »teille« oder »tille« leiten sich vom griechischen »tilos« = Faser ab, deuten also auf die faserige Struktur des Lindenbastes hin.

Der Lindwurm ist, wie sein Name bereits andeutet, nicht ein starrer und ungelenker, sondern ein linder und beweglicher Drache.

Aus Lindenbast wurden früher von den Seilern Schnüre und Seile, Bogensehnen und Bindebast erzeugt.

TANZ UNTER DER DORFLINDE

Von alters her ist die Linde der Baum des Volkes, nicht die Eiche. Sie verbreitet innige Mütterlichkeit, und während der Blütezeit wirkt der Baum wie eine einzige Umarmung von Bienen und Blüten. Blühende Lindenbäume rufen Empfindungen wach, die schwer in Worte zu fassen sind und am ehesten noch mit Begriffen wie Heimat, Wärme und Geborgenheit umschrieben werden können. Linden und Bienen sind ein Begriffspaar, das zusammengehört. Seine überreichliche Nektarproduktion ließ den Baum sogar zu »des Heiligen Römischen Reiches Bienenweide« avancieren, und der lindenreiche Nürnberger Reichswald galt das ganze Mittelalter hindurch als »des Reiches Bienengarten«.

»Linde, du einziger Baum,
Dich grüßt wohl selbst der Blinde,
Der deinen Namen nie im Traum
Vernommen, noch als Linde.«
FRIEDRICH HEBBEL

Starb in Ostpreußen ein Kind, hieß es: »Sin Vadder heft em e lindne Seel öngesett«. Lindenblüten sprechen das deutsche Gemüt an. »Ein Herr bleibet doch ein Herr; und ob er schon linden ist, so überwehret er dennoch einen eichnen Knecht«, erinnert ein altes Sprichwort. Im altdeutschen Kartenspiel (1472 erstmals erwähnt) symbolisiert ein stilisiertes Lindenblatt den freien Bauernstand, die Eichel dagegen den besitzlosen Knecht. Eichenlaub war stets Helm-

Rund um die Dorflinde, dem Mittelpunkt der Ortschaften, spielte sich das gesellige Leben der Leute ab. Unter der Linde wurde getanzt und getrunken, und ihre Krone spendete auch dem Spielmann den nötigen Schatten.

zier der Krieger, Wallfahrer tragen Lindenlaub mit sich.

Ist heute die Mehrzweckhalle der Treffpunkt im Ort, war es früher die Linde. Sie ist nicht nur der klassische Mittelpunkt der Dörfer, sondern grünt auch am Nabel von Gesamtdeutschland. Die »Linde der wiedergewonnenen deutschen Einheit«, eine Kaiserlinde (*Tilia pallida*), wurde 1991 im thüringischen Städchen Niederdorla, dem neuen topographischen Mittelpunkt Gesamtdeutschlands, gepflanzt. Auch das geographische Fadenkreuz der alten Bundesländer, an der B275, 2 km südlich von Herbstein in Hessen, markiert eine Linde.

Die Linde war bereits Zentrum der elbischen Rosengärtlein, und auch in Kriemhilds Garten blühte eine Linde, in deren Schatten 500 Frauen Platz fanden. 12 Helden, der berühmteste von ihnen war Siegfried, bewachten sie. Poeten wurden nicht müde, den Baum als Zentrum der Geselligkeit zu preisen. Gottfried von Straßburg spricht in seinem Tristan (ca. 1210) von dem wohltuenden Schatten, den »das grüne Lindenblatt« gewähre.

Neidhart von Reuental stimmt im gleichen Jahrhundert in seinem Winterlied ähnlich ein: »Winter, deine Gewalt will uns von der breiten Linde weg in die engen Stuben drängen«. Der wohl bekannteste deutsche Minnesänger Walther von der Vogelweide besang im 12. Jahrhundert gar ein Schäferstündchen unter diesem Baum:

»Unter der linden, an der heide,
da unser zweier bette was...«

Gewöhnlich fand auch der Tanz unter dem Dorfbaum statt. »Unter den Linden pflegen wir zu singen, trinken und tanzen und fröhlich zu sein«, sagte bereits Martin Luther, »denn die Linde ist uns ein Friede- und Freudenbaum«.

»Der Schäfer putzte sich zum Tanz
Mit bunter Jacke, Band und Kranz,
Schmuck war er angezogen.
Schon um die Linde war es voll,
Und alles tanzte schon wie toll
Juchhe, Juchhe!
Juchheisa! Heisa! He!
So ging der Fiedelbogen.«
GOETHE (FAUST)

Um solche Ausgelassenheit nicht in Zügellosigkeit ausarten zu lassen, warnt ein Volkslied: »Und wann die Lind' ihr Laub verliert,/ Behält sie

1000-jährige Linde bei Andiesen am Inn (Oberösterreich).

nur die Äste,/ Daran gedenkt ihr Mädlein jung/ Und haltet eu'r Kränzlein feste«. Nur reine und jungfräuliche Mädchen waren zum Vortanz um die Dorflinde zugelassen. Passierte es einmal, daß ein »gefallenes« Mädchen die Dorflinde mit ihrem Vortanz entehrt hatte, mußte die Linde »gescheuert«, das heißt der Rasen um sie aufgegraben werden.

Manche Tanzlinden wurden sogar in Stufen geschnitten und die Tanzplattform direkt in das Geäst des Baumes verlegt. Ein meist hölzernes Gerüst stützte die tragenden Äste und mit ihnen die Tanzfläche. In Deutschland existieren noch heute einige betanzte Linden. Die Stufenlinde zu Limmersdorf (Kreis Kulmbach) ist zur »Lindenkerwa« am Sonntag nach Bartholomäus (meist dem letzten Sonntag im Augus) Hauptattraktion der Gegend. Eine weitere sehr schöne Tanzlinde mit ausgebautem »Obergeschoß« steht in Peesten in Thüringen. Nicht nur unter und auf, sondern sogar im Baum drehten sich die Paare. Die Kunigundenlinde zu Kasberg (Bayern) war hohl und hatte einen so gewaltigen Umfang, daß 6 Paare gleichzeitig in ihr tanzen konnten.

Die ersten Kleider

Die althochdeutsche Bedeutung für Bast, nämlich Haut, Rocksaum oder Naht, läßt seine frühere Verwendung erahnen. Bereits die Pfahlbauern stellten ihre Kleidung unter anderem aus Lindenbast her, und Pomponius Mela, ein Zeitgenosse des Kaisers Claudius, schrieb über die Germanen: »Die Männer hüllen sich in kurze Mäntel oder in Baumbast«. Unsere Vorfahren fertigten aus dem geschmeidigen Bast auch Kriegsschilde. Aus mehreren Schichten geflochten, waren diese in der Lage, selbst starke Schläge abzufedern. In Griechenland kannte man Papier aus Lindenbast, und in Streifen zerrissen diente es zur Weissagung.

Der Reichtum der Baumrinde an Bastfasern ist eine Spezialität der Linde. Bast ist die sogenannte sekundär gebildete Rinde, die sich nach einer speziellen Behandlung in Form von Bastfaserstreifen herauslösen läßt. Zur Bastgewinnung wurde die Rinde der Linde Mitte Mai abgeschält, die weiche Innenseite in 10 cm breiten Streifen herausgetrennt und zu Büscheln zusammengebunden. Diese wurden ähnlich wie bei der Flachsgewinnung »geröstet«, also solange in kaltes Wasser gelegt, bis sich der reine Bast löste, was meist bis Oktober dauerte. An der Sonne getrocknet war es nun ein leichtes, die einzelnen Jahreslagen voneinander zu trennen. Mit einer Länge von 1 bis 2 m und einer Breite von etwa 2 cm wurde der Bast schließlich in den Handel gebracht. Ein Baumstamm von ungefähr 35 cm Durchmesser lieferte etwa 45 kg Bast. Am Monte Caprino im Tessin wurden noch um die Jahrhundertwende 15 Tonnen Lindenbast pro Jahr geerntet.

Vor allem Seiler waren es, die das uralte Handwerk der Bastverarbeitung weiterpflegten. Bogensehnen, Schnüre und Seile, Bienenkörbe und Sattelzeug stellten sie her. Auch der Leimpinsel der Schreiner bestand aus Lindenbast. Bevor Raphiabast (aus Palmblättern) und Kunststoffschnüre billig auf den Markt kamen, lieferte die Linde zudem den »Bindebast« der Weinbauern und Gärtner. Und last not least wurden früher den Besessenen die Hände mit Lindenbast gebunden.

Wenn man den Bast verspinnen wollte, mußte er erst durch Kochen in Chemikalien aufgeschlossen werden. Weil die Fasern stark verholzt sind, eignen sie sich jedoch höchstens für grobe Gewebe wie Säcke oder Bastschuhe. Außer Linden sind auch Ulmen, Weiden und Birken zur Bastgewinnung geeignet.

In der Schweiz erfüllt Lindenbast in der Volksmedizin noch eine andere Aufgabe. In kaltes Wasser geschabt, soll er als Brei bei Brandwunden die Heilung beschleunigen.

Lingnum sacrum – Heiliges Holz

Lange Zeit galt die Linde als »lignum sacrum«, als heiliges Holz, denn viele Heiligenstatuen wurden aus ihm geschnitzt. Weil es weiß, ziemlich weich und von gleichmäßiger Beschaffenheit ist, läßt es sich ausgesprochen gut für Schnitz- und Drechslerarbeiten verwenden.

»Aus dem Holz macht man die geschnitzten Bilder, die hat man in den Kirchen anstatt der Heiligen verehrt«, wetterte der protestantisch eingestellte Kräutervater Hieronymus

Das sogenannte »Blatt« der altdeutschen Spielkarten ist ein stilisiertes Lindenblatt. Spielkarte von Peter Flötner, 16. Jahrhundert.

Bock über die Linde. In der Tat war es meist Lindenholz, aus dem berühmte Bildhauer wie Veit Stoß, Tilman Riemenschneider oder Ludwig Schwanthaler ihre herrlichen Heiligenstatuen, Altäre und Krippen schnitzten. Die Madonna von Tschenstochau, das Nationalheiligtum der Polen, ist auf Lindenholz gemalt. Wegen seines hohen Eiweißgehaltes wird Lindenholz jedoch oft vom Holzwurm befallen.

Auch für den täglichen Bedarf mußte die Linde herhalten. Holzschuhe, Schüssel, Löffel und andere Haushaltsgegenstände waren häufig linden. Lindenholzkohle, die früher hauptsächlich zur Schießpulvererzeugung und als Zahnpflegemittel diente, wird heute fast nur noch als Zeichenkohle gebraucht.

Die Linde als Gerichtsbaum

Das »Judicium sub tilia«, das Gericht unter der Linde, ist in vielen alten Urkunden belegt. Man glaubte, die Linde, ein in früheren Zeiten als heilig verehrter Baum, könne bewirken, daß die reine Wahrheit ans Licht käme. Die Rechtssprechung unter Bäumen hat eine lange Geschichte, kommt in vielen Kulturen vor und wird auch im Alten Testament erwähnt: »Deborah, eine Prophetin, war Richterin in Israel. Sie hatte ihren Sitz unter der Debora-Palme zwischen Rama und Bet-El im Gebirge Efraim, und die Israeliten kamen zu ihr hinauf, um sich Recht sprechen zu lassen« (Richter 4,5).

Im Gegensatz dazu hielten die Athener in Gebäuden Gericht. Doch auch hier gab es Ausnahmen: Bei einem Mordfall etwa wollte der Richter mit dem Täter nicht unter einem Dach sitzen und zog, wie die alten Germanen, den Schatten eines Baumes vor.

Die Malefizordnung von Maienfeld aus dem Jahre 1678 betont, daß das Gericht »unter der linda und nicht anderswo als under dem heitern ›himmel‹« abgehalten werden muß, und bei Hans Sachs lesen wir:

»Solch Kunst achten
wir Dorfleut nicht,
besitzen doch unser Gericht
unter dem Himmel bei der Linden;
nach kurzer Zeit Urteil zu finden...«

Das Thing oder Schrannengericht, die germanische Gerichtsversammlung, wurde im Mittelalter meist zweimal im Jahr an der Thingstätte unter freiem Himmel abgehalten. Alle Freien, d.h. »Waffenfähigen«, waren verpflichtet, mit ihren Waffen zu erscheinen (Thingpflicht), und wer den Thingfrieden störte, wurde streng bestraft. Natürlich mußte der zu Verurteilende vorher »thingfest« gemacht werden. Manche Urteile enthalten die Schlußformel: »Gegeben unter der Linde«. In seiner Geschichte »Die drei Linden« hat Hermann Hesse von einem Urteilsspruch unter einem Baum erzählt.

In seiner Ballade »Dreizehnlinden« (1922) beschreibt Friedrich Weber, wie so eine Gerichtsverhandlung hätte aussehen können: »... nächst dem Baume war die Dingstatt/ Eingehegt mit Haselzweigen/ Tiefgebückt am Stamm der Linde/ stand der Graf in düsterem Schweigen./ Vor ihm auf dem Sandsteintische/ Schwert und Strick ...«

Bis in die Neuzeit hinein fanden Gerichtsverhandlungen meist unter Bäumen (z.B. Gerichtslinden, Thing-Eichen) statt. Kupferstich aus dem »Adeligen Landleben« des Freiherrn von Hohberg (1687).

Geächtet unter der Femelinde

Ein unter einer Fermelinde Verurteilter wurde umgehend am Baum aufgehängt. War der Beschuldigte nicht präsent, verfemte, d.h. ächtete man ihn, und jeder, der seiner habhaft werden konnte, durfte ihn ohne weiteres hinrichten. Ab dem 15. Jahrhundert wurden Femegerichte bedeutungslos, Fememorde, von Rechtsradikalen an ihren politischen Gegenern begangen, tauchten allerdings um 1920 in Deutschland wieder auf. In seinem Roman »Wolf unter Wölfen« erzählt Hans Fallada über einen solchen Fememord.

Das letzte bekannte Gericht unter Bäumen im deutschsprachigen Raum fand 1870 auf der jetzigen Wüstung Volkmanrode im Harz statt – wobei sich die Gerichtsbarkeit zu diesem Zeitpunkt nurmehr auf Forst-, Wald- und Jagdfrevel erstreckte. Früher jedoch wurde dort jährlich zu Walpurgis und Michaelis ein Land- und Rügegericht gehalten.

»Ziu«, die germanische Gottheit des Rechtsstreites, hat in einem unserer Wochentage, dem Dienstag (im mittelhochdeutsch noch »Ziestac«, später »Thing-Tag«), bis heute überlebt.

Berühmte Gerichtslinden waren die Kunigundenlinde bei Kasberg in Bayern und die Linde von Staffelstein, Bayern, mit 1200 Jahren eine der ältesten Linden Europas. In ihrem Schatten wurde unter freiem Himmel »schrannenrecht mit ganzen gerichtstab« gehalten. Außer Linden dienten Eichen, in Frankreich auch Ulmen als Gerichtsbäume.

Unter Linden wurden in manchen Gegenden den Dorfbewohnern die amtlichen Bekanntmachungen vorgelesen. »'S litt enger die Leng«, es läutet unter der Linde (der Gemeindediener läutet die Bekanntmachungen aus), sagte man früher in Hessen.

Die Linde bringt Linderung

Aristoteles' Nachfolger Theophrast beschreibt die Linde unter dem Namen »Philyra«. Bei den Kretern galten die Blüten der Philyra als die älteste bekannte Arznei und die Linde als der heilende Baum an

Siegfrieds Schicksal ist eng mit der Linde verknüpft. Ein Lindenblatt war es, das zwischen seinen Schulterblättern hängen blieb und damit seine vollständige Unverwundbarkeit durch ein Bad in Drachenblut vereitelte. Wiederum unter einer Linde empfing er Hagens Todesstoß.

sich. Bei uns ist Lindenblütentee ein relativ modernes Heilmittel und wird in den Kräuterbüchern erst ab dem 17. Jahrhundert erwähnt.

In der Schönheitspflege kennt man das »Lindenblütenwasser« lange, schon Hildegard von Bingen schreibt in ihren Kräuterbüchern: »Im Sommer soll man sich, wenn man schlafen gehet, mit frischen Lindenblättern die Augen und das ganze Gesicht bedecken. Das macht die Augen rein und klar«.

Lindenblüten enthalten Glykoside, die dem Tee eine ähnliche Wirkung verleihen wie Holunderblüten. Heiß getrunken und mit Honig gesüßt wirkt er bei grippalen Infekten schweißtreibend, schleimlösend und krampfstillend. Lindenholzkohle erfreut sich in der Volksheilkunde wachsender Beliebtheit, da sie Giftstoffe und Säure im Magen bindet. Mit einem anschließend genommenen Abführmittel können diese aus dem Körper ausgeschieden werden. Bei Blähungen sowie entzündlichen Magen und Darmerkrankungen werden täglich 2 Messerspitzen eingenommen. Auf die Linde lassen sich sogar Krankheiten übertragen: »Gichtfluß, du sollst stehen, du sollst vergehen, sollst verschwinden, wie das Laub an der Linden, bei den Toten sollst du's finden«, hieß es früher.

Linden – Persönlichkeiten

In der Linde verehrten die Germanen Freya, die Göttin der Liebe und des Glücks, der Fruchtbarkeit und des guten Hausstandes. Als das Christentum immer mehr Fuß faßte, zerstörte man die alten Statuen der Freya- oder Gerichtslinden und ersetzte sie durch ein Marienbild. Aus den alten Freya-Linden waren Maria-Linden geworden; die einzigen Baumheiligtümer, die bis in unsere Zeit überlebten.

Typisch deutschen Charakter tragen »Apostellinden«, für die man einen gekappten Baum auf 12 Hauptäste zog und diese nach den 12 Aposteln benannte. Die berühmteste Apostellinde grünt etwa 800-jährig in Gehrden bei Warburg. Nach der dörflichen Überlieferung soll an einem Karfreitag vor einigen Jahrzehnten derjenige Ast von einem Sturm abgebrochen worden sein, der dem Judas zugesprochen war.

Die längste Lindenallee Deutschlands ist die Herrenhäuser Allee in

Zu den dendrologischen Kostbarkeiten des Landes zählt die etwa 1000-jährige Wolframslinde bei Kötzing in Bayern mit einem Stammdurchmesser von 5 m.

Hannover, 1726 als Verbindungsweg der Stadt nach Herrenhausen gepflanzt. In der Besatzungszeit nach dem Krieg wurde die Allee als Autoabstellplatz mißbraucht und dermaßen mit Öl verseucht, daß viele Bäume abstarben.

Erst 1972 beschloß die Stadt, die gesamte, knapp 2 km lange Alle zu erneuern und pflanzte dazu insgesamt 1219 geklonte Kaiserlinden. Um die Kunigundenlinde auf dem Altenberg bei Burgerroth rankt sich eine eigene Legende: So soll die heilige Kunigunde von ihrer Burg in Bamberg drei Schleier dem Wind überlassen und gelobt haben, überall dort, wo ein Schleier hinfalle, eine Kirche zu bauen. Ein Schleier blieb in einer Linde über der Gollach, einem Seitenfluß der Tauber hängen, und vor der dortigen Linde ließ man auch die Kapelle bauen.

Schließlich darf die älteste Liebesgeschichte um die Linde, die archetypische griechische Sage von Philemon und Baucis nicht fehlen. Ovid erzählt in den »Metamorphosen« von den Göttern Hermes und Zeus, die als Wanderer in grauer Vorzeit im phrygischen Küstenland auftauchten. Um die wahre Gesinnung der Menschen zu erkunden, baten sie um ein Nachtlager und Essen. Von allen anderen abgewiesen, fanden sie nur bei dem alten Bauernehepaar Philemon und Baucis Obdach.

Zum Abschied verhängten die Götter ein Strafgericht über das unbarmherzige Volk, die gastfreundlichen Eheleute jedoch sollten sich vor der Sintflut rechtzeitig auf einen Berg unter des Dach eines Tempels retten. Die beiden Alten gehorchten und lebten noch viele Jahre als Diener des Heiligtums.

Am Ende ihrer Tage wurde ihnen zudem der Wunsch gemeinsam sterben zu dürfen erfüllt. In der Todesstunde wurde Philemon in eine Eiche, seine Frau Baucis in eine Linde verwandelt.

»... Und als schon über beider
Gesichter der Wipfel emporwuchs,
tauschten sie Worte,
solange sie durften:
»Leb wohl, o mein Gatte!«
Riefen sie beide zugleich,
und zugleich verbarg
und umhüllte Laubwerk
ihr Anlitz ...«

OVID (METAMORPHOSEN)

Die Pappel

Der Pappelbaum

Hegst die Zeichen, trauter Baum, in der hartgewordnen Rinde,
Und dein Laub, bewegt vom Winde, flüstert Lieder, wie im Traum;
Lieder wunderbaren Klanges! vor'ger Zeit verlorne Kunde,
Und die Geister des Gesanges wehn mich an im alten Bunde...

Adelbert von Chamisso

Pappelvielfalt

Pappeln (*Populus* sp.), die zur Familie der Weidengewächse zählen, lieben wie Weiden, Erlen und Eschen feuchte Standorte und ertragen sogar gelegentliche Überflutungen. Diese Pionierpflanzen (Vorhölzer) kommen auf tiefgründigen, nährstoff- und basenreichen Auenböden, aber auch auf sandigem und lehmigem Untergrund vor. Am massivsten treten sie in den Auwäldern der großen Flußniederungen auf. Neben den 3 heimischen Arten Schwarzpappel *(Populus nigra)*, Silberpappel *(Populus alba)* und Zitterpappel *(Populus tremula)* werden in Mitteleuropa etliche Hybriden angepflanzt. Dabei handelt es sich um sogenannte »Wirtschaftspappeln«, deren Produktivität im Vergleich zu den Eltern durch die Einkreuzung gesteigert wurde. Die Abgrenzung der inzwischen unüberschaubaren Vielfalt an Klonen ist allerdings derart undeutlich und verwirrend, daß für eine genaue Unterscheidung der Fachmann zu Rate gezogen werden muß.

Ursprünglich kamen Schwarzpappeln mit Ausnahme des Nordens und Spaniens in ganz Europa vom Tiefland bis zu den Alpen in 1400 m Höhe vor. Die reine Wildart ist am natürlichen Standort selten geworden, sie gilt in Deutschland sogar als gefährdet. Die meisten als Schwarzpappeln bezeichneten Bäume sind folglich Hybriden. Diese wurden inzwischen weit über das ursprüngliche Schwarzpappel-Areal hinaus gepflanzt, beispielsweise auf der Iberischen Halbinsel und im Baltikum.

Der Blattstiel vieler Pappelarten – bei der Zitterpappel am stärksten ausgeprägt – ist seitlich zusammengedrückt, weshalb er labil wird. Die ständige Blattbewegung bewirkt einen erhöhten Transpirationssog, der eine gesteigerte Nährsalzversorgung und somit verstärktes Wachstum des Baumes mit sich bringt. Außerdem erklärt sich dadurch die hohe Pumpkraft der Pappeln. Auf die in ständiger Bewegung befindlichen Blätter nimmt auch der wissenschaftliche Name des Baumes *Populus* (französisch »peuplier«, englisch »poplar«, italienisch »pioppo«) Bezug. Er stützt sich auf das Griechische »pappalein« = sich bewegen. Im Lateinischen bedeutet »populus« Volk. Der Überlieferung nach bekam die Pappel (allerdings vorerst nur die Zitterpappel) ihren Namen bei den Römern deshalb, weil sich ihre Blätter wie das Volk im Zustand fort währender Erregung befinden.

Im deutschen Sprachraum war die Bezeichnung »Pappel« oder »Bappel« bis Ende des Mittelalters einer anderen Pflanze, nämlich der Malve vorbehalten. Die Pappeln hießen damals noch Bellen.

Schwarzpappel am Straßenrand. Die meisten als Schwarzpappeln angesprochenen Bäume sind bereits Hybridformen.

Forste

Großflächige Forste dieses schnellwüchsigsten einheimischen Nutzholzes besitzen ökologisch gesehen einen geringen Wert, weil die Vorvegetation vor allem durch Beschattung und Grundwasserabsenkung (bis 1m) verdrängt wird. Auf dieses Problem machte bereits 1799 Johann Kaspar Bundschuh aufmerksam. Er wies darauf hin, daß die Bienenzucht in Süddeutschland zurückginge, weil auf Kosten alter Lindenalleen immer mehr schnellwachsende Pappeln gesetzt würden. Weil Schwarz- und Silberpappel starke Wurzelbrut betreiben (die Wurzeln reichen bis 35 m breit), sich somit stark vegetativ ausbreiten, ist es ratsam, die Bäume nicht in die Nähe von Gebäuden und Abflußrohren zu pflanzen.

Entsprechend der hohen Zuwachsrate ist Pappelholz sehr leicht. Als Splintholzart werden die inneren Teile des Holzkörpers nicht mit Gerbstoffen imprägniert, so daß sie leicht faulen können. Mit einem Ligningehalt von lediglich 20 Prozent wird es hauptsächlich zu Zellulose, Sperrholz, und, weil es langsam brennt, zu Streichhölzern verarbeitet. Das Holz der Schwarzpappel – es gilt als das wertvollste unter den heimischen Pappeln – findet auch in der Möbelindustrie Verwendung.

In früheren Zeiten versorgte die Pappel in Holland eine ganze Industrie mit Arbeit. Zum Schnitzen der Holzpantinen oder Holzklompen hatte sich ihr billiges, leichtes und unempfindliches Holz bestens bewährt. Aus einem roh zurechtgehauenen Holzklumpen = Holzklotz (daher der Name Klompen), der frisch sein bzw. immer feucht gehalten werden mußte, schnitzte man anno dazumal in mühevoller Handarbeit die

Die Pyramidenpappel, der »lange Müßiggänger« Friedrich Rückerts, scheint sich vor wenigen Jahrhunderten in Oberitalien durch Mutation aus der Schwarzpappel entwickelt zu haben.

berühmten »Holländerschuhe«. An den einstmals neben Blumen und Gemüse hohen Stellenwert der Holzklompen als Handelsobjekt erinnert noch die sogenannte »Klompenmesse« in St. Oedenrode.

Pappelwachs und Pappelwolle

Neben der Nutzung der Blätter als Viehfutter und Färbemittel wurde früher auch die Rinde der Pappeln zum Gerben des sogenannten »Zurichtleders«, eines ausnehmend strapazierfähigen Leders, herangezogen. Adelbert von Chamisso beschreibt in seiner »Übersicht über die nutzbarsten und schädlichsten Gewächse ...« aus dem Jahre 1827 eine altertümliche Verwendung der Blütenkätzchen: »Wenn man im Frühling die abgefallenen männlichen Kätzchen und Knospen [der Schwarzpappel] sammelt, sie zerstampft, in siedendem Wasser auswäscht und auspresst, so erhält man eine grüne, weiche, wachsähnliche Masse, aus welcher man Kerzen machen kann, die beim Brennen einen lieblichen Geruch verbreiten«.

Weil sich mit der sogenannten »Pappelwolle«, das sind die in weiße Flugwolle gehüllten Samen, Kissen stopfen lassen, nennt der Amerikaner den Baum »Cottonwood« (Baumwollholz). In Notzeiten diente diese Pappelwolle sogar als Zelluloselieferant. Als Straßenbaum ist die Pappel wegen der relativ hohen Sturmanfälligkeit nicht brauchbar.

Heilwirkung

Im zeitigen Frühjahr wird aus den zarten balsamisch duftenden, leicht klebrigen Knospen ein schmerzstillender Balsam gerührt, dessen äußerliche Verwendung sich bei Verbrennungen, Wunden und Hämorrhoiden jahrhundertelang zurückverfolgen läßt. Als »Unguentum populeum« zählte diese Salbe zu den beliebtesten volkstümlichen Heilmitteln der Ärzte und Bader.

Ursprünglich wurde die Pappelsalbe aus Schweinefett zubereitet. Heute werden dafür etwa 100g frische Pappelknospen ein wenig zerkleinert, mit 250 ml Olivenöl in einem Glas angesetzt und gut verschlossen etwa 2 Wochen stehengelassen. Danach wird die Masse etwa 10 Minuten unter ständigem Rühren auf kleiner Flamme erhitzt und der Rückstand abgesiebt. Zuletzt löst man 45g Bienenwachs in dem Öl, füllt alles in saubere Salbengefäße ab und bewahrt diese kühl auf.

Junge Pappelknospen kann man dem Salat beifügen. Als Tee aufgebrüht wirken sie bei Rheuma, Gicht und Blasenleiden. Sind keine frischen Knospen zu bekommen, erhält man

Schwarzpappeln mit starkem Mistelbefall. Misteln parasitieren häufig auf Pappeln, seltener anderen Bäumen, und entziehen ihren Wirten Wasser und Nährstoffe. Die Wirtsbäume werden geschwächt, sterben aber auch bei starkem Befall im allgemeinen nicht ab.

die getrockneten als »Gemmae Populi« in der Apotheke.

Die innere Rinde des Baumes schälte man hierzulande, aber auch bei anderen Kulturen wie den nordamerikanischen Indianern, ähnlich der Birken-, Linden- oder Ulmenrinde heraus. Sie diente als Wundverband und in Hungerwintern – frisch gekaut – als Nahrung. Als bewährtes Gicht- und Malariamittel wurde die äußere Rinde junger Silberpappelzweige ähnlich der Weidenrinde empfohlen.

... Aber die Pappeln brachen oft

In der mythologischen Überlieferung der Germanen wird die Pappel kaum erwähnt. Möglicherweise deshalb, weil sie nach der letzten Eiszeit zu den Nachzüglern der Wiederbesiedelung Nordeuropas zählte. Bei den Kelten galt sie als verwundbarer Baum. Die Menschen damals glaubten, daß die Druiden sich in fernere Bewußtseinszustände versetzen könnten und die Macht besäßen, Bäume in Krieger zu verwandeln. In der »Schlacht der Bäume«, einem lange Zeit mündlich tradiertern keltischen Gesang, ist davon die Rede. Die in die Schlacht geschickte Eiche überdauerte als »mannhafter Wächter am Tor«. Brutal und barbarisch war die Esche, »aber die Pappeln brachen oft in der Schlacht«.

In der griechischen Mythologie ist der in den unterschiedlichsten Sagen erwähnte Baum fest verwurzelt. Eine Geschichte berichtet über die von Apoll verführte Nymphe Dryope, welche lange Jahre nach der Geburt ihres Sohnes Amphissos von ihren ehemaligen nymphenhaften Gefährtinnen, den Hamadryaden, entführt wurde. Diese ließen an ihrer Stelle eine Pappel zurück.

Ähnliches berichtet der Mythos des unglückseligen Phaeton, Sohn des griechischen Sonnengottes Helios. Als Phaeton das Pferdegespann mit dem Sonnenwagen seines Vaters nicht mehr zügeln konnte, erschlug ihn ein Blitz des Zeus. Die Schwestern des Jünglings, die Heliaden, erstarrten vor Trauer um ihren geliebten Bruder zu Pappeln (nach anderen Quellen wurden sie in ein Erlengestrüpp verwandelt). Aber eigentlich verdankt der Baum sein Dasein der Liebe des Gottes der Unterwelt, zur schönen Nymphe Leuke. Als Leuke schließlich die Nachstellungen des liebestollen Hades nicht mehr ertragen konnte, verwandelte sie sich kurzerhand in eine Silberpappel. Seither

Botanische Tafel der Schwarzpappel mit Blütenkätzchen.

Pappeln im Frühling von Claude Monet. Ähnlich wie junge Birken wirken Pappeln leichtlebig und unverbindlich.

grünt sie an der Schwelle zur Unterwelt, nämlich am Ufer des »Flusses der Erinnerung«. Dieser grenzt das Reich des Hades, den Tartaros, von den Gefilden der Seligen ab. Geweiht ist die Silberpappel der Gattin des Hades und Herrscherin des Totenreiches, Persephone. Als Baum des Reiches der Verstorbenen wurde sie von den alten Griechen häufig als Wächter an Gräbern und Denkmälern gepflanzt. Bei der Rückkehr aus der Unterwelt brachte Herakles Zweige seines Lieblingsbaumes, der Silberpappel, mit in den Olymp, wo man fortan aus den hellschimmernden Zweigen Siegerkränze wand. Symbolisch gesehen war die Silberpappel der Baum des strahlenden, lichten Todes. Im Gegensatz dazu galt die auch zur Wahrsagerei herangezogene Schwarzpappel als unheilbringend und symbolisierte die verlorene Hoffnung.

Die Schwarzpappel

Alle unsere einheimischen Pappeln sind zweihäusig, das heißt, es gibt weibliche und männliche Individuen. Die weinroten männlichen Blütenkätzchen erscheinen im Frühjahr vor dem Laubaustrieb. Weil diese sich im oberen Drittel des Baumes befinden, bemerkt man sie selten. Von der heimischen Flora erreicht die Schwarzpappel *(Populus nigra)* mit der Produktion von etwa 26 Millionen Samen pro Baum den höchsten Wert.

Der Name Schwarzpappel nimmt Bezug auf die schwärzliche Borke, die häufig von starken Längsrillen durchzogen ist. Ein typisches Merkmal der Pappeln sind ihre im Querschnitt 5-zackigen Zweige und die meist runden, großen Beulen am Stamm. Bei den Schwarzpappeln handelt es sich um stattliche, bis 30 m hohe und 2 m dicke Bäume, die ein Alter von 300 Jahren erreichen können. Meistens werden sie aber nicht über 100 Jahre alt. Ihre forstliche Umtriebszeit ist mit 30-50 Jahren extrem kurz. Gleich der Zitterpappel vermag die Schwarzpappel Wurzelsprosse auszubilden, so daß von einem Baum ein ganzer Bestand ausgehen kann.

Die Pyramidenpappel

Da stehn sie am Weg nun,
Die langen Müßiggänger,
Und haben weiter nichts zu tun
Und werden immer länger.
Da stehn sie mit dem steifen Hals,
Die ungeschlachten Pappeln,
Und wissen nichts zu machen als
Mit ihren Blättern zappeln.

Sie tragen nicht, sie schatten nicht
Und rauben wo wir wallen,
Uns nur der Landschaft Angesicht
Wem könnten sie gefallen?«
Friedrich Rückert

Pyramidenpappeln (*Populus nigra* var. *italica)* erkennt man an ihren fast senkrecht aufstrebenden Ästen und den Stammverzweigungen, die bereits knapp über dem Erdboden beginnen. Man nimmt an, daß die Säulenpappel, wie der Baum auch heißt, durch eine Mutation, also eine sprunghafte Änderung im Erbgefüge, in Oberitalien entstanden ist. Die lombardische Pappel – so wurde der Baum ursprünglich genannt – eroberte seit dem 18. Jahrhundert in kürzester Zeit den österreichischen und süddeutschen Raum. Obgleich die Pyramidenpappel schon seit dem Mittelalter bekannt war, wird für ihre rasante Verbreitung zu einem guten Teil Napoleon verantwortlich gemacht. Er nämlich ließ die raschwüchsige Säulenpappel entlang seiner Heerstraßen pflanzen, damit man diese auch noch bei hohem Schnee erkennen konnte. Günter Eich erinnert daran mit seinem Pappelgedicht, das mit den folgenden Worten beginnt: »Pappeln, belaubte Phallen/ am Weg Napoleons ...«

Weil die Säulenform nicht erbecht ist, können sich diese Bäume nur auf vegetativem Weg vermehren, wodurch das Erbgut jahrhundertelang unverändert blieb. Inzwischen haben sich die zu erwartenden Vitalitätseinbußen bemerkbar gemacht, und die geschwächten Bäume werden für Schädlinge wie den Pappelbock zur leichten Beute.

Bis Mitte des 19. Jahrhunderts wurden bei uns offenbar nur männliche Exemplare gepflanzt. Dies scheint manchem Zeitgenossen ein Dorn im Auge gewesen zu sein. Der rheinländische Naturkundler Ittner etwa wollte in Italien weibliche Setzlinge holen, um diesem »sonderbaren Baumzölibat« entgegenzuwirken. Um 1869 schließlich begann man in Süddeutschland weibliche Bäume zu setzen. Manche Schriftsteller fühlen sich beim Anblick dieser schlanken Baumsäulen unweigerlich an das Phallussymbol erinnert. Auf die steife, soldatische Erscheinung dieser Baumgestalten bezieht sich der Schriftsteller Heinrich Hansjakob, wenn er schreibt: »... Zum Militarismus, dem poesie- und gemütlosesten Ding auf Erden paßt der prosaische Pappelbaum vortrefflich«. Ins gleiche Horn stößt Friedrich Kanzner beim Vergleich der alten, heimatlich anmutenden Nußbaumallee mit den tristen Pappelklonpromenaden.

»Sieh, Wandrer, brüderlich sich hier
Das Bild der Vorwelt
mit der unsren gatten.
Die Nußbaumreihe dort,
der alten Straßen Zier,
Ist unsrer Väter hier,
die Pappeln pflanzten wir,
Hoch, schwankend, ohne Frucht
und Schatten.«

Freundlichere Worte für diesen umstrittenen Baum fand der ehemalige Heilbronner Bürgermeister Georg Heinrich von Roßkampf, der im 18. Jahrhundert 10000 Säulenpappeln über die Stadt verteilt als Blitzschutz anpflanzen ließ.

Denn »... es scheint auch, daß diese Bäume der Atmosphäre einen Teil der Elektrizität entziehen ...«.

Gegensätze ziehen einander bekanntlich an. Nicht anders ist es bei Pyramidenpappel und Trauerweide, die in vielen Parks als klassisches Baum-Paar Einzug gehalten haben.

Die Silberpappel

»Diese Rüstern und Silberpappeln, den Lieblingsbäumen der Donauinseln, würdest du wohl kaum irgendwo anders in solcher Größe und Stattlichkeit antreffen als hier, wo sie geschont werden, daß man keinen schlägt, als bis sie gestorben sind.« So lautet Adalbert Stifters Beschreibung dieser ansehnlichen Bäume in seiner Schrift »Aus dem alten Wien«.

Mit bis zu 2,5 m dicken Stämmen und einem erreichbaren Alter von 400–500 Jahren übertreffen Silberpappeln die Schwarzpappeln. Anders als die Schwarzpappel, die sich in der periodisch überschwemmten Weichholzaue wohlfühlt, ist die Silberpappel *(Populus alba)* vor allem in der ganzjährig nicht unter Wasser stehenden Hartholzaue beheimatet. Häufig wird sie mit der Graupappel (*Populus canescens*), dem Bastard zwischen Silberpappel und Zitterpappel, verwechselt. Deren Blätter sind unterseits nicht so dicht filzig behaart und auch weniger stark gelappt als die der Silberpappel. Dieser wolligen Blattbehaarung wird nachgesagt, sie sei in der Lage, große Mengen an Luftstaub zu binden, der dann von Niederschlägen wieder abgewaschen wird.

Die Zitterpappel oder Espe

»Reglos Baum und Büsche
mir im Garten. Abendstill die Luft.
Allein die Espe
zittert mit dem Tausend ihrer Blätter
an den schwanken Stielen
bis zum Wipfel ...«
Hermann Claudius

Das berühmte Vorbild von Jean Jacques Rousseaus von Pyramidenpappeln bestandener Grabesinsel in Ermenoville wurde vielfach nachgeahmt, wie der oben abgebildete Garten von Guiscard in Frankreich demonstriert.

Bei der Zitterpappel *(Populus tremula)* ist der Blattstiel noch stärker abgeflacht als bei anderen Pappelarten, so daß bereits geringster Windhauch eine Bewegung auslöst. Dieses »Zittern wie Espenlaub« ist so augenfällig, daß man es im Namen wiederfindet, denn das Epitheton ist von lateinisch »tremere« (= zittern), abgeleitet. Nach altem Volksglauben muß die Espe (mittelhochdeutsch »aspe«) deshalb fortwährend zittern, weil sie sich, als Christus am Kreuz hing, nicht wie alle anderen Bäume vor dem Herrn verneigte.

Mit einem Höchstalter von etwa 100 Jahren bleibt die Espe in ihrer Lebenserwartung weit hinter der Schwarz- und Silberpappel zurück. Ihr leichtes, gut spaltbares Holz splittert nicht und ist beanspruchbar. Es ist durchgehend gelblich und wird in der Sperrholz-, Faserplatten- und Zellstoffindustrie verarbeitet. Früher verheizte man Espenholz bevorzugt in Ziegelbrennereien, wo es aufgrund seiner raschen Verbrennung der Ziegeloberfläche eine größere Dauerhaftigkeit verlieh.

Als typische Lichtholzart können sich die Bäume im eigenen Schatten nicht mehr verjüngen. An baumfreien Standorten jedoch zählt die Espe zusammen mit Birke und Kiefer zu den sogenannten Pionieren oder »Vorhölzern«. Nachdem Napoleon 1812 den Großteil Moskaus in Schutt und Asche gelegt hatte, soll die Zitterpappel im darauffolgenden Jahr als erste die Ruinen der Stadt besiedelt haben. In späteren Kriegen scheint es nicht anders gewesen zu sein, wie aus dem Pappelgedicht von Bertolt Brecht deutlich wird:

»Eine Pappel steht am Karlsplatz
Mitten in der Trümmerstadt Berlin
Und wenn Leute gehn
übern Karlsplatz
Sehen sie ihr freundlich Grün.«

Die goldbraune Rinde junger Espen, die in China als Bandwurmmittel Verwendung findet, bleibt auch im Alter relativ glatt, dagegen wird die dunkle Rinde der Schwarzpappeln mit den Jahren immer faltiger. Die Zitterpappel zählt zu den Lieblingsbäumen des Bibers, der ihrer Innenrinde (dem Bast) anderen Bäumen gegenüber den Vorzug gibt. Auch den Indianern Nordamerikas diente dieser Bast, von dem man täglich 1–2 kg ohne schädliche Folgen essen kann, als nachwinterliche Notration. Sie verwendeten ihn zudem gegen Husten und als mildes Abführmittel. Nach Adelbert von Chamisso tranken sibirische Völker eine Abkochung der Innenrinde als Vitamin-C-Spender »wider den Scharbock« (Skorbut) und die Lustseuche (Syphilis).

In einem Rätsel wird die Zitterpappel als »langer Narr und dürrer Mann mit hunderttausend Schellen an« umschrieben, womit die hängenden Fruchtstände gemeint sind.

Die Stechpalme

»Im Vatikan bedient man sich Palmsonntag echter Palmen.
Die Kardinale beugen sich und singen alte Psalmen.
Dieselben Psalmen singt man auch, Ölzweiglein in den Händen,
Muß im Gebirg zu diesem Brauch Stechpalmen gar verwenden.
Zuletzt, will man ein grünes Reis, so nimmt man Weidenzweige,
Damit der Fromme Lob und Preis auch im Geringsten zweige.«

GOETHE (SYMBOLE)

Bewehrter Baum

Nicht von ungefähr bedient man sich vielerorts zur Palmweihe der Stechpalme *(Ilex aquifolium)*, die auf eine lange mystisch verklärte und vom Aberglauben umrankte Geschichte zurückblicken kann. Wie alle immergrünen Gewächse war auch sie mit ihren ledrigen, dornig stechenden Blättern Sinnbild ewigen Lebens.

Der wissenschaftliche Name *Ilex* geht auf Plinius zurück, der den Baum als Abart der ähnlich grünenden Steineiche (*Quercus ilex)* auffaßte. Auch der Artname *aquifolium* (lat. = stechendblättrig) bezieht sich auf die Blätter.

Größere Stechpalmenexemplare entwickeln zwei unterscheidbare Blattformen. An den unteren, nichtblühenden Ästen sind sie meist buchtig-dornig, an den oberen, blühenden Zweigen nur mehr schwach gezähnt oder ganzrandig. Die Begründung, die oberen Blätter benötigten keine Bewehrung mehr als Schutz gegen Verbiß, sobald sie dem Maul des Weideviehs entwachsen wären, ist zwar nicht sehr wahrscheinlich, hat den Menschen jedoch bewogen, den Baum zum Symbol der weisen Voraussicht zu erheben.

Stechpalmen vertragen aufgrund ihrer Ausschlagskraft Schnitt sehr gut, sind zudem sehr rauchfest und werden deshalb oft in Industrieanlagen angepflanzt.

Eine weitere Eigenart der Stechpalme oder Hülse, wie sie auch genannt wird, ist ihre unvollständige Zweihäusigkeit. Es gibt weibliche und männliche Bäume. Weil jedoch die weiblichen und männlichen Blüten noch reduzierte Organe des jeweils anderen Geschlechts besitzen, passiert es manchmal, daß sich auf weiblichen Pflanzen ohne Fremdbestäubung Früchte entwickeln. Die korallroten, mehrsamigen Stein-

Die derben, immergrünen Blätter der Stechpalme sind im unteren Bereich des Baumes stachelig gezähnt, im Kronenbereich beinahe ganzrandig.

früchte werden von Vögeln verbreitet. Sie enthalten bisher unerforschte Wirkstoffe, deren Giftigkeit umstritten ist. Angeblich können bereits 20–30 Früchte für Erwachsene tödlich sein. Deshalb sollten Anpflanzungen von Gehölzen mit stark giftigen Früchten wie Stechpalme, Goldregen und Liguster an Spielplätzen und Schulen vermieden werden.

Ein Waldunkraut

Die frostgefährdete Stechpalme benötigt milde, feuchte Winter und findet deshalb im atlantischen Europa und in den Gebirgslagen des Mittelmeerraumes optimale Bedingungen. Dort wachsen die in Zentraleuropa nur wenige Meter groß werdenden Sträucher zu bis 16 m hoch aufragenden, mehrhundertjährigen Bäumen aus. Die östliche Verbreitungsgrenze der Hülse verläuft in Mitteleuropa vom Schwarzwald bis zum Niederrhein, zieht sich also quer durch Deutschland. Als Bewohner unterholzreicher Laubwälder kam dieses anspruchslose Gehölz aufgrund seiner starken Wurzelsproßbildung häufig in großen Beständen vor. Der Waldfachmann Ernst August Roßmäßler bezeichnete im letzten Jahrhundert Stechpalmenbestände sogar als »Wald unter dem Walde«, denn manch alte Hudeeichenwälder wurden nach Einstellung der Beweidung von ihr sukzessiv unterwandert. Überall dort, wo die Hülse häufig wuchs, war sie wegen ihres sich rasch vermehrenden Stachelgestrüpps bei den Waldbesitzern als Waldunkraut verschrien, da sie Aufforstungen ersticken konnte. Im Bergischen Land, einer stechpalmenreichen Gegend, kennt man noch heute den alten Spruch: »Ilse bilse, keiner willse, die böse Hülse!« Übrigens soll sich der Name des Schlosses Hülshoff bei Münster in Westfalen, der Geburtsstätte der Annette von Droste-Hülshoff, zu einem Gutteil von der Stechpalme ableiten lassen.

Die jahrhundertelange raubbauartige Nutzung der Zweige für die Weihnachtszeit und den Palmsonntag hat ihre Spuren hinterlassen. Bereits Anfang des Jahrhunderts waren die Bestände in bekannten Hülsengegenden stark ausgelichtet, und 1935 untersagte das Reichsnaturschutzgesetz jede gewerbliche Nutzung – sozusagen in letzter Minute. Inzwischen ist ihr Vorkommen glücklicherweise wieder gesichert.

Die bekanntesten Stechpalmenbestände Deutschlands findet man im Naturschutzgebiet »Externsteine« im Teutoburger Wald. Gesamteuropäisch gesehen zählen die Hülsenwälder »The Hollies« und »Toomie's Wood« in England zu den botanischen Kostbarkeiten.

Der Stechpalme gebührt die Krone

Die Kelten verehrten die Hülse als Sinnbild für Tod und Wiedergeburt. Während der mittwinterlichen Rituale verteilten die Druiden fruchtende Stechpalmenzweige an das Volk. Die roten »Beeren« symbolisierten das weibliche Lebensblut – im Gegensatz zu den weißen Mistelbeeren, die mit den männlichen Attributen Samen und Tod assoziiert wurden. Als Baum der Unterweltsgöttin Hel galt ihr Holz als besonders geeignet für die Zauberstäbe der Hexen. Nach einem mittelalterlichen heidnischen Gesang zum Julfest ist sie der königlichste Baum: »Der Stechpalme gebührt die Krone«.

Den alten Römern galt die Hülse als zukunftsdeutender Baum. Wie Ovid berichtet, lebte und wirkte der italische Weissagegott Picus (Specht) in einem von Stechpalmen bestandenen Orakelhain am Aventinischen Hügel.

Im römischen Bacchuskult stellte die Stechpalme zudem den weiblichen Widerpart zum männlichen Efeu dar, weshalb man zu verschiedenen latinischen Festlichkeiten die Haustüren mit Kränzen beider Pflanzen schmückte. Frühe Christen wie der lateinische Kirchenschriftsteller des 2. nachchristlichen Jahrhundets, Quintus Tertullian, verurteilten solch gottlose Sitten massiv. Tertullian war der Meinung, ein wahrer Christ, der sich von der Götzendienerei losgesagt habe, solle nicht das eigene Haustor zum Tempel machen. Schließlich war es Christen seit dem Konzil von Bracara (dem heutigen Braga im nordwestlichen Portugal) im allgemeinen untersagt, an Weihnachten Stechpalmen zu verwenden, weil dies »ein Brauch heidnischer Menschen sei«.

Die alte Stechpalmenverehrung hat sich in den angelsächsischen Ländern – wenn auch in veränderter Form – erhalten und nimmt heute einen festen Platz im Volksbrauchtum ein. Noch immer werden dort mit den Zweigen des als »Holly« bezeichneten Baumes an Weihnachten die Häuser geschmückt. Dabei unterscheidet man zwischen »She-Holly« (fruchtbehangene, weibliche Zweige) und »He-Holly« (männliche Zweige). Diese Tradition wird inzwischen in den Vereinigten Staaten weit ausufernder gepflegt als im britischen Mutterland. In riesigen Plantagen, den »Holly-Farmen« angepflanzt, werden die Bäume allherbstlich mit Netzen überspannt, um die Beeren vor Vogelfraß zu schützen. In der Hochsaison zur Vorweihnachtszeit kommen die frisch geschnittenen Zweige dann in den Handel.

Nachdem die Juden von Pilatus forderten, Jesus zu kreuzigen, sollen sich die Palmenblätter der Legende nach zu Stechpalmenblättern verwandelt haben. Seit jener Zeit sind Stechpalmenzweige Bestandteil des Palmbusches.

Für Palmbusch und Peitschenstiel

Ähnlich wie bei der Rose hat sich auch die Bedeutung der Stechpalme durch die Christianisierung stark verändert.

Nachdem im Volk der Kult um die grünen Baumzweige nicht auszurotten war, besannen sich die Kirchenlehrer eines besseren und begannen, die Stechpalme ins christliche Brauchtum zu integrieren. Kleine Legendchen wurden in Umlauf gesetzt, wie beispielsweise folgende: »... Nachdem die Juden in Jerusalem von Pilatus forderten: ›Kreuzige ihn!‹, verwandelten sich die Palmenzweige in Stechpalmenblätter. Aus diesem Grund wurde die Hülse zur Stechpalme, dem gesegneten Baum, dessen geweihte Zweige am Palmsonntag als Palmwedel hinter das Kreuz im Herrgottswinkel gesteckt werden. Goethe weist in den oben zitierten »Symbolen« darauf hin.

Schlanke, mit klebrigem Stechpalmenrindenbrei bestrichene Zweige, sogenannte »Leimruten«, dienten früher zum Singvogelfang. Der Karikaturist könnte gemeint haben, daß der Obrigkeit nur Angsthasen und ähnliche Geschöpfe auf den Leim gehen. Kupferstich von 1582.

Daß der gesegnete Palm Mensch und Tier vor bösen Dämonen und Blitzschlag schützt, weiß der Prediger Geiler von Kaysersberg im 15. Jahrhundert zu erzählen: »... Darum so soll man die palmen, die geweiht seind, eerlich halten, in den hüssern [Häusern] uffstecken und ist recht, daß man sie verbrennt, wan es wyttert oder hagelt oder dunnert«.

Verbrannte Stechpalmen oder Buchs liefern außerdem die Asche, mit welcher der Priester den Gläubigen am Aschermittwoch das Kreuz auf die Stirn zeichnet. Anfangs war der Name Stechpalme für Hülse nur in katholischen Ländern gebräuchlich. Nachdem Martin Luther erfolglos gegen diesen heidnischen Aberglauben gewettert hatte, setzte sich der Name jedoch auch in protestantischen Gebieten durch.

Wie bei anderen langsamwüchsigen Bäumen ist das Holz der Stechpalme sehr gleichmäßig, hart und feinfaserig. Weil es nicht verkernt, sondern auffallend hell bleibt, war es außer für kleinere Tischler- und Drechslerarbeiten vor allem bei den alten Intarsienmeistern für wertvolle Einlegearbeiten begehrt. Damit die helle Farbe nicht verlorengeht, muß das Holz im Winter geschlagen und noch vor dem Sommer verarbeitet werden. Früher gebrauchte man die Hülse auch zur Fabrikation von Peitschenstielen und Spazierstöcken. Der prominenteste Spazierstock aus Hülsenholz ist heute im Goethehaus am Frauenplan in Weimar an des Meisters Schreibtisch gelehnt zu bewundern. Er war ein Geburtstagsgeschenk Marianne von Willemers anläßlich Goethes 70. Geburtstag.

Vogelleim und Mate-Tee

Seit dem Mittelalter war zum Singvogelfang die Herstellung eines guten Vogelleims durch Zerquetschen und Vergären der Stechpalmenrinde gebräuchlich. Dieser mußte ordentlich mit ein wenig Harz, Leinöl und Honig verknetet werden, bis man ihn auf die Leimspindel drehen konnte. Weil natürlich hergestellter Vogelleim gegenüber Nässe und Trockenheit sehr empfindlich war, bedurfte er einer sorgfältigen Behandlung. Erst vor Ort zog der Vogelfänger seine Leimruten aus eigens dafür angefertigten Scheiden (meist Holunderzweige, die im Alter ohnehin hohl sind), bestrich sie mit frischem Vogelleim und »steckte diese in ihr besonderes Löchlein außerhalb der Scheide«, wie aus dem »Kurzen und Einfeltigen bericht Von Dem Vogelstellen« aus dem Jahre 1653 hervorgeht.

Aber auch alte Medizinalanwendungen der Hülse waren bekannt. Die giftigen Früchte sollen früher gelegentlich als Abführmittel und gegen Epilepsie eingesetzt worden sein. Aus den gerösteten Samen erzeugte man in Südeuropa einen brauchbaren Kaffee-Ersatz.

Lokale Bedeutung erlangten (die heute als giftig angesehenen!) Stechpalmenblätter aufgrund ihres Inhaltsstoffes Theobromin (auch im Kakao enthalten). Sie wurden als angenehm schmeckender und balsamisch riechender Tee getrunken.

Die prominentesten Verwandten der Stechpalme sind einige südamerikanische Arten wie z. B. *Ilex paraguariensis*, deren Blätter die Grundlage des anregenden Nationalgetränkes Mate liefern. Die Hauptinhaltsstoffe dieses Tees sind neben Koffein und Theobromin Theophyllin, Gerbstoffe und Harze. Ursprünglich war Mate Bestandteil der schamanistischen Getränke der Ureinwohner von Paraguay. Die europäischen Eroberer übernahmen den Brauch des rituellen Trinkens in der Gemeinschaft. Als südamerikanisches Pendant zum Rauchen der Friedenspfeife bei den nordamerikanischen Indianern wird die Sitte des Mate-Tee-Trinkens als Zeichen der Freundschaft und des Wohlwollens noch heute gepflegt.

Die Tanne

Stumm stehen die Entlaubten,
Vom kalten Wind umweht.
Die Tannen nur behaupten
Ihr dunkles Grün so spät.

NIKOLAUS LENAU

EIN SCHATTENBAUM

Tannen *(Abies alba)* und Fichten zählen zu den Giganten Mitteleuropas. Mit ihren 60 m hohen und bis 3 m dicken Stämmen, werden sie bei uns von keiner anderen Baumart überragt. Ihr Höchstalter ist mit etwa 600 Jahren erreicht. Auf allen für sie geeigneten Böden dringt die Tanne mit ihrer kräftigen Pfahlwurzel tief ins Erdreich ein.

Als Schattenkeimer wie die Buche bevorzugen Jungbäume den Kronenschirm der Mutterbäume, wachsen jedoch extrem langsam. Erst später gewinnen sie mit dem zunehmenden Lichtangebot schneller an Höhe. Es kommt vor, daß Tannen beinahe ein ganzes Jahrhundert im Dämmer der Altbäume dahinsiechen und dabei nur wenige Meter Höhe erreichen. Werden die umgebenden Altbäume geschlagen, entwickelt der Baum eine Wuchskraft, die ihm niemand mehr zugetraut hätte.

Der glatten, weißlichgrauen Borke verdankt die Tanne ihren Namen, denn der Artname *alba* bedeutet »weiß«. Allerdings konnte sich die Bezeichnung Weißtanne, im Gegensatz zur Rottanne (Fichte), nie so recht durchsetzen und blieb ein Büchername.

Die dunkelgrün glänzenden Nadeln mit ihren jeweils zwei weißlichen Wachsstreifen auf der Unterseite haben eine Lebensdauer von 7–11 Jahren. Der weihnachtliche Tannenbaum nadelt übrigens nicht wie die meistens verwendete Fichte. Streift man die Nadeln mit der Hand ab, fühlt sich der kahle Zweig der Tanne glatt an, bei der Fichte bleiben kleine Höcker zurück.

Nach der Bestäubung durch den Wind reifen die Samen am Zapfen durch dicht schließende Schuppen geschützt heran. Erst beim Zerfall des Zapfens können sie ausgestreut und vom Wind weggetragen werden. Die Zapfenspindel bleibt – im Gegensatz zur Fichte, die ihre reifen Zapfen fallen läßt – am Baum stehen. Bei auf dem Boden liegenden »Tannenzapfen« handelt es sich deshalb stets um Fichtenzapfen.

Als Schattenkeimer bevorzugen junge Tannen ebenso wie junge Buchen den Schatten der Altbäume, um optimal zu gedeihen.

Die Stämme reinigen sich selbst, d.h. abgestorbene Äste fallen bald ab. Typisch für die Silhouette alter Tannen ist ihre »Storchennestkrone«, die dadurch zustande kommt, daß Tannen ab einem Alter von etwa 80–100 Jahren ihr Längenwachstum einstellen. Die Seitenäste wachsen von da an nach oben und überflügeln den Gipfeltrieb.

Besorgniserregendes Tannensterben

Unter den einheimischen Bäumen ist die gegenüber Luftverschmutzung hochempfindliche Tanne vom Waldsterben am stärksten betroffen. An ihr wurden die neuen Schäden auch erstmalig dargestellt. Typisches Schadbild ist die oft weithin sichtbare Kronenverlichtung durch vorzeitigen Nadelfall. Bilden bereits jüngere Bäume die für das Alter typische Storchennestkrone aus, gelten diese ebenfalls als »krank«. Aufgrund strengerer Emissionskontrollen bei Industrieanlagen wurde der noch vor wenigen Jahren prekäre Zustand etwas entschärft. Manche Altbestände konnten sich sogar ein wenig erholen. Dennoch gilt der Baum nach der Roten Liste inzwischen als gefährdet.

Die Ursache für das langsame Verschwinden dieses Nadelbaumes ist aber nicht allein in seiner Anfälligkeit für Umweltbelastungen zu suchen. Während der letzten Jahrzehnte geht die Aufforstung mit Tannensetzlingen auffallend stark zurück. Dies hat vor allem 2 Gründe: Einerseits ist Tannenjungwuchs ein wichtiger, natürlicher Bestandteil der Rehwildäsung, und zweitens stoßen Waldbesitzer auf immer größere

Ab einem Alter von etwa 80 Jahren, beginnen Alttannen ihr Höhenwachstum zu verringern, wodurch sich die für den Baum typische »Storchennestkrone« entwickelt.

Schwierigkeiten, ihr Tannenholz abzusetzen. Vom Holzmarkt wird es nicht einmal als eigenes Sortiment gehandelt, sondern zusammen mit der Fichte angeboten. Dabei bietet es im Vergleich zum Fichtenholz einen entscheidenden Vorteil: Es harzt überhaupt nicht, weil sich die Harzkanäle nicht auf den gesamten Stamm verteilen, sondern lediglich auf die Rinde.

KÜHLE KLIMATE BEVORZUGT

Weniger frostresistent als die Fichte, meidet die Tanne extrem kalte Gegenden. Luftfeuchte, niederschlagsreiche und spätfrostgeschützte Klimate des atlantischen Buchenwaldbereiches sagen ihr jedoch zu. Vergesellschaftet mit Buche oder Fichte findet man die schönsten Bestände in den Gebirgen Mittel- und Westeuropas wie den Pyrenäen, dem Zentralmassiv, Schwarzwald und den Alpen, wo sie im Wallis bis auf 2 000 m Höhe ansteigt. Weiter nördlich besaß die Tanne kein ursprüngliches Vorkommen. Als Forstbaum seit Jahrhunderten kultiviert, ist dieser Nadelbaum dort zwar längst eingebürgert, am gesamtdeutschen Wald aber nur mit zwei Prozenten beteiligt. In der Forstwirtschaft besitzt die Tanne eine Umtriebszeit von 90–130 Jahren. Das sehr leichte, gelbliche Holz ist elastisch, trocknet schnell, schwindet kaum und wird als wertvolles Bau- und Konstruktionsholz gehandelt. Instrumentenbauer schätzen es ähnlich dem der Fichte als Resonanzholz für Musikinstrumente, z.B. Orgelpfeifen.

Den Naturkundigen früherer Jahrhunderte scheint nicht entgangen zu sein, daß Tannennadeln ein bedeutender natürlicher Bestandteil der Rotwildäsung ist.

DER GEIST IN DER TANNE

Der wissenschaftliche Name *Abies* wird erstmals in der »Naturalis historia« von Plinius erwähnt. Tanne ist ein sehr geläufiger Begriff, in früheren Zeiten wurden Fichte und Tanne häufig in einen Topf geworfen, wie anhand des Tannenzapfens (der eigentlich ein Fichtenzapfen ist) ersichtlich ist. Bereits das mittelhochdeutsche »tan« bedeutete ganz allgemein einen Wald oder Forst. In der alten Literatur taucht gelegentlich sogar eine »Fichtentanne« auf, sie bezeichnet wohl den Nadelbaum als solches. »Wir, die in Tannenzapfen erwachsen...«, bekannte der berühmte Arzt und Philosoph Paracelsus und empfand dabei wohl den Wald als mythischen Ursprung seines Wesens und Wissens. Unseren Vorfahren erschienen mächtige, alte Baumriesen häufig als beseelte, ehrfurchterweckende Lebewesen. Im Märchen »Das kalte Herz« von Wilhelm Hauff wird solch ein Baumgeist beschrieben. Der junge Köhler Peter Munk wendet sich an die größte und schönste Tanne im Tannenbühl und beschwört deren Geist:

»Schatzhauser
im grünen Tannenwald,
bist schon viel hundert Jahre alt,
Dein ist all Land wo Tannen stehn,
läßt dich nur
Sonntagskindern sehn.«

Göttliche Tannen

Der griechische Mythos berichtet vom schönen Jüngling Atys, den sich Kybele, die kleinasiatische »Magna mater« (Muttergottheit) des Mittelmeerraumes, zum Geliebten nahm. Als Atys untreu wurde, verwandelte ihn die Göttin zur Strafe in eine Tanne. Beim alljährlichen Fest der Kybele im antiken Griechenland wurden ihre Priester ausgeschickt, Atys zu suchen. Hatten sie die den Jüngling verkörpernde Tanne endlich gefunden, wurde diese als Attribut der Großen Göttin aus dem Wald geholt und im Tempel aufgestellt.

Nach einer korinthischen Überlieferung ließ sich der thebanische König Pentheus zu einer verwegenen Freveltat hinreißen. In einer Tanne versteckt, beobachtete er ein rauschendes verbotenes Fest der Bacchantinnen. Diese jedoch entdeckten den Voyeur, fällten die Tanne und rissen seinen Leib in Stücke. Als Heilige Tanne wurde der Baum später im Bacchuskult verehrt.

Strassburger Terpentin

Tannennadeln ähneln in ihrer Heilwirkung denen der Fichte (siehe S.127) und werden in der Volksheilkunde wie jene als Badezusatz und Tee angewendet. Asthmatikern wird geraten, einen Korb frischer Tannenzweige über Nacht ins Zimmer zu stellen. Das Heilkräftigste dieses Nadelbaums ist sein Harz, das seit alters vor allem in den Vogesen zu »Straßburger Terpentin« destilliert wird. Dieses soll bei Verstauchungen und Quetschungen gute Dienste leisten und, in Form eines hautreizenden Pflasters aufgelegt, die Durchblutung fördern.

Pfarrer Kneipp empfahl Lehrern, Predigern und Sängern, den Tee von grünen Tannenzapfen zu trinken, um die Stimmbänder geschmeidig zu halten. Die grünen »Tannenzirbeln« (Zapfen) spielten früher – wahrscheinlich aufgrund ihrer Phallussymbolik – als Aphrodisiakum eine gewisse Rolle. Zerstoßen und in Wasser aufgekocht diente der Tee dazu, das »heimliche Gemächt« der Frauen zu waschen, das sich dadurch verengen und zur »Wollust empfindlicher« werden sollte.

Diese Anwendung ist auch aus Indien belegt, wo Tannenrinde, vermischt mit Kurkuma und den Staubfäden der Lotosblume, ähnliches bewirken soll.

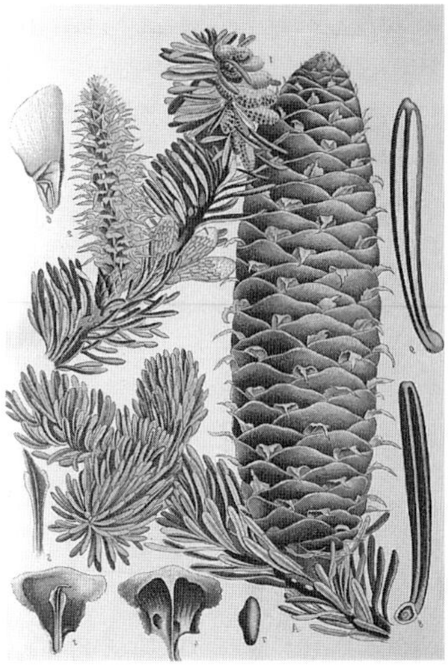

Die einzelnen Samen der stehenden Tannenzapfen lösen sich nach ihrer Reife vom Zapfen und werden vom Wind weggeblasen, bis zuletzt die nackte Zapfenspindel übrigbleibt.

Als infektionshemmende, wundverschließende Substanz war in den Apotheken das Tannenzapfenöl (Oleum Templini) häufig vorrätig. Tannenzapfen dienten auch zur Wetterprognose: »Viel Mockele auf der Tanne, Viel Roggen in der Wanne«, hieß es.

Den mit Honig gesüßten Nadelabsud unterwarf man häufig – wie manch anderen Kräutertrunk – einer Biergärung. Kräuterbiere zählten zu den beliebtesten Getränken des Mittelalters. Ihr Niedergang war allerdings besiegelt, als dann im 14. Jahrhundert die Methode der Alkoholdestillation nach Mitteleuropa gelangte.

Die Ulme

*»Zu Hirsau in den Trümmern da wiegt ein Ulmenbaum
Frisch grünend seine Krone hoch überm Giebelsaum.
Er wurzelt tief im Grunde vom alten Klosterbau;
Er wölbt sich statt des Daches hinaus ins Himmelsblau...«*

LUDWIG UHLAND

In der Architektur den Eichen am nächsten

Ulmen sind relativ leicht an ihren asymmetrischen, schief wirkenden Blättern zu erkennen. Die Bäume blühen als typische Windbestäuber bereits im März. Noch bevor im Frühjahr die Blätter austreiben, erzeugen die blattähnlichen Früchte Energie durch Photosynthese. Schon im Mai, wenn Esche und Walnußbaum erst ihre Blätter entfalten, trägt der Wind die reifen Früchte fort. Die meisten von ihnen sind nur wenige Wochen keimfähig, dafür ist jedes 2. Jahr ein Samenjahr.

Ulmen bilden nie geschlossene Bestände, sondern wachsen meist eingestreut in Mischwäldern. Weil sie verschmutzte Luft relativ gut ertragen, eignen sie sich auch als Stadtbäume.

Von den 3 einheimischen Ulmenarten kommt die **Bergulme** *(Ulmus glabra)* in Deutschland am häufigsten vor. In den Alpen findet man sie bis in eine Höhe von 1400 m, denn sie liebt das luftfeuchte Klima der Bergstufe. Auf frischen, nährstoffreichen Böden kann sie sich zu einem stattlichen Baum mit eine Höhe von 30–40 m entwickeln und bis zu 400 Jahre alt werden. In einem alten »Baum-Buch« zählt man sie zu den Bäumen »erster Größe, welche in der Architektur den Eichen am nächsten kommen«.

Ihr Verbreitungsgebiet erstreckt sich über Europa bis Westasien. Als Unterscheidungsmerkmal zur Feldulme besitzt die Bergulme eine sehr rauhe Blattoberseite, außerdem sind ihre Blätter häufig 3-spitzig.

Die **Feldulme** *(Ulmus minor)* braucht etwas mehr Sommerwärme, als die Bergulme, stellt sonst aber ähnliche Ansprüche an die Bodenqualität und wird auch ebenso hoch und alt. Man trifft sie gewässerbegleitend im Bereich der großen Fluß- und Stromtäler, im Gebirge nicht höher als 600 m an. Wie der Name Feldulme andeutet, ist sie ein Baum

Die meisten der mächtigen Wiener Praterulmen, denen Ferdinand Georg Waldmüller in seiner »Großen Praterlandschaft« 1849 ein würdiges Denkmal gesetzt hat, stehen heute nicht mehr. Das Ulmensterben hat sie hinweggerafft.

der Ebene, sowohl in Auwäldern verbreitet als auch ein altes Feldgehölz, das als Kulturbegleiter vermehrt in der Nähe von Siedlungen auftritt. Sie ist vom Waldsterben besonders bedroht und auf der Roten Liste bereits als stark gefährdet eingestuft. Die meisten kulturgeschichtlich bedeutsamen Ulmen sind (waren) Feldulmen. Viele alte Bäume sind in den letzten Jahrzehnten dem Ulmensterben zum Opfer gefallen.

Mit einer durchschnittlichen Höhe zwischen 10 und 35 m ist die anspruchslose **Flatterulme** *(Ulmus laevis)* die kleinste der drei Ulmenschwestern. Sie wird höchstens 250 Jahre alt und steigt als Baum der Ebene im Hügelland nicht höher als 500 m. Auch gilt ihr Holz als minderwertiger als jenes von Berg- und Feldulme.

Wie der Feldulme begegnet man der Flatterulme am häufigsten in Auen und feuchten Mischwäldern. Sie gehört zu den wenigen einheimischen Gehölzen, die Anklänge einer Brettwurzelbildung (vor allem in den Tropen verbreitet) zeigen. Dem Ulmensterben kann sie am besten widerstehen. Anders als bei den vorigen beiden Arten hängen ihre Früchte an einem langen Stiel, außerdem sind die Fruchtflügel bewimpert.

Viele europäischsprachige Bezeichnungen für den Baum haben dieselbe Sprachwurzel: Im Lateinischen heißt sie »*Ulmus*«, im Englischen »elm« und im Italienischen »olmo«. Auch der französische Name »orme« enthält dieselbe Wurzel, denn die Konsonanten l und r sind in den indogermanischen Sprachen meist auswechselbar. Der eigentliche deutsche Terminus für den Baum und gleichzeitig das Holz lautet Rüster.

In dieser Form ist er erstmals 1580 nachgewiesen. Im Althochdeutschen hieß er noch »roust« oder »ruzboum«, im Mittelhochdeutschen »rust«.

Der Volksmund belegte die Ulme mit den Namen »Iffe«, »Elme« oder »Ilme«. Ortsbezeichnungen wie Iffeldorf, Iffingheim oder Iffens weisen auf alte Ulmenstandorte hin.

Ulmen verlassen die Welt

In einem Waldbuch aus dem Jahre 1871 steht über die Ulme: »Von Krankheiten und Feinden leiden die Rüstern wenig ...«. Das ist eine Beschreibung vergangener Tage, denn längst hat sich das Blatt gegen den Baum gewendet. Es begann in den ersten Jahrzehnten unseres Jahrhunderts mit der Einschleppung eines Schlauchpilzes *(Ophiostoma ulmi)* unbekannter Herkunft. Der Pilz verursacht eine Verstopfung der Tracheen (Wasserleitgefäße) und in Folge das Absterben des Baumes, das gefürchtete Ulmensterben. Auf benachbarte noch gesunde Bäume wird die Krankheit durch den Ulmensplintkäfer *(Scolytus)* übertragen, der mit Pilzsporen infiziert ist. Sobald sich erste Symptome wie welkende Zweige und dürre Wipfel zeigen, ist der Baum nicht mehr zu retten.

Die Epidemie wurde erstmals 1919 in Holland registriert und deshalb auch »Holländische Krankheit« genannt. 1923 erreichte sie England, 1930 Amerika. In den Vereinigten Staaten wurden die dort heimischen Weißulmen und die Felsenulmen lokal ausgerottet.

Heute liegen alle europäischen Ulmen im Einzugsbereich des Ulmensterbens, und in Mitteleuropa sollen bereits 90 Prozent aller Bäume infiziert sein. Nachdem der erste Schub der Seuche gerade überstanden war, überflutete eine zweite, ausnehmend schwere Epidemie in den sechziger Jahren Mitteleuropa.

In Nordamerika war ein besonders gefährlicher Pilzstamm *(Ophiostoma novo-ulmi)* entstanden, der plötzlich in Europa auftauchte und viele der bislang überlebenden Ulmen innerhalb weniger Monate dahinraffte.

Am Ulmensterben erkranken nur Ulmen, und nicht alle Ulmen werden gleichermaßen befallen. Eine Baumschule in Darmstadt bemüht sich seit Jahren darum, gegenüber dieser Krankheit resistente Klone aus den USA nach Deutschland einzuführen. Bisher sind beim Bundessortenamt in Deutschland 8 sortengeschützte sogenannte »Resista-Ulmen« bewilligt. Dazu gehören beispielsweise die hochresistenten Formen Ulmus carpinifolia ungarischer Herkunft und Ulmus ´Revera´, eine Kreuzung, bei der mehrere Ulmenarten beteiligt sind.

Im Altertum waren es ganze Ulmenbäume, die den Reben als Stütze dienten. »Die Reben umfangen aus süßem Verlangen die Ulmen mit Lust«, heißt es 1656 bei Philipp von Zesen. Kupferstich von 1702.

Zu Rebstützen und Bindebast

Die Reben umfangen
aus süßem Verlangen
die Ulmen mit Lust.
PHILIPP VON ZESEN (1656)

Stattliche Ulmen dienten den Römern von alters her als Rebstützen. Später übernahmen Ulmenpfähle diese Aufgabe. Rüsterholz ähnelt in seinen Eigenschaften dem Eschenholz, allerdings ist es nicht ganz so belastbar. Die Verwendungsmöglichkeiten des Rüsterholzes galten früher als sehr »manchfach und ausgedehnt«. Für Büchsenschäfte, Winden, Flaschenzüge, Glockenstühle und andere stoßfeste Geräte war es häufig gefragt. Heute wird Rüster fast ausschließlich zu Möbeln verarbeitet. Unter Schreinern gilt es als werkzeugabstumpfendes Holz mit unangenehmen Geruch.

Die Asche der Bergulme enthält 8mal soviel Pottasche wie Fichtenasche und 2,5mal soviel wie Buchenasche, weshalb sie von den Glashütten als sogenannte »Waidasche« am teuersten aufgekauft wurde (»Glas-

Die bei uns längst überholte Weise, aus Ulmenbast Material für Kleidung herzustellen, überlebte bei den Ainu (paläosibirisches Volk auf Hokkaido) bis in die heutige Zeit. Japanischer Holzschnitt.

hütten« siehe Seite 26). Der Bast der Bergulme ist feiner und gefügiger als Lindenbast und wurde wie dieser als Bindematerial von Gärtnereien geschätzt (Bindebast). Außerdem stellte man daraus Stricke und Bienenkörbe her. Noch Anfang unseres Jahrhunderts webten die Ainu in Japan aus Bastfasern der ostasiatischen Gewebeulme *(Ulmus laciniata)* Gewandstoffe auf einfachen Holzrahmen.

Heilender Bast

Die Heilkraft dieses Baumes konzentriert sich auf seine innere Rinde, den Bast. Vor allem von der Feldulme geerntet, wurde er früher als »Cortex Ulmi interior« in der Apotheke gehandelt. Die enthaltenen Pflanzenschleime und Gerbstoffe wirken gleichzeitig adstringierend und schleimlösend, und wurden schon im 1. nachchristlichen Jahrhundert von dem griechischen Arzt Dioskurides, gerühmt. Er empfahl Abkochungen des Bastes bei hartnäckigem Husten sowie auf Wunden und Knochenbrüchen. Weil die Schleimstoffe gleichzeitig den Magen schonen, wird Ulmenrindentee empfindlichen Patienten gegen Durchfall verordnet. Pulverisiert läßt sich Ulmenrinde als Streupulver gegen Ekzeme und Hauterkrankungen einsetzen.

Alte Kräuterbücher erwähnen auch stets den inzwischen in Vergessenheit geratenen Ulmensaft: »Die Blätter des Rüster bedecken sich im Frühjahr massenhaft mit kleinen, von Blattläusen *(Aphis gallorum ulmi)* herrührenden Bläschen, die mit Flüssigkeit gefüllt sind. Diesem sogenannten Rüstersaft werden große Heilkräfte zugeschrieben ...« In Notzeiten stellte man geröstete Ulmensamen als schmackhafte Beilage oder Knabberzeug auf den Tisch.

Symbol der Trauer

Im Altertum symbolisierten Ulmen Tod und Trauer. Nymphen pflanzten sie auf Gräber zum Gedenken an gefallene Helden, und Orpheus beklagte den Tod seiner geliebten Gattin Eurydike unter einem Ulmenbaum. Als Herkules bei einer seiner 12 Arbeiten den Hesperiden die goldenen Äpfel stahl, verwandelten diese sich in Bäume der Trauer – Ulme, Weide und Pappel. Vergil berichtet, daß die Träume auf einer Ulme am Eingang zur Unterwelt wohnten. Im antiken Griechenland galt die Ulme als Baum des Götterboten Hermes. Mit Flügelhelm und Flügelschuhen ausgestattet, geleitete Hermes die Seelen der Verstorbenen vor den Weltenrichter. Im Wind tanzende, geflügelte Ulmenfrüchte begleiteten ihn dabei.

Wie in Forstbüchern älteren Datums nachzulesen ist, pflanzte man früher Rüstern gleich den Linden an Kirchhöfen und anderen öffentlichen Plätzen an. Alte Exemplare wurden häufig örtliche Wahrzeichen. In Südfrankreich nimmt die Ulme als »Baum der Gerechtigkeit« überhaupt die Stellung unserer Linde ein. Unter ihrem Schatten wurde dort Gericht gehalten und Gottes Wort verkündet. Die Rolle als »richtender« Baum spielte sie auch in der bewegten Geschichte der Unabhängigkeitsbestrebungen der Vereinigten Staaten von Amerika. Im August 1765 knüpfte man zwei rebellierende Engländer in Boston kurzerhand auf Ulmenbäumen auf, weswegen sie dort als Freiheitsbaum gefeiert wird.

Die Bergulme blüht im Frühjahr noch vor dem Blattaustrieb. Bis die Blätter entfaltet sind, haben sich aus den Blüten innerhalb von 2-3 Wochen die kreisrunden Ulmenfrüchte herangebildet.

Ursprung des Menschen

In vielen Kulturen begegnet man der Vorstellung, die Menschen seien aus Bäumen entstanden. So auch in der altnordischen Mythologie: Nach der Edda waren es Ask und Embla, Esche und Ulme, die als Treibgut an den Strand gespült wurden. Die Götter nahmen sich der beiden kraftlosen Baumstämme an, gaben ihnen Lebensatem, Wärme und Geist und schufen so aus ihnen Menschen – die Esche wurde zum Mann und die Ulme zur Frau.

»...Bis drei Asen
Aus dieser Schar,
Stark und gnädig
Zum Strande kamen:
Sie fanden am Land,
Ledig der Kraft,
Ask und Embla.
Nicht hatten sie Sinn,
Nicht hatten sie Seele,
Nicht Lebenswärme,
Noch lichte Farbe,
Sinn gab Odin,
Seele Hoenir,
Leben Lodurr«

Aus: »Voluspa 19«, Edda

Historische Ulmen

Die meisten kulturgeschichtlich interessanten Ulmen stehen nicht mehr. Schlauchpilz und Ulmensplintkäfer haben, so auch bei der legendären Lutherulme zu Worms (Stadtteil Pfiffingheim), ganze Arbeit geleistet.

Jahrhundertelang grünte dieser mächtige Baum, der zuletzt eine Höhe von 40 m und einen Stammumfang von über 11 m erreichte. Übrig geblieben ist ihr Stumpf, in den heute ein Relief eingeschnitzt ist.

Auch die bekannteste Ulme Deutschlands, die Uhlandulme in der Ruine des Schwarzwaldklosters Hirsau, steht nicht mehr. 1991 mußte sie wegen starken Pilzbefalls bis auf einen 6 m hohen Baumstumpf umgesägt werden.

Der vielseitig begabte deutsche Dichter Ludwig Uhland hatte ihr vor gut 150 Jahren als Wahrbaum der Reformation ein Denkmal gesetzt (siehe Gedicht am Kapitelanfang).

Der Wacholder

Mein Mutter, die mich schlacht, mein Vater, der mich aß,
mein Schwester, die Marlenichen, sucht alle meine Benichen,
bindt sie in ein seiden Tuch, legt's unter den Machandelbaum [Wacholderbaum].
Kywitt, kywitt, wat vör'n schön Vagel bün ik!

AUS: » MÄRCHEN VOM MACHANDELBAUM« VON PHILIPP OTTO RUNGE

Zypresse des Nordens

Der Gemeine Wacholder *(Juniperus communis)*, im engeren Sinne auch Heidewacholder *(Juniperus communis* ssp. *communis)* genannt, ist ein sehr vielgestaltiges Gehölz, das sich meist von Grund an dicht verzweigt und eine aufrechte, häufig säulenförmige Krone bildet. Die früher nicht seltene Bezeichnung »Zypresse des Nordens« erinnert an die enge Verwandtschaft mit der Mittelmeerzypresse (mit der er die Familie der Zypressengewächse bildet). Im deutschen Ostseeraum und dem Baltikum vermag er mehrere 100 Jahre, Höhen von über 10m und Stammdurchmesser von 30cm zu erreichen.

Die stachelspitzigen, schmalen Nadeln stehen in dreizähligen Wirteln um den Zweig (»Mercedesstern«) und duften aromatisch, wenn man sie zerreibt. Der Heidewacholder fällt in die Kategorie der Retinospora-Formen, was besagt, daß er nur Jugendbenadelung trägt. Etliche andere Wacholderarten sind vielgestaltiger und behalten nur an einigen Zweigen die Jugendform mit ihren spitzen, feinen Blättchen, bilden aber an älteren Ästen Schuppenblätter (ähnlich der Zypresse) aus. Wacholderbüsche sind meist zweihäusig, gelegentlich entstehen auf einem Exemplar weibliche und männliche Blüten. Die Entwicklung der kugeligen, im reifen Zustand schwarzbraunen Beerenzapfen mit bläulicher Bereifung zieht sich über 3 Jahre hin. Für ihre Verbreitung sorgen vor allem Wacholderdrosseln (Krammetsvögel) und Amseln.

Vorkommen

Als einem sehr lichtbedürftigen, ansonsten aber völlig anspruchslosem Baum begegnet man dem Heidewacholder meist auf flach-

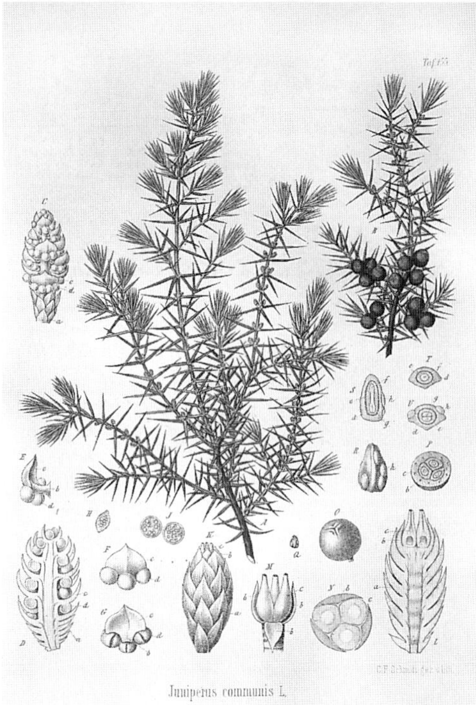

Botanische Tafel zum Gemeinen Wacholder. Den reifen, blauschwarzen Beerenzapfen wird die größte Heilwirkung nachgesagt. Aus ihnen läßt sich ein reinigender, nierenwirksamer Tee bereiten.

bis mittelgründigen, mageren, trokkenen Lehm- oder Sandböden und auf Muschelkalk. Auf sonnigen Magerweiden in Heidegebieten und lichten Wäldern hat er seine Nische gefunden. Auch an Felsstandorten kann er dank seines weitreichenden Wurzelwerkes überleben. Der Heidewacholder ist ein Baum des Tieflandes, gedeiht aber auch im Gebirge, wo er eine Höhe von etwa 1600 m erreicht. Mit einem Verbreitungsgebiet, das sich von Nordafrika über Eurasien bis nach Nordamerika erstreckt, besiedelt der Wacholder das größte Areal aller Nadelhölzer. Dieser großflächige und vielgestaltige Raum hat insgesamt 6 Unterarten des Baumes entstehen lassen.

In Europa herrscht in arktischen, subalpinen und alpinen Regionen der niederliegende, nur 20–30 cm hoch werdende Zwerg- oder Bergwacholder (*Juniperus communis* ssp. *alpina*) vor. Vom Heidewacholder unterscheidet er sich durch nicht stechende Benadelung und die ovalen Beerenzapfen (diese sind beim Heidewacholder kugelig). Mit 3570 Höhenmetern, die er im Wallis erreicht, ist der Zwergwacholder das in Europa am höchsten steigende Holzgewächs. Man trifft ihn, im Gegensatz zum kalkliebenden Heidewacholder vor allem auf Silikatgestein an.

Des Bergwaldes Balsamstaude

Die Ehrfurcht, die unsere Ahnen alten Heilhölzern wie Holunder und Wacholder entgegenbrachten ist in alten Bauernsprüchen erhalten geblieben.

»Vor Hollerstaud'n
und Kranawitt'n [Wacholder]
Ruck i mei Huat
und noag mi bis halbe Mitt'n.«

»Des Bergwaldes Balsamstaude«, wie Joseph Victor von Scheffel den Wacholder rühmt, wird bereits auf altägyptischen Papyrusrollen zu den wichtigsten Heilpflanzen gezählt. Der griechische Arzt Dioskurides beschreibt den Baum in seiner »Materia medica« als wundversorgendes und harntreibendes Mittel und kennt damit bereits eine seiner bedeutendsten Eigenschaften: die anregende Wirkung auf die Nieren. Die reinigende, ausscheidende Kraft des Wacholders macht man sich bei der Behandlung von Krankheiten wie Rheuma, Gicht und Wassersucht zunutze. Für die Teebereitung wird ein Teelöffel angequetschter Beerenzapfen mit einem viertel Liter Wasser aufgekocht, 10 Minuten ziehengelassen und abgeseiht. Früher als »Fructus Juniperi« über den Apothekertisch gehandelt, werden die reifen Früchte heute als Gewürz im Supermarkt angeboten. Weil übermäßiger Genuß Nierenreizung und beschleunigte Herz- und Atemtätigkeit hervorrufen kann, ist jedoch Vorsicht geboten. Die Tagesdosis von 2 Tassen Tee und die Einnahmedauer von 6 Wochen sollte keinesfalls überschritten werden.

In diesem Zusammenhang ist interessant, daß der Gehalt an ätherischem Öl (Wacholder enthält u.a. Terpinol, Sabinen, Juniperin), das in der ganzen Pflanze enthalten ist, von der Strahlungsintensität abhängt. So konnte man in den Früchten deutscher Pflanzen einen Gehalt von 0,6 bis 0,9 Prozent an ätherischem Öl feststellen, an südfranzösischen und bosnischen 2 Prozent.

Ein weiterer Wirkungsbereich der Wacholderfrüchte ist die Lunge, wo seine abwehrsteigernden und keimtötenden Kräfte zur Geltung kommen.

Wacholderzweige dienten den Künstlern oft als Symbol für die transzendente Welt zwischen Leben und Tod. Das Bild nimmt Bezug auf ein Gedicht von Herman Löns. In »Der Traum« befragt ein Mädchen, das auf seinen Liebsten wartet, den mythischen Wacholder nach dem Verbleiben ihres Freundes: »Machandel, lieber Machandelbaum, in Trauern komm ich her, ich träumte einen bösen Traum, das Herze ist mir schwer...«

Bei Bronchitis, Grippe und Erkältung kaut man einige Beeren oder inhaliert das ätherische Öl (ein paar Tropfen in heißes Wasser geben und einatmen).

Zum Wildbret oder ins Sauerkraut gestampft werden die schwarzen Beeren als Gewürz verwendet. Pfarrer Kneipp empfahl eine magenstärkende Wacholderkur: Am ersten Tag zerkaut man 5 Beeren. Jeden folgenden Tag wird die Dosis um 1 Beere erhöht, bis die magische Zahl 15 erreicht ist. Ab diesem Zeitpunkt reduziert man die Anzahl der täglich gegessenen Beeren um 1 Stück pro Tag, bis man wieder bei der Ausgangszahl 5 angelangt ist.

Aber auch auf ganz andere Weise können die Beeren ihre krankheitshemmende Kraft voll entfalten: Aufgrund des hohen Zuckergehaltes von annähernd 30 Prozent lassen sie sich zu Alkohol vergären. Beim Brennen geht das ätherische Öl ins Destillat über und verleiht dem alten Choleraschnaps Steinhäger, dem Gin, Genever, Doornkaat, Gilka und Borowitschka ihr individuelles, kräftiges Aroma. Die Indianer Nordamerikas kannten eine weitere Verwendung für die Wacholderpflanze. Sie lösten die innere Rinde (ähnlich wie bei Birke, Linde und Ulme) heraus und kauten sie als vitamin- und mineralsalzhaltige Speise in Notzeiten.

Für das appetitanregende und heilende »Gläck«, ein Vieh-Lecksalz der Alpen, zerstampfte man noch in unserem Jahrhundert Salz zusammen mit Wacholdernadeln, Alpenrosenzweigen und Gerste.

Der durch Destillation des Wacholderholzes gewonnene Wacholderteer (Oleum cadinum) fand lange Zeit in der Behandlung chronischer Hautausschläge Anwendung, ist aber inzwischen vergessen.

»In summa die Würckung und tugent des Weckholterbaums seind zu beschreiben nit wol möglich«, meint Hieronymus Bock in seinem Kräuterbuch aus dem Jahre 1577 abschließend zur vielseitigen Brauchbarkeit des Wacholders.

HÜTER DER SCHWELLE

Wie die Eibe und später den aus Nordamerika eingeführten Lebensbaum pflanzte man Wacholderbüsche häufig an Gräber. Weniger als Baum des Todes, sondern vielmehr als immergrüner Hüter der Schwelle zwischen Leben und Tod nahm er eine Sonderstellung ein. Der alte lateinische Name *Juniperus* wurde oft zu »Juveniperus« verballhornt, und diesen Begriff brachte man mit den Vokabeln »juvenis« = jung und »parere« = gebären in Verbindung. Man glaubte die Seelen seien dem irdischen Dasein nicht unwiderbringlich verloren, sondern war überzeugt, sie könnten unter bestimmten Umständen wieder ins Leben zurückkehren. Während der Übergangszeit hielten sie sich im Wacholderbaum auf, der ihnen sozusagen als »europäischer Totembaum« Schutz gewährte. Diese dem

»...Mein Schwester, die Marlenichen, sucht alle meine Benichen, bindt sie in ein seiden Tuch, legt's unter den Machandelbaum [Wacholderbaum]...«, heißt es im »Märchen vom Machandelbaum« von Philipp Otto Runge.

»Machandel, lieber Machandelbaum, in Trauern komm ich her,
ich träumte einen bösen Traum,
das Herze ist mir schwer;
ein Myrtenstock trug Blümelein
als wie das Blut so rot,
ist krank der Herzgeliebte mein,
oder ist er am Ende tot?
Dein Herzgeliebter im fernen Land
ist krank nicht und nicht tot;
er hat sein Lieben zugewandt
einem Mägdlein rosenrot.
Einem rosenroten Mägdelein,
das ist sein ganzes Glück;
für dich muß er gestorben sein,
er kehrt nicht mehr zurück ...«

Baum zugesprochene Fähigkeit drückt sich auch in seinen alten Namen aus. Althochdeutsch hieß er »wechalter« oder »weckolder«, später »Weckholder« und »Queckholder«, woraus sich schließlich Wacholder entwickelte. Als Wach-Halter könnte man ihn bezeichnen, denn »queck« heißt wach, munter, was sich beispielsweise in Worten wie erquicken oder dem plattdeutschen Begriff Quickborn = Quelle findet (siehe auch unter »Eberesche«). Sterbenden wurde also mit dem Wacholder eine Rückkehr ins Leben in Aussicht gestellt. Dieser ursprüngliche Sinngehalt kommt im Märchen vom Machandelbaum zum Ausdruck. Diese Geschichte, von der Hand des Malers Philipp Otto Runge im niederdeutschen Platt niedergeschrieben und später in die Grimmsche Märchensammlung übernommen, erzählt von der bösen Stiefmutter, die den Sohn schlachtet, der aber zuletzt aus einem Machandelbaum (Wacholder) wieder zum Leben erwacht (siehe Gedicht am Kapitelanfang). Einen ähnlich tiefsinnigen Hintergrund besitzt das Gedicht »Der Traum« von Hermann Löns, in dem ein Mädchen den Machandelbaum nach dem Verbleiben ihres Liebsten befragt. Der Baum weiß um die Tragik und antwortet in einer Metapher, die Leben und Tod beinhaltet:

Präservativum wider die Pestilenz

Inbegriff einer tödlichen, dämonischen Krankheit war lange Zeit die Pest. Als Pestfrau suchte sie die Menschen in ihren Wohnungen heim, und als Würgeengel oder Sensenmann streifte sie im Lande umher. Nur wenige, die sich zu helfen wußten, blieben verschont. Unter ihnen war ein Jüngling, der der Sage nach bei Waldheim in der Oberpfalz sein einsames Lager unter einem Wacholderbusch aufgeschlagen hatte und von den Beeren lebte. Auch andere Quellen wissen darüber zu berichten. »... Ist ein sonderlich Preservativum zur Zeit der Pestilenz in Germania«, meint beispielsweise Hieronymus Bock 1577 in seinem »Kreutterbuch« über den Wacholder. »Die Beere räuchert gleichsam den Mund und den Magen und feit vor Ansteckung«, heißt es auch nach Pfarrer Kneipp. Am Tag des Pestheiligen St. Rochus (16. Au-

Alte Wacholderbüsche inmitten von weiten Heidekrautbeständen prägen das Landschaftsbild der norddeutschen Heidegebiete.

gust) geerntet, waren sie besonders wirkungsvoll. Sogar die Vögel sollen in der todbringenden Zeit von den Dächern gepfiffen haben: »Eßt Kranewitt [Wacholder] und Bibernell, dann sterbts nit so schnell«. Den Namen Kranewitt bekam der Wacholder vom Krammetvogel, der mittelhochdeutschen Bezeichnung für die Wacholderdrossel, die seine Früchte besonders gerne frißt. In Kranewitt ist außerdem das althochdeutsche »witu« = Holz verborgen. Noch in heutiger Zeit nennt man in der bäuerlichen Umgangssprache trockenes Fichtenreisig »Wied«.

Als die Pest wütete, begann man auf den Plätzen der Städte Wacholderstämme als Feuerholz aufzuschichten und anzuzünden – in der Hoffnung der reinigende Rauch schütze vor Ansteckung. Mit brennenden Scheiten räucherte man Krankenstuben aus und sagte dabei:

»In den gassen und ringen
Ettlich hundert fewer prinnen
Von kranwittholz weyrauch darzu,
Damit der lufft sich raynigen thu.«

Früher hieß der Baum unter anderem »Reckholder«, »Rackholder« (mhd. »reckalter«, »rekolter«) und »Räuckholder«. Auch im ostpreussischen »Kaddikstrauch« und der lettischen Bezeichnung »kadikis« ist das lettische kaditi verborgen, was räuchern heißt. Die Lappen kennen den Brauch, in der Hütte eines soeben Verstorbenen Wacholderzweige zu verbrennen. In Tibet werden Zweige einer verwandten Wacholderart *(Juniperus excelsa)* in den Hütten von Kranken angezündet.

Auch das ätherische Öl des Baumes war Bestandteil vieler »Geheimmiteln wider die Pest«. So suchte man sich der Seuche zu erwehren, indem man einen Edelstein in Wacholderöl tauchte und mit diesem einen Bannkreis um den Kranken zog.

Ein ursprünglich heidnisches Ritual waren Brandopfer, bei denen Koniferenharz und Wacholder als Waldrauch (heidnischer Weihrauch = Olibanum sylvaticum) zusammen mit Salz und Eingeweiden verbrannt wurden. Bevor Weihrauch aus dem Orient in die neu christianisierten Gebiete importiert werden konnte, bedienten sich die Missionare zu Weihezwecken ebenfalls des Wacholders. Eine überlieferte norwegische Besegnungsformel beginnt mit den Worten: »Ich esse Wacholderbeer blau, Mit Jesu Kreuz zur Schau« – denn an der Verwachsungsstelle der schuppigen Fruchtblätter trägt jede Beere ein Kreuz.

Dämonenabwehrende Lebensrute

Anklingend an die antidämonischen Eigenschaften des Baumes haben sich einige Bräuche um den Wacholder bis ins 19. Jahrhundert hinein erhalten. So war es auf der Insel Rügen Brauch, beim Hausbau einen »Knirk« (Wacholderast) ins Fundament zu stecken, damit der Teufel draußen bliebe. Rührstecken zum Buttern waren gelegentlich aus Wacholderholz geschnitzt, damit die Milch keinem Zauber unterworfen werden konnte.

Da man dem Baum die ehrenvolle Eigenschaft zusprach, Sitz des Vegetationsgeistes zu sein, war es in manchen Gegenden wie beispielsweise in Niederbayern nicht die Eberesche (siehe dort), von der man die sogenannte »Lebensrute« schnitt, sondern der Wacholder. Am Tag des St. Martin wanderte der Dorfhirt mit der »Mirtensgert'n« von einem Hof zum anderen, steckte jeweils ein Zweiglein davon an den Stall und sagte dazu folgenden Spruch auf:

»Kommt der heilige St. Mirt
Mit seiner Girt.
Gott sei Dank
ist wieder das Jahr ausg'hüet!
So viel Kronwittbierl,
So viel Ochsen und Stierl
So viel Proß [Sprosse],
Hab der Bauer Rinder und Roß,
So viel Zweig
So viel Fuder Heu ...«

Eine ähnliche Bedeutung hatte das sogenannte »Pfeffern« am Stefanitag (26. Dezember) oder am Tag der unschuldigen Kinder (28. Dezember) (siehe auch unter Eberesche).

Mit einer Wacholderrute bewaffnet, zogen fränkische Kinder von Haus zu Haus und schlugen den Leuten mit der Rute auf die Füße, was den Betroffenen Gesundheit für das folgende Jahr sichern sollte.

Verbreitet auf Öden und Blössen

Da der Wacholder heute selten geworden und in manchen Gegenden sogar gefährdet ist, ist es nur mehr schwer vorstellbar, daß sein Holz oft zu riesigen Räucherfeuern aufgetürmt wurde. Noch im 16. Jahrhundert berichtete Tabernaemontanus, daß »der Weckolder allenthalben in Wäldern und dürren Bergen jedermann wohl bekannt sey«. Wie kam es zu dieser raschen Ausbreitung und dem anschließenden Rückzug des Baumes?

Als gegen Mitte des 14. Jahrhunderts die Zeit der großen Rodungen zu Ende ging, boten die verlichteten, überalteten und ausgebeuteten Wälder einen traurigen Anblick. Öden und Blößen in der Landschaft hatten ein ungeheures Ausmaß angenommen. Weil das Weidevieh den Wacholder verschonte (weshalb er Zeiger ehemaliger Weidewirtschaft ist), konnte sich dieser auf den kargen Böden zusammen mit Dornsträuchern und Gestrüpp konkurrenzlos ausbreiten und das Aufkommen von Waldbäumen verhindern. Daher sah

Im Gegensatz zu den zugespitzten Nadeln des Heidewacholders liegen die schuppenförmigen Nadeln des Sadebaumes dachziegelartig übereinander. Lediglich an jungen Zweigen sind die Blätter nadelförmig und dreiquirlig ausgebildet.

sich die Obrigkeit immer wieder gezwungen, Weiden und Wälder von Wacholder befreien zu lassen.

»Dieser Busch lebt mehr im Munde des Volkes als in der Forstwirtschaft«, meinte der Autor eines Waldbuches aus dem Jahre 1871. Waldbaulich gesehen hatte der Wacholder nie eine große Rolle gespielt, was die Bezeichnung »forstlicher Proletarier« verdeutlichen mag. Inzwischen hat sich diese Ansicht jedoch geändert. Auf den immer seltener werdenden Magerweiden betrachtet man den schützenswerten Baum mittlerweile nämlich als »Edelmann unter den Hölzern«.

Das zähe, dauerhafte und harzfreie Holz mit dem angenehm duftenden, lange vorhaltenden Geruch wird zur Herstellung kleinerer Artikel verwendet. Feine Drechslerarbeiten, Peitschenstiele und knorrige Spazierstöcke – Volksnamen wie »Knirk« oder »Steckholder« erinnern daran – wurden daraus gefertigt.

Weil man dem Wacholder die Fähigkeit zusprach, die Wahrheit ans Licht zu bringen, war zudem mancher Richtstab aus seinem Holz geschnitten. Als der Landschreiber und Blutrichter Hanns in Sonthofen im Jahre 1530 einen Mann verurteilte, hielt er einen wacholdernen Stock (»wechalterin zepterstewdlein«) in seiner Rechten.

DER SADEBAUM

Mit dem Gemeinen Wacholder nah verwandt ist der Sadebaum oder Stinkwacholder *(Juniperus sabina)*. Vor allem in den Gebirgen Südeuropas und den Zentral- und Südalpen besiedelt dieses trockenheits- und hitzeverträgliche Gehölz flachgründige und vorwiegend basische Böden. Die Nadeln des niederliegenden, manchmal bis 2 m hoch aufsteigenden Zwergstrauches verströmen beim Zerreiben einen unangenehmen Geruch, weshalb er auch Stinkwacholder genannt wird. Obwohl dieser Strauch keinen großen Zierwert besitzt, wurde er von alters her in Bauern- und Klostergärten und auf Friedhöfen angepflanzt. Im südlichen Deutschland band man ihn häufig zum Palmbuschen, wie Hieronymus Bock in seinem »Kreutterbuch« erwähnt: »Die Pfaffen pflegen auf den Palmtag den Sevenbaum mit anderen grünen gewächsen zu weihen ...«.

Eine viel größere Rolle spielte dieser in allen Teilen stark giftige Strauch aber als Abtreibungsmittel (ruft Gebärmutterkrämpfe hervor). Hauptwirkstoff ist ein ätherisches Öl, das aus etwa 20 Prozent Sabinen, 40 Prozent Sabinylacetat sowie Thujon zusammengesetzt ist. Schon Einreibungen rufen Vergiftungen hervor, wenige Tropfen eingenommen wirken auf den Menschen tödlich. Seit dem Altertum benutzte man ihn zu einschlägigen Zwecken. Daß die betroffenen Frauen nicht immer glimpflich davonkamen, bezeugt der Volksname Jungfernrosmarin (Rosmarin ist die Blume der Trauer). Pierandrea Matthiolus notierte dazu im Jahre 1562: »Sevenbaum treibt der Frawen Zeit mit Gewalt. Die alten Hexen und Wettermacherinnen üben damit viel Zauberei, verführen damit die jungen Huren, geben ihnen Sevenschößlein gepulvert oder heißens darüber trincken, dadurch viele Kinder verderbt werden«.

Bis in unser Jahrhundert hinein war der Zwergstrauch deshalb zahlreichen Nachstellungen ausgesetzt. In manchen Botanischen Gärten wie etwa in München oder Zürich mußte er (ähnlich wie die Raute) durch Drahtgitter geschützt werden, um ein Ausplündern des Beetes durch verzweifelte Mädchen zu verhindern. Zur Zeit des dritten Reiches war es Baumschulen im allgemeinen verboten, den Sadebaum zu vermehren, denn reicher Kindersegen war erwünscht. Die homöopathische Medizin verwendet die Zweigspitzen bei Gicht, Blasen- und Niedenleiden sowie, entsprechend dem Gleichheitsgesetz, bei drohendem Abort.

Der Walnußbaum

Gott gibt die Nüsse, aber er knackt sie nicht auf.

VOLSWEISHEIT

Spätaustreibende Sorten bevorzugt

Der Walnußbaum *(Juglans regia)* zeichnet sich zwar durch gute Wüchsigkeit aus, leidet jedoch als inzwischen verwilderter Einwanderer aus dem warmen Süden deutlich unter Spätfrösten. Er bevorzugt sonnige, milde Lagen mit tiefgründigen und nährstoffreichen Böden und steigt selten über 700 m. Unter Walnußbauern gilt der Markustag (25. April) als gefürchteter »Nußfressertag«, weshalb man um spätaustreibende Züchtungen bemüht ist.

Mit einer erreichbaren Höhe von etwa 20 m zählt der Nußbaum zu unseren stattlichsten Obsthölzern. Als Durchschnittsalter gelten 120–150 Jahre. Charakteristisch für den Walnußbaum sind das gekammerte Mark seiner Zweige, der würzig-aromatische Duft der zerriebenen Blätter und seine längsrissige graubraune Borke. Schon Jungpflanzen verankern sich mit ihrer starken Pfahlwurzel so tief im Boden, daß sich Gärtner in den Baumschulen gezwungen sehen, den Wuchs durch »Unterstechen« zu regulieren.

In süddeutschen und österreichischen Auenwäldern findet man gelegentlich Walnußbäume mit kleinen, dünnschaligen Früchten. Die Frage nach deren Herkunft ist bis heute nicht geklärt: Möglicherweise handelt es sich um bodenständige Sippen. Klimatisch günstige Gebiete Mitteleuropas wie beispielsweise Weingegenden ermöglichen dem Walnußbaum die Selbstverjüngung. Eichhörnchen, Mäuse und Krähen verscharren die Nüsse als Wintervorrat im Erdboden, und weil manche dieser Vorratskammern später vergessen werden, ist die Verbreitung gewährleistet.

Welsche und Gallische Nuss

Über Griechenland (dort hieß er »karya«) gelangte der Walnußbaum aus seiner ursprünglich südosteuropäisch-westasiatischen Heimat nach Italien, wo er mit göttlichen Namen wie »Jovi glans« (Eichel des Jupiter) beehrt wurde. Nach Mit-

Ursprünglich in wärmeren, südlicheren Gefilden heimisch, wurde die »Welsche Nuß«, wie der Walnußbaum hieß, bereits zur Römerzeit in Mitteleuropa eingeführt. Im Gegensatz zu anderen, meist kleinkronig bleibenden Obstbäumen gewährt man dem Nußbaum gerne den besten Platz vor dem Haus.

teleuropa kam er zwar bereits während der Römerzeit, wurde bei uns aber erst durch die Empfehlungen Karl des Großen in seinen Landgüterverordnungen um 800 n.Chr. bekannt. Seine »Gallische Nuß« fand in Konrad von Megenbergs »Buch der Natur« als »wählisch Nuz« Eingang und hieß wenige Jahrhunderte später Welschnuß.

Die Bezeichnung »welsch« soll sich angeblich vom keltischen Stammesnamen »Volcae« ableiten, bedeutet gleichzeitig jedoch »andersartig« und »fremd«, denn als ein solches Volk wurden die »Welchen« oder »Walcher« (Bewohner Galliens und Italiens) von den Alemannen schon immer angesehen.

Seit dem 16. Jahrhundert ist sie im »underschaid von den haselnuzzen und von ander lai nuzzen« als Baumnuß bekannt.

Botanische Tafel der Walnuß. Die hängenden männlichen Blütenkätzchen weisen auf die Zugehörigkeit des Baumes zu den Kätzchenblühern hin.

Pfefferersatz und Bräunungscreme

Ab dem 15. Lebensjahr setzen Walnußbäume Früchte an. Während der Hauptertragszeit zwischen dem 3. und 6. Lebensjahrzehnt lassen sich pro Baum jährlich um die 50 kg ernten. Die Nüsse geben die Hälfte ihres Gewichts an fettem Öl, das nicht eintrocknet und deshalb zu Künstlerölfarben verarbeitet wird. Die Nußkuchen (Preßrückstände) werden an das Vieh verfüttert. Als Hauptanbauland gilt neben Italien und Ungarn vor allem Frankreich, wo die Gegend von Grenoble für ihre Nüsse von auserlesenem Aroma berühmt ist.

Ein Nußbaum konnte in früheren Zeiten für den kleinen Mann ein ansehnliches Vermögen darstellen. So schrieb Carl Julius Weber im vorigen

Jahrhundert: »... und ich selbst habe die Bittschrift in der Hand, wo ein Bauer sein Heiratsgesuch mit einem Nüsseertrag zu 300 Gulden motivierte«.

Walnüsse sind jedoch nicht nur im reifen Zustand eine Gaumenfreude. Zuweilen werden die noch grünen Früchte im Juni gesammelt und nach englischer Manier als »Pickle« eingelegt.

In Honig eingekocht, reichte man sie in Griechenland als eigenwillige, doch sehr aromatische Delikatesse. Getrocknete und anschließend pulverisierte grüne Nußschalen und Blätter ersetzten einfachen Leuten den Pfeffer, wie Hieronymus Bock in seinem »Kreutterbuch« 1577 vermerkt.

Dieselben äußeren grünen Nußschalen liefern eine sehr haltbare braune Farbe, die für die unterschiedlichsten Zwecke eingesetzt wurde und wird.

Während des amerikanischen Unabhängigkeitskrieges färbte man damit Uniformen ein, später diente sie zum Einlassen für Fußböden.

Dem Haar verleiht sie nicht nur natürlichen Glanz, sondern zudem einen kräftigen mittelbraunen Ton. Längst hat der Walnußschalenextrakt die Kosmetikindustrie erobert, die ihn zu künstlichen Gesichtsbräunungscremes verarbeitet. Eine Alternative zum gesundheitlich nicht unbedenklichen Sonnenstudio?

Als lokaler Tabakersatz genossen die mit einem kräftigen, herben Aroma besetzten Nußblätter bei Rauchern einen hohen Rang: »Hab ich kein Tabak auch – Nußbaumlaub gibt guten Rauch«, meinte Johann Peter Hebel.

Die ursprünglich aus Walnußholz geschnitzten Frauenstatuen der Korenhalle auf der Akropolis wurden bereits im Altertum von steinernen Figuren ersetzt.

Wenn die Nuss gespalten ...

Die Nuß allgemein – dazu zählt natürlich auch die Haselnuß – besitzt seit alters als Sinnbild der Fruchtbarkeit einen stark sexuell geprägten Symbolgehalt. In Bauernsprüchen taucht immer wieder die Nuß auf, die es zu knacken gilt. Beispielweise hieß es früher:

»Ein harte nusz und stumpfer zan,
Ein junges Weib und ein alter man
Zusammen sich nicht reimen soll;
Seinesgleichen jeder nehmen soll.«

In diesem Sinne liebte jemand, »der die Nüsse durch den Sack biß« nur platonisch. »Wer die Nuß will, biegt den Zweig um, wer die Tochter will, geht um die Mutter herum«, wurde heiratslustigen Burschen nahegelegt. Daß es gar keine so schlechte Sache sei, eine Witwe zu ehelichen, drückt folgende Volksweisheit aus: »Wenn die Nuß gespalten, so kommt man eher zum Kern«.

Bereits bei den alten Griechen wurden Walnüsse bei Hochzeiten als Glückbringer und Fruchtbarkeitsförderer unter die Gäste gestreut. Vergils »Sparge marite nuces« (Streue, Gatte, Nüsse) drückt diese Segenskraft aus. Im griechischen Mythos gewinnt Dionysos die Zuneigung von Karya, der jüngsten Tochter des lakonischen Königs. Als beider Liebe von ihren eifersüchtigen Schwestern verraten wird, stirbt die schöne Karya eines verzweifelten Todes. Daraufhin verwandelt Dionysos sie in einen Walnußbaum. Später errichteten die trauernden Lakonier dem Mädchen einen Tempel, dessen Gebälk von weiblichen Figuren aus Nußbaumholz, den Karyatiden, getragen wurde. Noch heute kann man im Erechtheion auf der Akropolis in Athen den prächtigen Tempel der Karyatiden (die Korenhalle) bestaunen. Die Originale der heute steinernen Frauenstatuen waren aus Nußbaumholz.

Verderblicher Baum – kostbares Holz

Im Gegensatz zur glückbringenden Nuß selbst galt der Nußbaum das ganze Mittelalter hindurch als gesundheitswidriger Unglücksbaum, der der umgebenden Erde ihre Fruchtbarkeit raubte. »Nuci noci« (»noce nuoce« = die Nuß ist schädlich) hört man noch heute in Sizilien,

Für hochwertige Büchsenschäfte und Ladestöcke war das Holz des Walnußbaumes unabdingbar. Im Holzschnitt von H. Schäufelein (1480-1540) sind zeitgenössische Landsknechte mit Luntenschlössern dargestellt.

und ein Westerwälder Spruch meint: »Was unterm Nußbaum wächst, taugt nichts«. Nicht einmal die mannhafte Eiche sei seiner verderblichen Nachbarschaft gewachsen, hieß es, denn sie gehe in seinem Dunstkreis zugrunde. Einzig der Landwirt hielt den Baum seiner würzig duftenden Blätter wegen in Ehren, weil er, in die Nähe der Latrinen gepflanzt, lästige Mücken und Fliegen vertreibt.

Der Walnußbaum besitzt zweierlei Wert. Neben den Früchten kann auch sein Holz mit dem hellen, schmalen Splint und dunkelgemasertem Kern ein beachtliches Vermögen darstellen. Je nach Klima und Boden kann Walnußholz in Farbe und Struktur stark abweichen. Geschätzt sind Hölzer aus Frankreich, der Türkei und dem Kaukasus. Das Wertvollste am Baum sind die sogenannten Stammkröpfe, aus denen die berühmten Kropffurniere gefertigt werden.

Zu Kriegszeiten war die Nachfrage nach Nußbaumstämmen ohnehin immer größer als das Angebot. »Das Nußholz ist zu Büchsenschäften das allertauglichste«, meinte Adelbert von Chamisso. Auch für Ladestöcke, mit denen Pulver und Kugel im Zeitalter der Vorderlader in den Gewehrlauf geschoben werden mußten, galt es als unersetzbar. Anscheinend gibt es nämlich kein anderes heimisches Holz, das so zäh, schwer und gleichzeitig glatt polierbar ist.

Gegen den »Wolf«

Der Aufguß von Walnußblättern besitzt insektizide Eigenschaften und wurde innerlich wie äußerlich gegen Ungeziefer, Würmer und Parasiten angewendet. Wegen seiner entschlackenden (»blutreinigenden«) und kräftigenden Wirkung lindert er Hautkrankheiten und hemmt in Form eines Fußbades übermäßige Schweißabsonderung der Füße.

Zur Herstellung eines insektenabwehrenden Sonnenöls schichtet man die grünen, im Juni gesammelten Nüsse in ein weithalsiges Glas, übergießt sie mit Olivenöl und stellt das Ganze drei Wochen an die Sonne. Danach seiht man ab und stellt das Öl bis zur Verwendung kühl.

Bei den Nordafrikanern war es lange Zeit üblich, sich mit der Rinde junger Stämme das Zahnfleisch zu massieren, um es zu festigen. Der Glaube, daß Walnußblätter bei langen Wanderungen gegen den »zwischen die Beine gelaufenen Wolf« schützen, hat sich im Volk hartnäckig gehalten. Diese Anwendung war sogar im »Königlich Sächsischen »Exerzier-Reglement für die Infanterie« verzeichnet.

»Zur schönen,
warmen Sommerzeit
da trage ich ein grünes Kleid.
Doch wenn erst kommt
der Herbst daher,
trag' ich das grüne Kleid nicht mehr.
Ich trage dann ein Kleid von Stein,
ein Hammerschlag
dringt kaum hinein,
und kommt die liebe
Weihnachtszeit,
so trag' ich gar ein golden Kleid,
das zieht mir dann
das Kindchen aus
und ißt mich selbst zum
Weihnachtsschmaus.«

Volksrätsel

Die Weide

»Die Weiden zum Beispiel haben für mich etwas Rührendes;
sie zeigen eine sonderbare Verwechslung in der Natur: die Zweige farbig, die Blätter grau,
sie kommen mir vor, wie schöne, aber schwächliche Kinder,
denen der Schrecken in einer Nacht das Haar gebleicht.«

Aus dem Romanfragment »Ledwina« von Annette von Droste-Hülshoff

Weiden-verwandtschaft

Zur Familie der Weidengewächse zählen drei Gattungen: Weide *(Salix)*, Pappel *(Populus)* und die koreanische *Chosenia*, die sozusagen ein Mittelding zwischen den beiden vorherigen bildet. Die Fähigkeit zur Bastardierung scheint ein Familienmerkmal zu sein, denn Weide wie Pappel verfügen über einen unstillbaren Drang, neue Merkmalskombinationen zu schaffen. Deshalb werden für die genaue Bestimmung u.a. chemische und genetische Merkmale (Chromosomenzahl) herangezogen. Weil Weidenhybriden dabei außerdem (ähnlich Brombeeren und *Sorbus*-Arten, siehe S.85) fortpflanzungsfähige Nachkommen erzeugen können, ist die Abgrenzung einzelner Arten teilweise unmöglich.

Eine zweite Gemeinsamkeit von Weiden und Pappeln ist ihre hohe Produktion an Biomasse. Nach der Pappel ist die Weide einer der schnellwüchsigsten Bäume Mitteleuropas. Aufgrund ihrer Vitalität (abgeschnittene Weidenstöcke wurzeln, sobald sie in feuchten Sand oder Erde gesteckt werden) wird davon abgeraten, Weiden in die Nähe von Abwasserrohren oder Hausfundamenten zu pflanzen.

Die etwa 30 mitteleuropäischen Weiden sind allesamt zweihäusig und vom wenige Zentimeter hohen Winzling (Krautweide) bis zum stattlichen Baum (Silberweide) bei uns in allen Größen vertreten.

In Nordeuropa und im alpinen Hochgebirge grünen verschiedene Weidenarten als Zwerggehölze. Zu ihnen zählt die Krautweide (*Salix herbacea*, Abb. S.209), der »kleinste Baum der Welt«. Ihr verholzter Stamm verzweigt sich unter der Erde, wobei er jährlich mehrere kleine Triebe an die Oberfläche schickt.

Im folgenden werden die beiden wichtigsten einheimischen Arten, Silberweide und Salweide, sowie die in Parks häufig gepflanzte Trauerweide erläutert.

Die **Silberweide** (*Salix alba*) ist ein Gehölz des Tieflandes, das in ganz Europa mit Ausnahme des Nordens vorkommt. Diese meistgepflanzte Weidenart bevorzugt feuchte, periodisch überschwemmte Sandböden des Tieflandes und baut zusammen mit anderen Weidenarten, Pappeln und Erlen die Weichholzaue auf. Mit bis zu 25 m Höhe zählt die ausladend-breitkronige Silberweide zu den größten einheimischen Weidenarten. Sie gehört außerdem zu den langlebigsten und erreicht ein Alter von 120 Jahren. Die schmal-lanzettlichen, unterseits dicht seidig behaarten Blätter (mit 2 winzigen Nektarien am Ansatz der Blattspreiten) lassen den Baum im Wind silbern schimmern, wovon sich die Namensgebung ableiten läßt.

»Weide, silbern Angesicht,
weil ich dich von weitem sehe,
leidet's mich und hält mich nicht,
bis ich grüßend vor dir stehe.«
Rudolf Alexander Schröder

Die Siberweide ist von Natur aus sehr vielgestaltig und bildet außerdem zahlreiche Bastarde, vor allem mit der Bruchweide (*Salix fragilis*), mit der sie auch häufig verwechselt wird.

Die **Echte Trauerweide** (*Salix babylonica*) aus Westchina erreicht in unseren Breiten leider nicht die nötige Winterhärte. Sie wird deshalb in unseren Parks durch andere Trauerformen (durch Kreuzungen entstanden) ersetzt. Sehr beliebt ist die sogenannte Hänge-Dotter-Weide (*Salix alba* var. *tristis*), eine Varietät der Silberweide. In seinem Exil auf St. Helena hatte Napoleon als seinen Lieblingsplatz den Schatten einer Trauerweide gewählt. Er bestand sogar darauf, unter dem Baum begraben zu werden. In Gärten und Parks fand die Trauerweide eigentlich erst seit Napoleon Beachtung. Als Baumpaar mit der Pyramidenpappel durfte sie bald in keiner größeren Parkanlage mehr fehlen.

Die Kätzchen der Salweide liefern im Frühling die erste wichtige Bienennahrung.

»... Die Trauerweide
umhüllt mich dicht,
Rings fließt ihr Haar aufs Gelände,
Verstrickt mir die Füße
mit Kettengewicht und bindet mir
Arme und Hände ... .«
Gottfried Keller

Das althochdeutsche »salha« heißt Weide. Somit bedeutet Salweide soviel wie eigentliche Weide, »die« Weide. In gewisser Weise stimmt das auch. Die **Salweide** (*Salix caprea*) kann zwar größen- und altersmäßig nicht mit ihrer großen Schwester, der Silberwiede konkurrieren, zählt aber zu den bedeutendsten Bienenbäumen. Die blühenden Weidenkätzchen liefern Bienen die erste Nahrung im Frühjahr – deshalb standen früher blühende Zweige auch unter Naturschutz. Heute noch bindet man den Palm aus ihnen. Ihre Blätter ergaben ein wertvolles Ziegenfutter, wie der wissenschaftliche Beiname (»capra« = Ziege) andeutet. Der schnellwüchsige Baum oder Strauch erreicht ein Höchstalter von knapp 60 Jahren und bleibt meist unter der 10-m-Grenze. Sein Holz liefert den größten Brennwert aller Weiden.

In Deutschland ist vor wenigen Jahren die erste Weidenart am Naturstandort ausgestorben. Dabei handelt es sich um die Zweifarbige Weide (*Salix phylicifolia*), deren letztes weibliches Exemplar auf dem Brocken im Harz stand. Heute findet man ihre Nachkömmlinge nur mehr kultiviert in Botanischen Gärten.

Der wissenschaftliche Name *Salix* läßt sich angeblich vom lateinischen »sal« = Salz, ableiten, was damit zusammenhängen dürfte, daß die graue Färbung vor allem der Silberweidenblätter an den Salzstein erinnert. Im Volksmund unterschied man früher die schmalblättrigen Weiden als »Felber« von den breitblättrigen »Salchen«. Weitere alte Weidennamen sind »Wilge« und »Wichel«. In Ortsbezeichnungen wie Weidach, Weiding

Salchen, Salach und Felben hat sich der Baum verewigt. Auch der Familienname Felbinger gehört dazu.

NUR EINMAL JÄHRLICH GESTUTZT ...

Silber- und Korbweiden *(Salix viminalis)* wurden in vielen Gegenden noch bis in die fünfziger Jahre des 20. Jahrhunderts hinein zu sogenannten »Kopfweiden« zurechtgeschnitten. Dazu wurden die Äste im 1- oder 2-jährigen Turnus bis zum Stamm abgehackt und als Weidenruten zur Korbflechterei verwendet. Darüber hinaus dienten sie »zur Bekleidung und Befestigung der Bachufer«, wie Adelbert von Chamisso in seinem »Heil- Gift- und Nutzpflanzenbuch« berichtet. Diese Verstümmelungen nimmt der bekannte Wiener Kanzelprediger Abraham a Santa Clara (gest. 1709) zum Anlaß für folgenden Vergleich: »Die Felberbaum werden nur einmal im Jahr gestutzt, aber die armen Untertanen werden von mancher harten Herrschaft fast alle Tage gestutzt«.

Diese alte Nutzungsform ist in den letzten Jahrzehnten schlagartig zurückgegangen, denn längst ist der Wäschekorb von der Plastikwanne verdrängt und der Einkaufskorb von der Plastiktüte.

Am Niederrhein, wo Kopfweiden manchmal landschaftsbestimmend sind, erlebt der Kopfweidenschnitt seit einiger Zeit eine Renaissance. Naturschützer haben häufig diese mühevolle Arbeit übernommen, um die alten Bäume in ihrer charakteristischen Gestalt zu erhalten. Daß die

Die Korbflechterei war früher auch hierzulande ein bedeutendes Gewerbe, welches von manchem Bauern im Winter als Nebenerwerb betrieben wurde. Kupferstich aus dem 17. Jahrhundert.

Nicht nur das Zepter der Hexenkönigin war aus einem Weidenzweig geschnitten. Um dem Hexenbesen seine wahre Stärke zu verleihen, mußten die Birkenreiser außerdem mit Weidenruten an den Besenstiel gebunden werden. Holzschnitt von B. Grim (1470-1522).

In Zeiten, als gewöhnliche Metalle noch teuer und kostbar waren, wurden die Fässer nicht mit Eisenreifen, sondern mit Weidenruten und Haselgerten zusammengehalten, wie aus unzähligen Abbildungen früherer Jahrhunderte hervorgeht. Kupferstich aus dem »Adeligen Landleben« des Frhr. von Hohberg (1687).

regelmäßige Zurechtstutzung der Bäume nicht jedermanns Sache ist, kann man in Wilhelm von Humboldts »Briefen an eine Freundin« nachlesen: »Es ist schlimm genug, daß so oft Bäume, die wirklich auf große Schönheit Anspruch machen können, durch Menschenhände und ewiges Behauen ganz um ihren freien und großartigen Wuchs gebracht werden. So ergeht es zum Beispiel den Weiden. Sie werden, wenn man sie frei und ungehindert wachsen läßt, zu starken, hohen und malerisch schönen Bäumen..«

Mit Weiden bind' ich meine Schuh

Die dünnen biegsamen Weidenruten waren früher im ländlichen Haushalt unersetzbar und fanden vielseitige Verwendung. Beim Bau von Fachwerkhäusern wand man die Äste zu einem Geflecht, füllte damit die Fächer zwischen den Holzbalken aus, bewarf diese mit Lehm und verputzte sie anschließend. Die Strohbündel der Strohdächer waren ebenfalls mit Weidenruten an den Sparren befestigt. Auch bei der Ufer- und Hangbefestigung sowie bei der Errichtung von Zäunen leisteten sie gute Dienste.

Den Winzern lieferten sie die Ruten, um die Reben anzubinden (und man nutzte sie anstelle von Draht). Daß junge Weidenäste bei der armen Bevölkerung auch zum Binden der Schuhe herhalten mußten, ist aus einer überlieferten Bauernklage ersichtlich:

»Mein, horcht mir nur ein wenig zu.
Mit Wyden [Weidenruten]
bind ich meine Schuh,
kein Frucht hab ich schier
in der Scheuer,
und muß doch geben meine Steuer.«

Im Frühjahr hatte die Dorfjugend ihre Freude daran, sich aus gekappten jungen Weidenzweigen selbstgemachte »Felberpfeiferl« zu schneiden. Dazu mußte vorher der Bast gelöst werden. Während dieser Arbeit sang man in Bayern:

»Pfeiferl, Pfeiferl gi go
Ziag da Katz d'Haut o,
Übern Kopf und übern Schwanz,
Wird mei Pfeiferl wieda ganz.«

Was das Holz angeht, hat es von den vielen Weidenarten nur die Silberweide zu bescheidenem Ansehen gebracht. Aus ihrem wenig haltbaren, leichten und weichen Holz schnitzt man die sogenannten »Klotschen« (Holzpantoffeln) und Spielzeug. Industriell werden daraus Reißbretter und Zündhölzer gefertigt. Mit dem Rindenabsud der Silberweide gerbte man Leder, und Blätter und Wurzeln dienten zum Färben von Baumwolle. Die Samenwolle stopfte man häufig zusammen mit derjenigen der Pappeln in alte Tücher für die sogenannten »Arme-Leute-Kissen«.

Düsterer Todesbaum

Daß die Weide in verschiedenen Kulturen mit dem Tod in Verbindung gebracht wurde und wird, hat auch in der Literatur seinen Niederschlag gefunden. Desdemona erschien vor ihrem Tod im Traum eine Weide, und Ophelia ertrank, nachdem sie von einer Weide aus ins Wasser gestürzt war. Dem germanischen

Mythos zufolge bewohnt der Todesgott Viddharr das Weidengebüsch. Die Germanen schlossen ihre Menschenopfer (meist Sklaven oder Kriegsgefangene) in mit Steinen beschwerte Weidenkörbe ein, die sie anschließend im Moor versenkten. Tauchten diese nicht wieder auf, hatten die Götter das Opfer angenommen. Tacitus berichtet in der »Germania«, daß unsere Vorfahren bei ihren Thingversammlungen je nach Art und Schwere des Vergehens unterschiedlich bestraften: »Verräter und Überläufer hängt man an Bäumen auf, Feiglinge, Kriegsscheue und Perverse versenkt man im Schlamm und Morast und wirft noch Flechtwerk [aus Weiden] darauf. Die Verschiedenartigkeit der Hinrichtung verfolgt die Absicht, daß man Verbrechen bei ihrer Sühnung bloßstellen, Schandtaten aber verbergen müsse...«

Auch in der antiken griechischen Vorstellungswelt war der Baum von einem Todeshauch umgeben. In Kolchis hatte die Zauberin Medea dunkle Weiden gepflanzt, in deren Ästen Verstorbene – in Tierhäute eingenäht – hingen. Aigle, eine der Hesperiden, nahm sich den Diebstahl der goldenen Äpfel durch Herakles derart zu Herzen, daß sie in ihrer Gram die Gestalt einer Weide annahm:

»Dort am, Küstenhag entfaltet
eine Weide
ihrer Zweige grüne Fülle
wie das Haar einer Nymphe,
die in namenlosem Leide,
jäh zum Baum erstarrt,
beklagt, was einstmals war ...«

Jovan Ducic

Kopfweidenallee am Niederrhein. Die das Landschaftsbild prägenden Kopfweiden müssen im ein- bis zweijährigen Turnus zurechtgestutzt werden. Früher waren Weidenruten Ausgangsprodukt für ein ganzes Kleingewerbe, die Korbflechterei. Heute übernehmen teilweise Naturschützer die zeitraubende Schneidearbeit.

Nach einer siebenbürgischen Legende war die Weide zu der Zeit, als Christus unter uns Menschen lebte, ein fruchttragender Baum wie es die Obstbäume jetzt noch sind. Weil sie es jedoch zuließ, daß Judas sich an ihr erhängte, ward sie bis zum heutigen Tage verflucht.

Ein bekannter Erdstrahlenforscher fand heraus, daß Weiden bevorzugt an Stellen gedeihen, die eine verstärkte Erdstrahlung aufweisen. Dort schlägt auch die Wünschelrute stärker aus. Vielleicht mit ein Grund, warum die Weide als Baum des Selbstmörders verschrien ist, denn unter Weiden stieß sich beispielsweise die junge Dichterin Karoline von Günderode den Dolch in die Brust.

Symbol quellenden Lebens

Die alten Griechen maßen dem Baum eine doppelte Bedeutung zu. Neben dem Tod symbolisierte die Weide auch junges, sich entfaltendes Leben und Geburt. Als Verkörperung des Lebensflusses wachte sie sogar über die Geburt der hellenistischen Göttereltern. Die Jugendjahre des Göttervaters Zeus waren von einem Weidenbaum begleitet, der vor der kretischen Höhle wuchs, in der Zeus geboren und aufgezogen wurde. Seine Gattin Hera kam der Überlieferung zufolge unter einer alten Weide auf Samos zur Welt.

Bei den lebensüberschreitenden Bäumen, die auf dem schmalen Landsaum zwischen dem Reich des Helios und dem des Hades wurzelten, handelte es sich ebenfalls um Weiden. Als Orpheus den Gang in die Unterwelt wagte, war es sein Weidenstab, der ihm den Weg anzeigte. Die verschiedenen Kräfte dieses widersprüchlichen Baumes wurden nach Herodot von den Skythen zur Zukunftsdeutung benutzt: »Sie weissagen mittels einer Menge von Weidenstäbchen. Wenn sie große Bündel solcher Stäbe herbeigebracht haben, legen sie sie auf den Boden und sondern sie dann auseinander; nun legen sie jeden Stab einzeln hin und verkünden den Spruch ...«

Mit ihrer ungezügelten Lebenskraft zählte die Weide zu den Attributen Demeters, der Göttin des Ackerbaues und der Fruchtbarkeit. Gleichzeitig brachte man den düsteren Baum, der im Alter innen oft völlig vermorscht, aber dennoch ungebrochen grünt, mit deren Tochter Persephone, Göttin des Todes und der Wiedergeburt, in Verbindung. Alljährlich feierte man in Griechenland zur Zeit der Getreideaussaat das Fest der Demeter, die Thesmophorien. Bei diesem den Frauen vorbehalten Ritus waren immer frische Weidenzweige als Lagerstätte ausgebreitet.

Der beinahe maßlosen Energie des Baumes war man sich jedoch schon Jahrhunderte vor dem Aufblühen der griechischen Kultur bewußt. Auf Orakelknochen der Shang-Dynastie (16.–11. Jahrhundert v. Chr.) waren bereits Schriftzeichen für die Weide eingeritzt, und noch im heutigen China steht der Begriff »Qi« für Weide und Lebensatem gleichzeitig.

An der Weide büßen

Ein weiteres Attribut des Baumes ist die Ehrlosigkeit. Bei unseren germanischen Vorfahren galt das Tragen von Weidenzweigen als eine der entwürdigendsten Strafen überhaupt. Die makabre Drohung: »Das sollst du an der Weide büßen«, erinnert an die frühere Verwendung der Weidenruten zur Vollstreckung von Urteilen. Beim Femegericht lag ein

Der »kleinste Baum der Welt« ist eine Weide, nämlich die Krautweide im Hochgebirge. Der unterirdische, verzweigte Stamm treibt jedes Jahr wenige Zentimeter lange Triebe mit nur zwei Blättchen pro Trieb.

Weidenstrick neben dem Schwerte vor dem Freigrafen auf dem Tisch.

Üppiges Gedeihen wird manchmal vorschnell mit Maßlosigkeit in Verbindung gebracht, so auch im Alten China. Dort durften die »anrüchigen« Bäume nicht in die Hinterhöfe, den Aufenthaltsort der Frauen, gepflanzt werden, weil man befürchtete, daß die sich im Winde bewegenden Weidenzweige unanständige und zügellose Gedanken hervorrufen würden. Die Redewendung »Blumen suchen und Weiden kaufen« bezieht sich darauf und bedeutete früher den Besuch eines Bordells. Die ungezähmte dem Baume innewohnende Leidenschaft beschreibt Max Daunthendey in seinem Weidengedicht, das er mit folgenden Worten beschließt: »Alle die Weidenblätter voll silbriger Spiegel sind und werden wie die Sehnenden auch nachts nicht blind.«

Ein verwunschener Zauberbaum

Mit Kirschbaum, Apfelbaum und Erle zählt die Weide in unserem Kulturkreis zu den »Mondbäumen«, die einstmals als Bäume der großen Göttin hoch geachtet wurden. Mit der Christianisierung schlug die ihnen ursprünglich entgegengebrachte Ehrfurcht jedoch in regelrechte Furcht um. Plötzlich, fast schlagartig, waren sie zu Geister- und Hexenbäumen geworden (siehe »Apfelbaum«). Günter Eich beschreibt in seinem Weidengedicht die unheimliche und düstere Ahnung, die ihn beim Ablick eines Weidendickichts befiel:

»Die Weiden: verwachsene Weiber,
gebeugt, mit zottigem Kopf,
zerlumpt sind ihre Röcke,
die Läuse nisten im Zopf.
Sie recken die dürren Arme
vereint zum Himmel hinauf.
Zu ihren verwurzelten Füßen
stockt der Wasserlauf.
Unter der Bohlenbrücke
liegt ertrunken ein Kind.
Aus faulenden Weidenstrünken
seine Glieder sind.
Ich weiß, daß die Weiden schreien
mitten im Sonnenlicht.
Ich gehe über die Brücke
und tu, als hört ich es nicht.«

Daß man in diesem Gewächs mit seinen manchmal grellgelben Ästen und stellenweise verworrenem Astwerk einen Zauberbaum sah, ist gar nicht so verwunderlich. Vor allem während der dunklen Zeit der Hexenverfolgungen glaubte man die Hexen und deren Verbündete unter den Weiden versammelt zu wissen. Hauste doch bekanntlich der Teufel in morschen Weidenstrünken, wo die jungen Frauen dem Satan ihre Seele schenkten, um die Hohe Kunst der Hexerei erlernen zu können. Das

Zepter der Hexenkönigin war nicht von ungefähr aus einem Weidenzweig geschnitten. Um dem Hexenbesen seine wahre Stärke zu verleihen, mußten die Birkenreiser außerdem mit Weidenruten an den Besenstiel gebunden werden. Im angelsächsischen Sprachraum ist die Verknüpfung zwischen Weiden und Hexen so eng, daß der Begriff für Weide (»willow«) aus dem gleichen Wortstamm abgeleitet ist wie »witch« (Hexe) und »wicked« (böse). Das englische »Will-o'-the wisp'« heißt übersetzt Irrlicht.

Außer Hexen waren es auch Elfen, die im Stamm und Geäst alter, hohler Weiden lebten. Nachts umreigten diese schattenhaften Wesen ihre Wohnstätten. Kupferstich der letzten Riesenweide von Flottbeck (1863).

Zur Dämpfung der Begierde

Die Weide ist der doppelsinnige Baum schlechthin. Wurde ihr einerseits ein ausschweifender Charakter nachgesagt, galt sie in der Antike gleichzeitig als Keuschheitsbaum. Diese zwiespältige Betrachtungsweise ist auf einen Irrtum der Alten Griechen zurückzuführen: Ihren botanischen Beobachtungen zufolge warfen Weiden ihre Blüten vor dem Fruchtansatz ab, pflanzten sich also nicht durch Früchte fort, sondern nur durch Stecklinge. Tatsächlich aber unterschied man damals die Blüten noch nicht von den nur wenig größeren Früchten.

Als Gewächs, das fortlebt, indem es selbst abstirbt, benutzte man die Weide in späterer christlicher Zeit als Sinnbild dafür, daß der Mensch allein von Gott lebt, wenn er dem Weltlichen entsagt. Da sie scheinbar auf Fortpflanzung verzichtete, galt die Weide als Keuschheitszeichen. Und weil Weidenblätter die geschlechtliche Begierde eindämmen sollten, war die Schlafstelle der Priester in Byzanz wie auch im Abendland mit Weidenblättern bestreut. Leonard Fuchs faßt dies in seinem »New Kreutterbuch« (1543) in folgende Worte: »Die bletter gesotten und getruncken, vertreibt den Lust und neygung zur unkeuschheyt«. Der Arzt Hellwig beschreibt in seinem »Teutsch medicinisch Recept-Buch vor die meisten Kranckheiten der Manns-Personen« (1715) dieses Problem unverblümter: »Bei der allzu großen Begierde beim Beyschlaf und Geilheit, wenn der Mann allzu hitzig [...] ist, daß sie bisweilen gar narrisch darüber werden. Die Ursach ist vornehmlich, wenn der Samen so überflüssig dar ist, oder auch zu scharff«. Die wirksame Therapie lautet nach Hellwig: Weidenblätter mit Zucker einnehmen.

Weiden galten jedoch nicht nur als geschlechtstriebhemmend, sondern als regelrechtes Verhütungsmittel. Der Tip, »die Blätter mit kaltem Wasser getruncken, daß die Weiber nicht schwanger werden«, stammt bereits von Dioskurides, wurde aber noch in den Kräuterbüchern des 16. und 17. Jahrhunderts rege empfohlen. Aus Korbweidenblättern erzeugte man auch Zäpfchen, die vor dem Geschlechtsverkehr in die Scheide eingeführt wurden, um »den Samen zu schädigen und dadurch zu wehren, daß eine Frau schwanger wird«. Abschließend sei bemerkt, daß sich abgewiesene Liebhaber als Zeichen der Enttäuschung früher einen Weidenzweig an den Hut steckten.

Geweihtes Grün

Schon die Juden verwendeten Weidenzweige für ihre Gottesverehrung während des herbstlichen Laubhüttenfestes: »Am ersten Tag nehmt schöne Baumfrüchte, Palmwedel, Zweige von dicht belaubten Bäumen und von Bachweiden, und seid sieben Tage lang vor dem Herrn, eurem Gott fröhlich«, steht in der Bibel (Levitikus 23,40). Am 7. Tag dieser Fei-

Weidenkätzchen sind unverzichtbarer Bestandteil des Palmbusches.

erlichkeiten, dem sogenannten Weidenfest, schlugen gläubige Juden mit Weidenzweigen auf den Boden und beteten dabei zu Jahwe um Regen nach der Aussaat. In der katholischen Kirche sind es die blühenden Weidenzweige, die Palmkätzchen, die seit dem 8. Jahrhundert am Palmsonntag zum Gedenken an Jesu Einzug in Jerusalem als »Palmbusch« geweiht werden. Sie ersetzen die echten Palmenzweige, die nur in wärmeren Regionen gedeihen. Der Palmsonntag wird in der Ukraine deshalb Weidensonntag genannt. Daß Weiden so gut wie überall wachsen und der Weidenzweig deshalb immer Hauptbestandteil des Palms ist, hat Goethe in den »Symbolen« festgehalten:

»... Zuletzt, will man
ein grünes Reis,
so nimmt man Weidenzweige,
damit der Fromme Lob und Preis
auch im Geringsten zweige.«

Einem alten Brauch zufolge wird der in der Kirche geweihte Weidenzweig in der Stube in den »Herrgottswinkel«, die Ecke über den Eßtisch gesteckt. Zuvor kommt je ein Zweiglein des geweihten Grüns auf den Acker und in den Stall (siehe auch unter »Stechpalme«). Nach einer alten Wetterregel aus der Eifel gibt es nach einem kalten Weihnachten zu Ostern blühende Weidenkätzchen zu schneiden: »Hengt em Krestdaach Eis aan de Weiden, da koa mer em Oustere Peleme [Palmen] schneiden«.

Zwischen Chinarinde und Aspirin

Die Weide zählte zu den heilenden Bäumen, in die man körperliche Leiden wie Gicht und Rheuma, aber auch Fieber bannen konnte. Ähnlich wie bei der Fichte mußte man dazu etwas vom eigenen Körper (z.B. Haare oder Fingernägel) in einen Weidenspalt stecken, diesen mit Wachs verschließen und dabei eine Beschwörungsformel aufsagen.

Abgesehen von diesem abergläubischen Ritual ist die Weide tatsächlich eine Heilpflanze. Tee aus der Rinde junger Zweige galt früher als unübertroffenes einheimisches fiebersenkendes Mittel, das auch bei Rheuma und Gicht wirksam war. Deshalb konkurrierte es lange Zeit mit der aus dem tropischen Amerika importierten Chinarinde.

Beide Heilmittel wurden gegen Malaria eingesetzt, eine Krankheit, die früher auch hierzulande kein seltenes Übel war. Albrecht Dürer beispielsweise erkrankte 1520 bei einem Aufenthalt in Holland und litt seit dieser Zeit an chronischer Malaria.

Vor allem in der Rinde der Silberweide (aber auch in anderen Weidenarten) kommt der Hauptwirkstoff, das Glykosid Salicin vor, das jedoch erst bei der Aufnahme in den Körper zur sogenannten Salizylsäure, der eigentlich wirksamen Substanz oxidiert.

Seit der synthetischen Herstellung dieser Salizylsäureverbindungen (Aspirin) im Jahre 1898 hat Weidenrinde ihre alte Bedeutung verloren. Weil ihre Wirkung als Schmerzmittel im Vergleich zum Aspirin relativ gering ist, wird sie nur noch selten verordnet. Aspirin fällt heute als Rückstand bei der Farbenproduktion an und ist bis zum heutigen Tag das weltweit am häufigsten verwendete Arzneimittel.

Inzwischen hat die Forschung herausgefunden, daß das Aspirin nicht die einfache Schmerztablette ist, die jahrzehntelang in weiten Kreisen der Bevölkerung genommen wurde. Neben der entzündungshemmenden wurde auch eine »blutverdünnende« (thrombozytenaggregationshemmende) Wirkung festegestellt, die vor allem für herzinfarktgefährdete Patienten von Bedeutung ist.

Eine Handvoll Weidenblätter oder -rinde in Wasser aufgekocht, wirkt als wohltuendes Fußbad gegen Fußschweiß.

In früheren Zeiten fügte man dem ersten Bad eines Neugeborenen einen Absud aus Weidenrinde bei, damit das Kind vom »Freisam« verschont bliebe. Tee aus Weidenrinde und -blättern gilt in der Volksmedizin nach wie vor als nervenstärkendes Mittel.

Der Weißdorn

»Wie viele Blüten auch im Mai erblühn
Und redlich sich um uns're Gunst bemühn –
Der Hagedorn in strahlend schönem Weiß
Gewinnt in jedem Jahr den ersten Preis!
Denn keine Blüte sonst unter der Sonne
Erfüllt uns so wie er mit Maienwonne.«

CHAUCER GEOFFREY

Anspruchslose Heckenpflanze

Der Weißdorn *(Crataegus)* ist ein Gehölz, bei dem sich die Grenzen zwischen Baum und Strauch verwischen, die beiden Formen sozusagen ineinander übergehen. Manche Veteranen, denen um die 500 Jahresringe nachgesagt werden, können zu bis 12 m hohen Stämmen auswachsen. Gewöhnlich wird der Weißdorn jedoch nicht höher als 5 m. Seine Blüten verströmen wie Birnbaum- und Ebereschenblüten einen unangenehmen Duft (Trimethylamin), der entfernt an Heringslake erinnert. Im Gegensatz zum Schlehdorn *(Prunus spinosa)*, der vor dem Blattaustrieb blüht, erscheinen die Weißdornblüten erst kurz nach der Blattentfaltung. Seinen Namen verdankt der Baum der hellen Rinde, im Gegensatz zum dunkelbeborkten Schleh- oder Schwarzdorn. Die im Oktober reifen fingernagelgroßen, sehr trockenen, scharlachroten Früchte werden aufgrund ihrer Konsistenz gelegentlich als »Mehlfäßchen« bezeichnet und wurden in Notzeiten als Getreideersatz zu Mehl vermahlen. Der tiefwurzelnde, sehr anspruchslose Weißdorn besitzt eine Vorliebe für kalkigen Untergrund und besiedelt Gebüsche, Felsen und Waldränder.

In Mitteleuropa kommt neben dem Zweigriffeligen Weißdorn (*Crataegus oxyacantha*) auch der 2 Wochen später blühende Eingriffelige Weißdorn (*Crataegus monogyna)* vor, der, wie sein Name schon sagt, nur einen Griffel und Steinkern besitzt. Seine Blätter sind zudem tiefer, beinahe fiederspaltig gelappt. Häufige Bastardierungen erschwerden manchmal eine eindeutige Zuordnung. Als beliebte Gartenform begegnet man häufig dem rotblühenden, nicht erbfesten und daher durch Pfropfung vermehrten Rotdorn.

BAUM DER WEISSEN MAGIE

Als ein sehr schnittfestes Heckengehölz mit häufig verdornten Kurztrieben vermag der Weiß- oder Hagedorn, gefördert durch Viehverbiß, binnen weniger Jahre ein undurchdringliches Gestrüpp zu bilden. Seine Bedeutung als lebender Zaun der Viehkoppeln und Hausgärten formulierte Ernst August Rossmäßler, ein Waldexperte des vorigen Jahrhunderts, folgendermaßen: » ... so liegt doch der Hauptwert des Busches in seiner Eigenschaft als beste deutsche Heckenpflanze«.

Im französischen Lazère, wo Weißdornsträucher der Ackerbegrenzung dienten, hieß »einen Weißdorn pflanzen« im Volksmund soviel wie »ein Feld eingrenzen«. Der Name Hagedorn leitet sich von der mittelhochdeutschen Bezeichnung »hag« ab, was Einfassung oder Umfriedung bedeutete (die Hage- oder Hainbuche – siehe dort – wurde zu ähnlichen Zwecken verwendet). Das »Gehäge«, ein dicht verwachsenes Gestrüpp aus Weiß- und anderen Dornsträuchern schützte die Schlafstätte von Mensch und Vieh vor wilden Tieren, aber auch vor Dämonen und Geistern. Die »hagazissa«, das Hagweib, war eine Hexe, die in der Wildnis ihr Unwesen trieb, der Gehägegrenze als Scheidelinie zwischen Unland und Zivilisation jedoch ausreichend Achtung zollte. Nach alten Glaubensvorstellungen war der Weißdorn der Baum der weißen Magie und besaß die Kraft, Zauberei abzuwehren. Zum Schutz gegen Hexen war es in ländlichen Gebieten üblich, für jedes Stück Vieh einen Weißdornzweig an die Stalltüre zu nageln. In alten Keltenländern wie Irland holte man Weißdornstämme sogar als Dorfmaibaum auf den Marktplatz.

Nicht einmal große Hexenmeister vermochten der Zauberkraft des Busches zu widerstehen. Merlin, der bedeutende keltische Magier der Artussage, wurde von der schönen Viviane zu einem immerwährenden Schlaf unter einen Weißdornbusch im Feenwald Brocéliande gebannt.

Unter günstigen Bedingungen wachsen Weißdornpflanzen zu kleinen Bäumen heran. Der Geruch der Blüte hält allerdings nicht, was ihre Anmut verspricht. Ähnlich den Birnbaumblüten riechen die Weißdornblüten leicht nach Fisch (Trimethylamin).

WEISSDORN-GESCHICHTEN

Das Christentum führt seine eigentlich von den Heiden übernommene Weißdornverehrung auf Josef von Arimathäa, einen Jünger Christi zurück. Josef soll das Blut aus des Erlösers Wunden in einem Gefäß, dem Heiligen Gral, aufgefangen haben und um das Jahr 63 n.Chr. mit einem Weißdornwanderstab nach England gepilgert sein. In Glaston-

»...so liegt doch der Hauptwert des Busches in seiner Eigenschaft als beste deutsche Heckenpflanze«, beschrieb ein Waldexperte im vorigen Jahrhundert den Weißdorn. Durch Viehverbiß gefördert, kann dieser bewehrte Strauch binnen weniger Jahre zu einem undurchdringlichen, lebenden Zaun auswachsen. Holzschnitt von 1756.

bury, wo Josef die erste Kirche Britanniens errichten ließ, steckte er den Weißdornstock in die Erde. Dieser begann auszutreiben und soll bis vor wenigen hundert Jahren regelmäßig um Weihnachten (Christi Geburt) geblüht haben.

Dem Zeitpunkt der Blüte des Weißdorns maßen die Menschen seit alters große Bedeutung bei. Stand der Busch an den traditionellen Frühlingsfesten am 1. Mai noch nicht in Blüte, galt dies als schlechtes Zeichen. Auch zur Wettervorhersage bediente man sich der Pflanze: »Gibt's viel Weißdorn und viel Schlehen – bringt der Winter kalte Zehen«.

Den eigenartigen Duft der Blüten schienen viele Männer mit Sexualität in Verbindung zu bringen. Im Orient galt die Überreichung eines blühenden Weißdornzweiges als Liebeserklärung.

Der wahrscheinlich berühmteste Weißdorn des deutschen Sprachraums existiert schon lange nicht mehr. Er gedieh neben dem Jagdschloß Einsiedeln im Schönbuch unweit von Tübingen. Im 15. Jahrhundert soll er als Sprößling während einer Pilgerreise aus dem Heiligen Land mitgebracht worden sein. Um das Jahr 1600 umspannte der Kronenraum des Veterans angeblich einen Umfang von etwa 40 m, und »seinen Stamm konnte niemand umklaftern«. Vor beinahe 300 Jahren starb der alte Baum ab, bis heute jedoch wurden immer wieder Sprößlinge an die alte Stelle gepflanzt.

Spazierstock und Geisselstab

Nicht nur der Gralsträger Josef von Arimathäa stützte sich während seiner langen Reisen auf einen Weißdornwanderstab. Spazierstöcke aus Weißdornholz waren aufgrund ihrer Zähigkeit und Polierbarkeit lange Zeit so begehrt, daß sich in heckenreichen Gegenden bis zur Jahrhundertwende kleine Hausindustrien halten konnten. Zur Fertigung wurden lange Weißdornzweige abgehackt, im Backofen des Dorfbäckers erhitzt, geradegebogen und zuletzt auf Latten festgebunden. Zu Hause schmückte man die einzelnen Stecken noch mit kleinen Schnitzereien und fertig war der Spazierstock. Aus dem harten und feinfaserigen Holz wurden größtenteil stark belastbare Werkzeuge wie Beilstiele, Dreschflegel, Rechenzähne und vor allem Holznägel hergestellt.

Manchem Grundherren schienen die dornenreichen Zweige besonders gut geeignet, die Untertanen zu züchtigen, denn Hieronymus Bock schrieb 1577: »Das holtz gibt gut Geyselstab/ eine bewerte Artzney zu den bösen Gesinden!«

Hervorragend für Arznei- und Futterzwecke

Als Heilpflanze wurde der Weißdorn bereits vom griechischen Arzt Dioskurides im 1. nachchristlichen Jahrhundert beschrieben. Lange Zeit spielte er jedoch eine untergeordnete Rolle und wurde lediglich bei Darmproblemen, Kreislaufschwäche und Schwindel verwendet. Erst im 19. Jahrhundert erkannte man seine hervorragende Bedeutung als Herzmittel. Vor allem bei altersbedingten Degenerationserscheinungen des Herzens wie Herzmuskelschwäche oder Erkrankungen der Herzkranzgefäße leistet der Tee aus Blättern, Blüten und Früchten (zu gleichen Teilen gemischt) gute Dienste. Unerwünschte Nebenwirkungen sind keine bekannt. Der Weißdorn zählt zu den wenigen Herzmitteln, deren Zubereitung man nicht in die Hände des Apothekers zu geben braucht. Blüten oder Früchte, 1 bis 2 Tage in Wein eingelegt ergeben einen süffigen Herzwein. Möchte man sich Herztropfen selbst herstellen, füllt man ein Glas zu 2 Dritteln mit Blüten und Blättern, bzw. im Herbst mit zerkleinerten Früchten. Dann übergießt man mit Weingeist und stellt das Glas, leicht zugedeckt, an einen warmen Ort. Abgeseiht und in Flaschen abgefüllt, hält sich die Medizin an einem kühlen Ort mindestens 1 Jahr. Zur unterstützenden Herztherapie

Wegen ihrer Zähigkeit und guten Polierbarkeit wurden Weißdornzweige bevorzugt zu Spazierstöcken und Wanderstäben verarbeitet.

Der Name »Mehlfäßchen« deutet auf die Eßbarkeit von Weißdornfrüchten. Heilkräftig sind sowohl die Beeren als auch Blüten und Blätter.

werden mehrmals täglich 10 Tropfen der Tinktur eingenommen.

Die mehligen, fade schmeckenden scharlachroten Früchte des Baumes wurden früher dem Mastfutter der Schweine beigemischt. Als Nahrung für Menschen dienten sie allenfalls in Notzeiten. Man aß diese »Mehlfäßchen« entweder roh, oder setzte sie getrocknet und vermahlen dem Brotteig zu. Adelbert von Chamisso weiß zu berichten, daß aus den Früchten auch zuweilen ein gegorenes Getränk gebraut wurde. Kaum bekannt ist die Verwendung der frisch ausgetriebenen Blätter mit ihrem würzig-nussigen Geschmack als Salatzutat und Suppenwürze. Eine südeuropäische Weißdornart, die sogenannte »Welsche Mispel« (*Crataegus azarolus*) mit ihren saftigeren und größeren Früchten, wird im Mittelmeergebiet als Obstlieferant kultiviert.

ALLMANN, J. (1989): Der Wald in der frühen Neuzeit. Untersuchung am Beispiel des Pfälzer Raumes. Berlin.

ANDEREGG, S. (1968): Der Freiheitsbaum. Dissertation, Zürich.

ARENS, D. (1993): Von Bäumen und Sträuchern. Köln.

BERNATZKY, A. (1973): Baum und Mensch. Frankfurt.

BERNATZKY, A. (1988). Leben mit Bäumen. Wiesbaden.

BEUCHERT, M. (2.Aufl.1996): Symbolik der Pflanzen. Frankfurt.

BOCK, HIERONYMUS (1577): Kräuterbuch. Reprint Kölbl, München 1964.

BODE, W. UND M. VON HOLMHORST (1994): Waldwende. München.

BOETTICHER, C. (1856): Der Baumkultus der Hellenen, Berlin.

BORGEEST, B. (1997): Ein Baum und sein Land. Reinbek.

BROSSE, J. (1967): Der Baum. München.

BROSSE, J. (1990): Mythologie der Bäume. Olten.

EGGMANN, V. UND B. STEINER (1995): Baumzeit, Zürich.

FEININGER, A. (1968): Wunderbare Welt der Bäume und Wälder. Düsseldorf.

FISCHER, S. (5. Aufl. 1983): Blätter von Bäumen. Frankfurt.

FRIEDL, P. (1975): Und wieder blühte der Wald. Rosenheim.

FRÖHLICH, H.J. (1989): Alte, liebenswerte Bäume in Deutschland. Hamburg.

GERCKE, H. (Hrsg. 1985): Der Baum in Mythologie, Kunstgeschichte und Gegenwartskunst. Heidelberg.

GIONO, J. (1981): Der Mann mit den Bäumen. Zürich.

GOLLWITZER, G. (1980): Bäume, Bilder und Texte aus 3 Jahrtausenden, Herrsching.
GOLLWITZER, G. (1984): Botschaft der Bäume. gestern, heute, morgen? Köln.

GRABE, H. (1991): Lindenzeit. Amberg.

GRÄTER; C. (1996): Der Wald Immergrün. Leinfelden- Echterdingen.
GRÄTER; C. (1997): Linde und Hag. Leinfelden- Echterdingen.

HAERKÖTTER, G. UND M. (1989): Macht und Magie der Bäume. Frankfurt.

HARRISON, R. (1992): Wälder. Ursprung und Spiegel der Kultur. München.

HESSE, H. (1984): Bäume. Betrachtungen. Frankfurt.

HILF, R. (1933): Wald und Weidwerk in Geschichte und Gegenwart. 2 Bände, Potsdam.

HINDERMANN (1984): "Sag ichs euch, geliebte Bäume...". Texte aus der Weltliteratur. Zürich.

HOCKENJOS, W. (1978): Begegnung mit Bäumen. Stuttgart.

HÖHLER, GERTRUD (1985): Die Bäume des Lebens, Stuttgart

HOLZ AKTUELL (Hrsg. Karl Danzer): Reutlingen. Jahreshefte, die in unregelmäßigen Abständen erscheinen.

HONNEFELDER, G. (1977): Das Insel-Buch der Bäume. Frankfurt.

HÖRMANN, FRITZ (ca. 1991): Wald und Holz. Werfen.

JÜNGER, E. UND J. SIEDLER (1976): Bäume. Berlin.
KASTHOFER, K. (1828): Der Lehrer im Walde. Bern 1828.

KILIAN, U. (1982): Baum und Wald in der bildenden Kunst. Diplomarbeit. Freiburg

KÜCHLI, C. (1987): Auf den Eichen wachsen die besten Schinken. Frauenfeld.

MANNHARDT, W. (1875/1877): Wald- und Feldkulte - der Baumkultus der Germanen und ihrer Nachbarstämme.

MANTEL, K. (1975): Geschichte des Weihnachtsbaumes.
MANTEL, K. (1990): Wald und Forst in der Geschichte. Alfeld-Hannover.

MARZELL, H. (1995): Bäume in der Volkskunde. Bad Windsheim.

MATZEK, R. (1995): Durchs Holzauge betrachtet. 2 Bände. Leinfelden-Echterdingen.

MAZAL, O. (1988): Der Baum. Symbol des Lebens in der Buchmalerei.

MEINL, H. UND A. SCHWEIGGERT (1991): Der Maibaum. Dachau.

MITSCHERLICH, G. (1982): Wald- Zauber und Wirklichkeit. Freiburg.

PRIGANN, HERMANN (1985): Der Wald. Ein Zyklus. Wien.

PUCHERT, H. (1996): Die Buche in historischen Zeitläufen. In: Buchenwälder – ihr Schutz und ihre Nutzung. Stiftung Wald in Not. Bonn.

RHEINISCHES LANDESMUSEUM TRIER (1986): Wald und Holz im Wandel der Zeit. Trier.

SCHAMA, S. (1996): Der Traum von der Wildnis. München.

SCHLENDER, T. (1987): Der Wald in Mythen, Märchen und Erzählungen. München.

SCHMIDT-VOGT, H. (1977): Die Fichte. Hamburg.

SCHOCH, O. (1985): Alte Waldgewerbe im nördlichen Schwarzwald. In: Kultur und Technik/1985.

SCHOENICHEN, W. (1950): Von deutschen Bäumen. Berlin.

SCHULZ, C. (1972): Bäume und Menschen. Düsseldorf.

SELBMANN, S. (1984): Der Baum. Symbol und Schicksal des Menschen. Ausstellungskatalog. Karlsruhe.

SEMMLER, J. (Hrsg) (1991): Der Wald in Mittelalter und Renaissance. Düsseldorf.

STERN, H. (1979): Rettet den Wald. München.

STÜTZER, F. (2: Aufl.1900): Die größten, ältesten oder sonst merkwürdigen Bäume Bayerns in Wort und Bild. München.

WAGLER, P. (1891): Die Eiche in alter und neuer Zeit. Berlin; (Nachdruck Nendeln in Lichtenstein 1975).

WALKER, B. (1995): Das geheime Wissen der Frauen. München.

WEYERGRAF, B. U.A. (1987): Waldungen. Die Deutschen und ihr Wald. Berlin.

Für die Unterstützung bei der Bildbeschaffung der historischen Abbildungen bedankt sich die Autorin herzlich bei folgenden Institutionen:
Stiftsbibliothek Kremsmünster (Pater Amand Kraml, Dr. Fill); Stiftsbibliothek Reichersberg (Probst Eberhard Vollnhofer); Staatliche Bibliothek Passau; Volkskundehaus Ried im Innkreis (Dr. Baumgartner)

Die historischen Darstellungen im Text wurden folgenden Werken entnommen:

ABRAHAM A SANCTA CLARA (1711): Etwas Text für Alle. Würzburg: Seite 88.

AGRICOLA, G. (1656): De re metallica libri: Seite 134.

AITINGER, J. (2. Auflage 1653): Kurzer und Einfeltiger Bericht: von Dem Vogelstellen: Seite 18, 81.

ARCHIV FÜR BUCHGEWERBE (1900). Leipzig: Seite 195.

AVENARIUS, F. (2. Aufl. 1903): Hausbuch deutscher Lyrik. München: Seite 146.

BADER, J. (1843): Badische Volkssitten. Karlsruhe: Seite 149, 182.

BERG, O. UND C. SCHMIDT (1902): Atlas der officinellen Pflanzen: Seite 194.

BOCK, HIERONYMUS (1577): Kräuterbuch: Seite 58, 68, 186.

BRANDL, H. (1993): Wald im Wandel. In: Holz Aktuell, Nr. 9 (Seite 7): Seite 15.

BREVIARIUM GRIMANI: Kalenderblatt für November. Bibliotheca San Marco: Seite 107 oben.

BRONNER, F. (1908): Von deutscher Sitt und Art. München: Seite 42, 211.

BUSCHAN, G. (vor 1920): Die Sitten der Völker: Seite 191.

CAMERARIUS, J. (1577): De re rustica opuscula nonulla: Seite 92, 112, 148.

CAMERARIUS, J. (1590-1604): Symbola et emblemata. Nürnberg: Seite 166 oben.

CLÜVER, P. (1616): Germaniae Antiquae: Seite 8.

COMPENDIUM ANATOMICUM NOVA METHODO INSTITUTUM. Amsterdam 1696: Seite 35 rechts.

DECKER, P. (1759): Gothic Architecture Decorated. London: Seite 38.

DUHAMEL DU MONCEAU, H.L. (1766): Fällung der Wälder. Nürnberg: Seite 25.

DULLER, E. (1841): Die Geschichte des Deutschen Volkes. Leipzig: Seite 108, 139.

EVELYN, J. (1729): Silva, or a Discourse of Forrest-Trees. London: Seite 63.

FALKE, J. VON (1888): Geschichte des deutschen Kunstgewerbes: Seite 179.

FELDHAUS, F. (1914): Die Technik. Ein Lexikon der Vorzeit: Seite 135 oben.

FLORINI, FRANCISCI PHILIPPI (1722): Oeconomus prudens et legalis: Seite 10, 13, 89, Nachsatz.

FUCHS, E. (1909, 1910): Illustrierte Sittengeschichte. München: Seite 35 links, 110, 169.

FUCHS, LEONHART (1543): New Kreuterbuch. Basel: Seite 199.

GARTENLAUBE 1869: Seite 128.

GRIMOD DE LA REYNIERE (1807): Journal des Gourmands et des Belles: Seite 156.

HALE, T. (1756): Complete Body of Husbandry: Seite 214.

HELMUTH, J. (2. Ausg. 1808): Gemeinnützige Naturgeschichte des In- und Auslandes. Leipzig: Seite 33.

HENNE, O. (1892): Kulturgeschichte des deutschen Volkes. Berlin: Seite 12, 27, 119, 131, 206 unten.

HILF, R. (1933, 1938): Wald und Weidwerk in Geschichte und Gegenwart. Potsdam: Seite 19, 183.

HIRTH, G. (1882): Kulturgeschichtliches Bilderbuch. München: Seite 50, 96.

HOHBERG, W. FREIHERR VON (1675): Lust- und Arzeneygarten des Königlichen Propheten Davids: Seite 135 unten.

HOLBEIN, HANS (1884): Bilder zum Alten Testament. Reprint der Ausgabe Lyon 1538: Seite 9.

ILLUSTRIERTE JUGENDZEITUNG. Leipzig 1846: Seite 116.

KUNCKEL, J. (1689): Ars vitraria experimentalis oder die vollkommene Glasmacherkunst: Seite 26.

KÜRSCHNER, H. (Hrsg., 7. Aufl. 1888): Pierers Konversationslexikon. Berlin: Seite 202.

LANGLOIS (1673): L'Art de peinture du Fresnoy. Paris: Seite 215.

LIEBE, G. (1899): Der Soldat in der deutschen Vergangenheit. Leipzig: Seite 203.

LÖHNEYSS (1690): Bericht vom Bergwerck: Seite 24.

MAIER, M. (1618): Atalanta fugiens. Oppenheim: Seite 76.

MATTHIOLUS, P. (1611): Kräuterbuch: Seite 85.

MAZALL, O. (1988): Der Baum. Ein Symbol des Lebens in der Buchmalerei. Graz: Seite 141 links.

MEISTERWERKE DER HOLZSCHNEIDEKUNST AUS DEM GEBIETE DER ARCHITEKTUR, SKULPTUR UND MALEREI. Leipzig 1884: Seite 7, 104.

MEYER, H. (1903): Das deutsche Volkstum. Leipzig: Seite 41.

MIELCK, E. (1863): Die Riesen der Pflanzenwelt. Leipzig: Seite 90, 210.

MOHR, S. (1897): Die Flößerei auf dem Rhein. Mannheim: Seite 22.

MUMMENHOFF, E. (1901): Der Handwerker in der deutschen Vergangenheit. Leipzig: Seite 101, 105, 166 unten, 206 oben.

MÜNCHENER BILDERBOGEN NR. 179: Seite 196.

MUTHER (1884): Die deutsche Bücherillustration der Gotik und Frührenaissance. München: Seite 30, 39, 40.

ORME, P. DE L' (1567): Le premier Tome de l'Architecture: Seite 217, 222.

OVID (1778): Les metamorphoses d'Ovide. Amsterdam: Seite 36, 54, 190.

PABST, G. (Hrsg., 1887): Köhler's Medizinalpflanzen. Gera-Unterhaus: Seite 201.

PFIZER, G. (1843): Der Nibelungen Noth. Stuttgart. Seite 171.

PHILPOT, H. (1897): The sacred tree. London: Seite 120.

REE, P. (1906): Habe ich den rechten Geschmack. In: Künstlerische Kultur. Stuttgart 1907: Seite 125.

REICKE, E. (1900): Der Gelehrte in der deutschen Vergangenheit: Seite 62, 72.

RICHTER, LUDWIG (1860): Für's Haus: Seite 157.

SCHAMA, S. (1996): Landscape and Memory. New York: Seite 60.

SCHERR, J. (1904). Germania. 2 Jahrtausende deutschen Lebens. Stuttgart: Seite 167.

SCHIMPFKY, R. (o. J., um 1900): Unsere Heilpflanzen in Wort und Bild: Seite 177 links, 187.

THOMAS, M. (1979): Das höfische Jagdbuch des Gaston Phebus (1405-1410). Graz: Seite 17.

TREITZSAURWEIN, M. (1775): Weißkunig. Wien: Seite 21, 100.

VALENTIN, BASIL (1625): Sechs Herzliche Teutsche Philosophische Tractätlein. Frankfurt: Vorsatz.

WEIGEL, C. (1698): Abbildung und Beschreibung der Gemein-Nützlichen Haupt-Stände. Regensburg: Seite 47.

WICKENHAGEN, F. (um 1905): Geschichte der Kunst. Esslingen a. R.: Seite 177 rechts.

WOERMANN, K. (1911): Geschichte der Kunst aller Zeiten und Völker. Leipzig: Seite 107 unten.

Quellenverzeichnis / Bildnachweis

Die im Text zitierten Gedicht- bzw. Textstellen entstammen folgenden Werken:

Seite 21 (Theodor Heuss) aus: Hubert Glatz (2. Aufl. 1989): Erinnerungen eines Holzwurms. Deutscher Betriebswirte Verlag, Gernsbach.

Seite 33 aus: Antoine de Saint-Exupéry (1956): Die Stadt in der Wüste. © Karl Rauch Verlag KG, Düsseldorf.

Seite 36 (Otto Linck) aus: Robert Matzek (Hrsg., 1983): Goldene Worte über Bäume. Idee-Verlag, Stuttgart.

Seite 37 aus: Karl Krolow (1987): Gesammelte Gedichte, Band 2. © Suhrkamp Verlag, Frankfurt/Main. »Der Baum«.

Seite 45 aus: Peter Huchel (1984): Die Gedichte. © Suhrkamp Verlag, Frankfurt/Main. »Unter Ahornbäumen«, S. 93.

Seite 56 aus: Rudolf Alexander Schröder (1952): Gesammelte Werke. Die Gedichte. © Suhrkamp Verlag, Frankfurt/Main. »September-Ode«.

Seite 63 aus: Börries von Münchhausen (1959): Das Balladenbuch des Freiherrn Börries von Münchhausen. Deutsche Verlagsanstalt, Stuttgart.

Seite 70 (Theodor Däubler) aus: Gerhard Mitscherlich (1982): Wald - Zauber und Wirklichkeit. Schillinger Verlag, Freiburg im Breisgau.

Seite 80 und Seite 157 aus: Else Lasker-Schüler (1996): Gesammelte Werke in drei Bänden. Suhrkamp Verlag, Frankfurt/Main.

Seite 84 aus: Gottfried Benn (1986): Sämtliche Werke. Stuttgarter Ausgabe. In Verb. m. Ilse Benn hrsg. v. Gerhard Schuster. Band 1: Gedichte 1. Klett-Cotta, Stuttgart.

Seite 86 aus: Rudolf Stibill (1975): Markierungen des Lebens. Verlag Styria, Graz. Seite 57.

Seite 125 (Jakob Boßhart) aus: Walter Schoenichen (1950): Von deutschen Bäumen. Berlin.

Seite 136 (Karl Mayer) aus: Carlheinz Gräter (1997): Linde und Hag. Leinfelden-Echterdingen.

Seite 157 aus: Josef Guggenmos (1992): Ich will dir was verraten. Geschichten und Gedichte. Beltz & Gelberg, Weinheim.

Seite 160 und 209 aus: Günter Eich (1991): Gesammelte Werke, Band 1. © Suhrkamp Verlag, Frankfurt/Main. »Weiden«, »Lärche«.

Seite 164 (Hubert Weinzierl) aus: H. Grabe (1991): Lindenzeit. Amberg. Seite 7.

Seite 179 (Bertolt Brecht) aus: G. Honnefelder (1977): Das Insel-Buch der Bäume. Frankfurt. Seite 265.

Seite 205 (Rudolf Alexander Schröder) aus: Gerd und Marlene Haerkötter (1989): Macht und Magie der Bäume. Eichborn Verlag, Frankfurt.

Seite 208 (Jovan Ducic) aus: Claus Schulz (1972): Bäume und Menschen. Düsseldorf.

Bildnachweis:

Akademische Druck- und Verlagsanstalt, Graz: 17, 141 links
Archiv für Kunst und Geschichte Berlin (Corot: Tanz der Nymphen): 32/33
Bayerische Verwaltung der Staatlichen Schlösser, Gärten und Seen, München: 53
Josef Biecker: 102
Joachim Blauel / ARTOTHEK: 37
Karl Blumenthal / Foto v. Schoenebeck: 23
Hermann Eisenbeiss: 56, 66, 80, 103, 162, 193, 205, 212, 216
Herbert Killian: 20
Doris Laudert: 6/7, 29, 45, 48 oben, 48 unten, 49, 52, 57, 61 oben, 61 unten, 67 oben, 67 unten, 73, 78, 79, 82, 86, 87, 91, 94, 98, 99, 106, 115 rechts, 118, 122, 126, 129, 130, 137 unten, 140, 141 rechts, 144 oben, 151, 153, 158, 163, 165, 168, 173, 174, 175, 176, 185 unten, 201 oben
© Manchester City Art Galleries (Millais: Autumn leaves): 14
Österreichische Galerie Belvedere Wien: 189
Manfred Pforr: 11, 71, 114, 133, 136, 137 oben, 144 unten, 154, 184, 188, 192
Eckart Pott: 31, 64, 147, 164, 172, 180, 209, 213
Bildarchiv Preußischer Kulturbesitz: 34
Hans Reinhard: 2/3, 70, 75, 95, 111, 113, 115 links, 123, 155, 158/159, 181, 197, 200, 208
Sebastian Seidl: 127, 132, 143, 150, 160
Josef Spörk: 185 oben
Staatsgalerie Stuttgart: 177 rechts
Stiftsbibliothek Klosterneuburg: 145
Volkskundehaus Ried/Innkreis: 44
Wolfgang Willner: 74, 204

Umschlagfotos:
Manfred Pforr (Vorderseite: 1000-jährige Hindenburg-Linde bei Ramsau)
Hans Reinhard (Rückseite: Eiche im Reinhardswald, vgl. S. 111, und knorrige Eiche)

Foto S. 2/3: Bavariabuche in Pöndorf